A

LE CHEMIN DE FER ITALIEN INVENTEUR DE LA GRANDE VITESSE

1840-2006

Cet ouvrage est une édition partielle de l'encyclopédie « Trains de Légende ».
Conception éditoriale : Alexandre Grenier
Direction éditoriale : Marc Descombes. Directeur de collection : Clive Lamming. Directrice de production : Annie Stalder. Auteur : Clive Lamming.
Révision & relecture : Patrick Magnenat. Conception et réalisation graphiques : Franck Tremblay. Gestion des droits photos : Anne-Marie Tapponnier.
Imprimé en UE – Achevé d'imprimer : 2e semestre 2006 – Dépôt légal : 2e semestre 2006 – ISBN : 2-8302-2153-2

Photo double page précédente : L'impressionnant site de la gare de Gênes montre bien les difficultés auxquelles le chemin de fer doit faire face dans un lieu accidenté et encaissé.

TRAINS DE LÉGENDE

LE CHEMIN DE FER ITALIEN

INVENTEUR DE LA GRANDE VITESSE

1840-2006

Par son design très particulier, la BB E-402 (même sale, comme ici, après un long voyage !) contribue à l'image de modernité que veulent donner aujourd'hui les Ferrovie dello Stato.

« CHI VA RAPIDO VA SANO »

Le chemin de fer italien, comme d'autres domaines de la technique de ce pays tels l'automobile ou l'aviation, surprend par le nombre de ses innovations, l'avant-gardisme de ses solutions techniques – qui ont souvent répondu à des problèmes jugés insolubles par les ingénieurs des autres pays – et la qualité des services rendus jusque dans le moindre village du Mezzogiorno. L'Italie, en 1927 déjà, invente la ligne à grande vitesse avec la fameuse *Direttissima* et se montre également pionnière en matière de traction : en 1939, les automotrices électriques rapides ETR 200 roulent à 200 km/h en service quotidien, soit un quart de siècle avant le Shinkansen japonais et plus de quarante années avant les exploits des TGV français. La grande vitesse ferroviaire a donc pour patrie l'Italie, mais les ingénieurs n'en ont pas pour autant oublié les réseaux secondaires ruraux, qui forment un ensemble très complet et qui placent cette nation durant l'entre-deux-guerres au même rang que la Suisse, le pays qui fait pourtant référence dans ce domaine. Enfin, l'industrie ferroviaire italienne a été la seule, à l'orée des années 2000 en tout cas, à mettre au point des trains pendulaires qui fonctionnent vraiment, alors que les autres réseaux européens ont discrètement jeté l'éponge.

Clive Lamming

Bon à savoir

• Pour la dénomination des locomotives, nous avons, de cas en cas, gardé l'abréviation italienne « Gr » (*gruppo*) désignant la série.

• De la même manière, nous avons parfois conservé le mot italien *rete* désignant un réseau ou une compagnie ferroviaire d'avant la nationalisation qui a donné naissance aux FS (Ferrovie delle Stato), en 1905.

L'EPOQUE PIONNIERE DES *RETI*

Italia farà da sé **(l'Italie se fera toute seule) : la devise des patriotes italiens n'a pas vraiment été respectée dans le domaine des chemins de fer. Ce sont des pays étrangers, en effet, qui fournissent à l'Italie le matériel roulant nécessaire à la mise en service de ses premières lignes (Naples-Portici, 1839). Ces premières décennies passionnantes aboutissent au regroupement, en 1885, en trois grandes *Reti* de tous les réseaux privés et, ensuite, à la réalisation d'un matériel roulant original, en particulier des locomotives type 220 de vitesse inspirées de celles des trains de luxe européens. L'Italie, en effet, traite ses trains de grandes lignes comme des trains de luxe, mais elle ne néglige pas pour autant les liaisons moins prestigieuses : son réseau secondaire à voie normale ou étroite ne laissera à l'écart aucune ville, aucun bourg, même pas les quelques hameaux blottis sur leur rocher depuis la nuit des temps et refusant, en apparence tout au moins, la modernité du XXe siècle qui s'annonce.**

Les mastodontes des Giovi

Les mastodontes des Giovi, qui nous semblent bien petites aujourd'hui, constituaient à l'époque un sommet technologique et un record en matière de poids, d'où leur surnom. Ont-elles vraiment réussi à relever le défi du redoutable col des Giovi ?

p.12

La GR 51/100 Rete Sicula

La GR 51/100 du réseau sicilien est une 220 pour trains rapides, conformément à la pratique des réseaux européens au début du XXe siècle. Certes élégante, cette belle sicilienne répond-elle aussi aux attentes en matière de vitesse, malgré l'état des voies de l'île ?

p.22

La GR 500 Rete Adriatica

Où est l'avant de cette locomotive ? Là où l'on pense qu'est situé l'arrière ! Cette incroyable machine eut son heure de gloire en Italie et on la surnomma irrespectueusement la Mucca (la vache) car son tender la suivait comme un veau.

p.30

La GR 180 bis Rete Adriatica

La Rete Adriatica accorde une grande importance à la desserte de la côte Est de l'Italie, matérialisée par une interminable ligne longue de plusieurs centaines de kilomètres qui va au-delà de Brindisi. Il faut donc accélérer les trains, dont la Malle des Indes, et mettre en tête ce que l'on a de mieux, le type 220.

p.26

La voiture à deux essieux

Vu l'état des voies sur le réseau transalpin, les trains italiens doivent être très légers et la voiture à deux essieux répond parfaitement à cette exigence, faisant l'économie du poids représenté par deux bogies. Le réseau italien poussera très loin la conception et l'utilisation de ce type de voiture.

p.32

LES MASTODONTES DES GIOVI

Quand une plus une ne font pas tout à fait deux

De petites locomotives circulant deux à deux peuvent-elles valoir une grande ? C'est bien un des problèmes qui se posent au début de l'aventure ferroviaire avec la traction de lourds trains de marchandises sur des lignes de montagne sinueuses et à fortes rampes, là où des locomotives puissantes et lourdes ne peuvent être engagées. Le curieux couplage de ces locomotives dites *Mastodonte dei Giovi* a marqué l'histoire du chemin de fer italien.

L'Italie est un pays actif doté de nombreux ports, mais celui de Gênes, le plus grand, se trouve adossé à des montages longeant la mer Méditerranée, formant un obstacle quasiment infranchissable et gênant le trafic pour Turin et la très industrialisée plaine du Pô. Longtemps, une seule route, très difficile et étroite, a permis de faire circuler très lentement et au prix de mille dangers les marchandises entre les deux grandes villes. Quand le chemin de fer fait son apparition en Italie, il a immédiatement pour défi de désenclaver Gênes et de lui ouvrir une voie en direction du Nord, de Turin et de toute l'Europe.

L'exemple de la ligne du Semmering

Destinée à relier Turin à Gênes, la ligne est tracée et construite par les ingénieurs italiens Germano Sommeiller (qui allait s'illustrer plus tard en créant la ligne du Fréjus), Sebastiano Grandis et Severino Grattoni. Ces trois experts pensent d'abord à la traction par câbles s'enroulant sur des tambours actionnés par des machines à vapeur fixes disposées dans des stations réparties le long de la ligne. Celle-ci est donc tracée en direction du nord et ose affronter ces montagnes longeant la mer, les Apennins. Elle les franchit par le très difficile col des Giovi, en empruntant un tunnel situé à 360 m d'altitude. Les rampes sont continues, notamment une de 7000 mètres avec une valeur de 35 pour mille, ce qui dépasse de très loin le maximum que l'on pouvait imposer à une locomotive à vapeur de l'époque. Mais, foi d'ingénieur, la traction par câbles résoudra tout cela !

La difficile ligne des Giovi dans les années 1950 : la ligne dite « succursale » vient renforcer la ligne d'origine en utilisant des tunnels qui, au début du siècle, auraient été impossibles à creuser. On voit aussi, sur la carte, l'encaissement du site de Gênes, au pied des montagnes, qui ne laisse de place qu'à une ligne longeant la mer.

Hélas, ce système se révèle aléatoire et, surtout, totalement inadapté à l'exploitation d'une ligne sur laquelle de nombreux trains se succèdent à intervalles réduits. Nos trois ingénieurs sont heureusement sauvés par le gong : en effet, les exploits récents des locomotives sur la ligne autrichienne du Semmering les encouragent à faire confiance à la traction vapeur classique et à utiliser ce qui se présente de plus simple et de plus fiable sur les catalogues des constructeurs de ce milieu du XIXe siècle : la locomotive pour trains de marchandises à deux essieux moteurs accouplés.

Quatre essieux moteurs : tout en un ou tout en deux ?

Les constructeurs commencent, à l'époque, à proposer des locomotives puissantes à trois ou même quatre essieux accouplés. Mais ces machines sont lourdes, longues et, de ce fait, elles s'inscrivent très mal dans les courbes à faible rayon des lignes de montagne. Sommeiller a dès lors l'idée de jumeler deux locomotives courtes pour en faire une seule – ou plutôt une en deux –, pensant ainsi à bon compte doubler la puissance tout en la concentrant entre les mains d'une seule équipe de conduite. Il accouple donc deux locomotives à deux essieux moteurs par l'arrière pour en faire une seule locomotive articulée à quatre essieux accouplés. L'ingénieur originaire de la Savoie (son pays natal n'était pas encore français) pense avoir trouvé la solution la plus économique et la plus sûre pour disposer d'une locomotive puissante, sans avoir à résoudre les problèmes posés par l'inscription d'une locomotive classique à quatre essieux dans les courbes de la ligne.

L'arrivée des *Mastodonte*

En 1853, les constructeurs belge Cockerill, de Seraing, et anglais Stephenson, de Manchester, reçoivent la commande de 20 machines à deux essieux accouplés, à cylindres extérieurs. Ces machines ont la particularité de ne pas comporter de tender ; elles reçoivent en revanche, à cheval sur le corps cylindrique, un réservoir à eau. Ce type de réservoir aura une importante descendance, surtout dans les pays britanniques, sous le nom de « saddle tank ». Il a pour avantage essentiel d'alourdir la locomotive et de donner une adhérence accrue… du moins tant qu'il est plein. De plus, sa présence sur le corps cylindrique améliore le rendement de la locomotive, dans la mesure où le réservoir limite les déperditions thermiques.

Une fois livrées, ces vingt locomotives constituent dix locomotives doubles composées de deux machines réunies par l'arrière. Cette disposition donne deux plates-formes de conduite contiguës qui, dans les faits, en forment une seule pour permettre à une seule équipe de conduite de prendre en charge, d'une façon parfois acrobatique, les deux locomotives. On imagine le surcroît de vigilance demandé au chauffeur, qui ne sait plus où donner de la tête quand il faut surveiller deux feux et deux niveaux d'eau, ni où donner de la pelle pour charger deux foyers placés en vis-à-vis ! Peu importe, la ligne est ouverte le 6 décembre 1853 et elle fonctionne tant bien que mal avec ces curieuses locomotives doubles auxquelles le grand public génois, impressionné et emphatique (et fier de « sa » ligne), donne le surnom de Mastodontes.

Les Mastodontes ne font pas mieux que la locomotive classique

Ces locomotives montrent assez rapidement que la double traction a un inconvénient majeur : elle n'atteint pas l'objectif qui lui était fixé, les performances des deux locomotives roulant ensemble

Les deux locomotives jumelles utilisées sur la ligne des Giovi. Compliquée pour la conduite, cette solution pose aussi des problèmes de traction par manque de puissance effective.

ne s'additionnant pas purement et simplement. Chaque couple de locomotives parvient à fournir au mieux quelque 400 chevaux, ce qui n'est jamais que la puissance d'une simple locomotive, par exemple une Crampton contemporaine. Des convois de 140 à 150 tonnes sont hissés sur les rampes de la ligne à un peu plus de 20 km/h, avec des pointes atteignant les 35 km/h.

Dans les faits, de très nombreux problèmes qui ne sont pas dus uniquement à la double traction se posent d'une manière totalement imprévue – la science ferroviaire commence à se constituer d'une manière expérimentale. Certains tronçons en tunnel sont en rampe de 29 pour mille, tandis que le tronçon de Pontedecimo à Busalla constitue un étranglement en rampe de 35 pour mille, avec des courbes et des contre-courbes au rayon de 500 mètres – ou même 400 mètres seulement. A la difficulté du terrain s'ajoutent la présence de fumées abondantes, dangereuses pour les poumons des équipes de conduite, et l'encrassage des rails, trop souvent humides et gras – comme ils le sont toujours dans les tunnels –, provoquant des patinages répétés.

D'autre part, les faibles réserves de charbon sur les plates-formes, une conduite très difficile impliquant la surveillance stressante de deux locomotives indépendantes, les problèmes de patinages et d'à-coups inhérents à la double traction et enfin, les performances et l'effort de traction insuffisants des deux machines accouplées ne manquent pas, peu à peu, de redonner la préférence à des locomotives classiques, plus puissantes et plus lourdes.

Des solutions plus radicales s'imposent

On est bien obligé de constater que le problème de la traction sur la ligne des Giovi ne pourra pas être résolu avec la vapeur, le manque de puissance étant bien le talon d'Achille de ce type de traction. Puisqu'on ne peut pas, pour l'instant, adapter la locomotive aux conditions difficiles imposées par la ligne, on décide de faire le contraire : modifier la ligne pour que la locomotive puisse y effectuer son travail convenablement. Ailleurs en Europe, on assiste au même scénario : un certain nombre de lignes de montagne à fortes rampes sont pratiquement reconstruites avec des itinéraires plus longs et des déclivités plus douces, souvent au prix de tunnels en rampes hélicoïdales, tandis que d'autres lignes de montagne dans des sites particulièrement difficiles interdisant toute reconstruction, sont purement et simplement doublées par une ligne parallèle tracée avec un profil plus facile. C'est cette dernière solution qui sera appliquée pour la ligne des Giovi, qui est doublée par celle à deux voies de Sampierdarena à Ronco.

Pour ce qui est des Giovi, ce n'est qu'avec la traction électrique, plus particulièrement avec les fameuses petites E-550 de 1908 (voir page 42), que le problème commencera à trouver un début de solution, ces machines pouvant, pratiquement, doubler la puissance fournie : elles seront en effet capables de hisser des trains pesant 380 à 400 tonnes au lieu de 140 à 150 tonnes jusque-là, en traction vapeur et à une vitesse de 45 km/h au lieu de 35 km/h.

CARACTÉRISTIQUES TECHNIQUES

Type : **020T+020T**	Diamètre des roues motrices : **1070 mm**
Date de construction : **1853**	Masse : **28 x 2 = 56 t**
Moteur : **2 cylindres simple expansion**	Vitesse : **35 km/h**

Le problème ferroviaire du port de Gênes

Éternelle rivale de Marseille, la ville de Gênes est moins bien située, car elle ne bénéficie pas de cette magnifique et large vallée du Rhône suivie de celle de la Saône qui l'ouvre à l'Europe entière et permet, aujourd'hui, le passage de trois lignes de chemin de fer (y compris celle du TGV). Gênes n'a pas de vallée débouchant directement sur l'Europe, puisqu'elle est enchâssée entre les Apennins et la mer Méditerranée. La première ligne, celle des Giovi, avait un profil tellement ingrat qu'il a fallu, comme nous l'avons dit précédemment, la doubler d'une autre ligne utilisant le tunnel inférieur des Giovi sur 8294 m. Ces deux tunnels unissent la haute vallée de la Scrivia, un torrent affluent du Pô, à celle de la Polcevera, un autre torrent qui, sur seulement 20 km, coule sur le versant méditerranéen des Apennins.

A ces deux lignes, désormais à double voie et électrifiées, s'ajoutent les deux autres lignes longeant la mer, celles dites de la Riviera du Ponant et du Levant, et encore une autre ligne à voie unique traversant les Apennins par un tunnel de plus de 6 km qui débouche dans la plaine du Pô à Ovada et Asti.

Gênes a donc cinq lignes, mais le port étouffe au pied de ses montagnes. Il a été question, depuis la Seconde Guerre mondiale, de construire une *Direttissima* en direction de la plaine du Pô par ce qui serait, en sorte, un long tunnel de base de 15 000 m sous les Apennins, au niveau même de la mer. Mais l'augmentation du trafic sur les lignes existantes (grâce à leur électrification) et la construction d'une autoroute dite « camionale », ont conduit à l'abandon de ce projet. Des travaux ont été entrepris sur le très complexe réseau ferré situé dans Gênes même pour améliorer le débit et rendre indépendants les flux des voyageurs et des marchandises. Gênes possède trois grandes gares : Sampierdarena (près de la jonction des lignes des Giovi et de la Riviera), Principe (près du centre-ville et du port) et Brignole (près des nouveaux quartiers Est).

Un mastodonte ? Non, deux pour le prix d'un, car cette locomotive à quatre essieux et deux chaudières n'est, en fait, que l'accouplement permanent de deux locomotives classiques.

LA SAMPIERDARENA

Une Génoise, première locomotive « made in Italy »

C'est bien Cavour, le héros de l'indépendance italienne, qui est à l'origine de l'industrie ferroviaire de son pays et, plus particulièrement, de la naissance de la firme Ansaldo de Gênes. Et c'est bien avec le chemin de fer que l'Italie va trouver non seulement son unité, mais aussi son destin de grand pays industriel. La Sampierdarena y contribuera pour sa part, en roulant sur le réseau de Sardaigne. C'est la première locomotive à vapeur construite en Italie ; elle porte le nom d'un quartier célèbre de la banlieue de Gênes.

Camillo Benso, comte de Cavour, est un libéral dont les idées avancées ne font guère bon ménage avec sa carrière d'officier, qu'il est obligé d'abandonner. Devenu « gentleman farmer » sur ses terres, il fonde le journal *Il Risorgimento*, dans lequel il prône le libéralisme économique et le développement industriel. Après avoir été ministre de l'Agriculture, puis des Finances, il est appelé à la présidence du Conseil (1852) par le roi Victor-Emmanuel II. Il se fait le champion de l'unité italienne, de la libération du pays par la lutte contre l'Autriche et de l'industrialisation active d'un pays qu'il souhaite intégrer parmi les grandes nations européennes. Il saura mobiliser un certain nombre d'appuis internationaux, celui de Napoléon III et de la France en premier lieu.

Les toutes premières lignes italiennes sont construites à l'époque de la Sampierdarena. Le Nord a déjà quelques longueurs d'avance, mais Florence et Naples laissent entrevoir leur développement futur.

Les premiers pas du réseau italien

Dans le domaine économique, Cavour réussit à mettre sur pied des programmes très ambitieux : mise en valeur à grande échelle des terres, notamment par l'irrigation, signature de traités de libre-échange avec les États d'Europe occidentale, création de la Banque nationale des États sardes. Il considère les chemins de fer comme des acteurs de tout premier ordre pour faire entrer son pays dans l'ère industrielle. Avec l'appui des banques, il crée des lignes dont l'intérêt est surtout d'ordre national, certes, mais il se comporte, dirait-on aujourd'hui, en « désenclaveur » de l'Italie et en « aménageur du territoire », montrant par là le modernisme de ses vues. Au niveau international, c'est lui qui fait construire la ligne Gênes-Turin (prémisse des ouvertures vers le nord et l'ouest en direction de la France), ainsi que le tunnel de Fréjus.

L'Italie ? Son réseau national ? Pas encore, en réalité, puisque à l'époque, la péninsule Italique est encore divisée en plusieurs royaumes. Quand l'unité nationale est réalisée en 1861, le nouveau grand royaume d'Italie ne possède qu'un très petit réseau ferré totalisant seulement 2186 km de lignes en service ou en construction, réparties en quatre réseaux plus ou moins cohérents isolés les uns des autres et exploités par des entreprises privées. Le gouvernement du nouveau royaume décide alors de créer un réseau en Italie méridionale, la Société des Chemins de fer méridionaux (Calabre et Sicile) et il regroupe toutes les autres lignes en trois entités : la Société pour les Chemins de fer de l'Italie du Nord, pour l'exploitation des lignes du Piémont, de la Ligurie, de la Lombardie et de la Vénétie ; la société dite des « Voies ferrées romaines » pour les lignes de la Toscane et des États pontificaux ; enfin, les Chemins de fer de la région de Naples. Telles sont, dans les faits, les premières entités qui vont servir de base à la création du grand réseau ferré italien. Bien entendu, le chemin est encore long à parcourir, avec bien des difficultés techniques et surtout financières, jusqu'à la création des Ferrovie dello Stato en 1905.

Le réseau de Sardaigne

Cette importante île de la mer Méditerranée, la deuxième par son étendue (24 000 km²) après la Sicile, attend encore son chemin de fer quand la Sampierdarena est livrée en grande pompe. Elle arrive par bateau depuis Civita Vecchia, une gare de la ligne de Gênes à Rome, la traversée maritime aboutissant à Olbia, au fond du golfe de Terranova. La construction de la grande ligne à voie normale reliant Olbia à Cagliari par le centre de l'île, selon un axe nord-sud, longue de 287 km, est dès lors prioritaire ; elle sera rondement menée avant la fin du siècle. Sur cette ligne se grefferont, jusque durant les années 1930, quantité de lignes secondaires en voie de 950 mm des Ferrovie Complementari della Sardegna ou encore des Ferrovie Meridionali Sarde, pour n'en citer que quelques-unes. Elles desservent, principalement avec des autorails, un grand nombre de petites bourgades. Certaines de ces lignes pourront bénéficier du transport des minerais du bassin de Sulcis, dans le sud de l'île (plomb, argent, zinc, lignite et un peu de charbon).

Vers 1880, le réseau italien comprend, dans sa totalité, 9602 km de lignes, ce qui, pour un pays de 296 306 km² et de près de 29 millions d'habitants, donne une moyenne plutôt inférieure à celle des pays européens de l'époque. Le réseau de Sardaigne proprement dit se contente de 414 kilomètres de lignes, sur lesquelles circulent 14 locomotives à deux

La Sampierdarena, dans la livrée gris clair qu'un certain nombre de réseaux italiens adoptent à l'époque.

essieux accouplés (comme la Sampierdarena) et 18 à trois essieux. Il y a 96 voitures à voyageurs (dont 4 voitures-salon quand même !) et 400 wagons à marchandises. La composition moyenne des trains est de 3 à 4 véhicules. Le déficit est (déjà) important : il dépasse les 800 000 FF de l'époque.

Les anglaises, partout sur le continent

Les premières locomotives italiennes, comme celles de l'ensemble des réseaux européens d'ailleurs, sont issues directement de la conception anglaise en la matière et, plus particulièrement, des réalisations de George Stephenson. La Sampierdarena reflète tout à fait ce qu'est la locomotive à marchandises anglaise des années 1840, avec ses deux essieux moteurs, son unique essieu porteur arrière et ses cylindres disposés entre les longerons du châssis. Cette conception ne sera que transitoire, l'accroissement du poids des trains, vers la fin des années 1840, obligeant les ingénieurs anglais à passer à la locomotive à marchandises type 030 à trois essieux accouplés, évolution qui sera suivie parallèlement par l'ensemble des réseaux européens. Les cylindres quitteront leur positionnement étroit – entre les longerons du châssis qui leur laissent effectivement peu de place – pour passer à l'extérieur, ce qui leur permettra de profiter du généreux gabarit continental européen et d'y gagner en dimensions, avec pour résultat final une plus grande puissance de traction.

Vers 1848-1850, l'ensemble de ces nouvelles dispositions est chose acquise pour les constructeurs européens, qui prennent ainsi leurs distances avec la conception originelle. Il peut donc paraître surprenant que, quelques années plus tard, ces dispositions ne soient pas appliquées en Italie, mais l'information circule mal dans un pays alors en proie à d'importants bouleversements politiques. A moins que les ingénieurs, ce qui est plus vraisemblable, préfèrent ne pas sortir des sentiers battus ni s'éloigner des solutions qu'ils maîtrisent, surtout sur un réseau ferroviaire encore embryonnaire et aux ressources financières précaires.

CARACTÉRISTIQUES TECHNIQUES

Type : **021**	Puissance estimée : **400 ch environ**
Date de construction : **1854**	Masse : **27,8 t**
Moteur : **2 cylindres intérieurs simple expansion**	Longueur : **6,7 m**
Diamètre des roues motrices : **1600 mm**	Vitesse : **65 km/h**
Pression de la chaudière : **8 kg/cm²**	

Adaptée à la situation sarde

Construite en 1853-54 et immédiatement livrée aux Ferrovie dello Regno di Sardegna (Chemins de fer du Royaume de Sardaigne), la Sampiedarena, avec ses deux essieux et ses petits cylindres intérieurs, apparaît donc comme déjà dépassée – en tout cas par rapport à ce qui se fait de mieux à l'époque sur un certain nombre de réseaux européens. En dix petites années, en effet, les progrès en matière de locomotives ont été considérables et une petite machine à deux essieux n'a plus aucune chance de faire bonne figure face aux nouveaux engins à trois ou quatre essieux qui, désormais, règnent sur le trafic marchandises lourd des lignes anglaises et européennes, où la Révolution Industrielle impose, désormais, des trains de marchandises de plus de 200 tonnes.

Mais, il est vrai, le réseau de Sardaigne n'a pas, au milieu du XIXe siècle, encore affaire à de telles charges : le développement de l'île reste lent, très centré sur la production agricole, et la vie recluse dans de petits bourgs. Giovanni Ansaldo, qui a construit cette belle locomotive, sait qu'elle est adaptée à la situation sarde et qu'elle pourra accomplir une longue carrière, et il ne se trompe pas.

Une belle photographie d'époque de la Sampierdarena, montrée malheureusement sans son tender, selon une pratique qui était alors encore courante.

LE NORD-MILAN

Petit par sa taille, grand par son activité

En Italie, les chemins de fer ne sont pas exclusivement exploités par la grande entreprise d'État, les FS (Ferrovie dello Stato), constitués pourtant par une nationalisation énergique et presque totale en 1905. Quelques réseaux ont réussi, un peu partout dans le pays, à passer entre les mailles du filet et à conserver discrètement un petit statut de transporteur ferroviaire. L'un d'eux, le Nord-Milan (FNM), créé en 1877, figure parmi les plus remarquables: il présente d'autant plus d'intérêt qu'il est en voie normale et qu'il fut un pionnier en matière d'électrification.

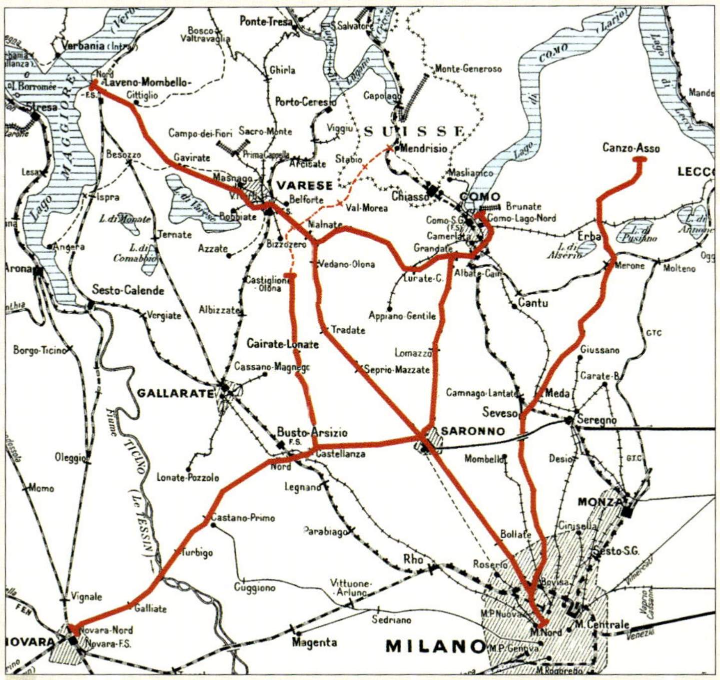

Le réseau du Nord-Milan au lendemain de la Seconde Guerre mondiale : les lignes du FNM sont en trait rouge épais. Les autres lignes sont en noir, soit celles des Ferrovie dello Stato en trait large, soit d'autres compagnies privées en trait fin.

Vers la fin du XIXe siècle, la capitale de la Lombardie, Milan, souhaite disposer d'un réseau de lignes desservant les localités avoisinantes dans la mesure où une très forte industrialisation et un puissant développement économique poussent la ville hors de ses limites historiques, rendant les terrains plus chers et obligeant aussi les travailleurs à aller chercher très loin des conditions de logement financièrement acceptables – une situation que connaissent un grand nombre de métropoles dans le monde. Dans le cas de Milan, ce développement se fait vers le nord. La belle banlieue de la cité s'étend en effet en direction des Alpes et des magnifiques grands lacs italiens, tant recherchés par les touristes et les hommes de lettres de l'Europe romantique ou de la Belle Époque. En direction du sud, c'est la plaine du Pô, poussiéreuse et brûlante… même si une des villes bordées par le fleuve, et assez proche de Milan, s'appelle Plaisance (Piacenza) !

Une locomotive-tender type 141 du FNM dans les années 1920.

Une vocation industrielle et touristique

Divers projets aboutissent à la constitution, en décembre 1877, d'une société qui obtient une concession pour la création d'une ligne de chemin de fer. Celle-ci prend la dénomination de Société anonyme du Chemin de Fer Milan-Saronno et Milan-Erba. Le développement des lignes autour de Milan et l'orientation de celles-ci vers le nord de la capitale lombarde conduisent les dirigeants de la compagnie à en modifier la dénomination: le 16 juillet 1883, elle devient officiellement le FNM (Ferrovie Nord Milano ou, en français, Chemin de Fer Nord-Milan).

Ce réseau est construit d'une part pour desservir les localités industrielles du nord et du nord-est de l'agglomération milanaise, d'autre part pour unir directement Milan aux lacs italiens et italo-suisses comme le lac de Côme, le lac de Lugano et surtout le lac Majeur. Il se superpose, sur la plupart de ces relations, au réseau national des FS, mais la densité de la population et l'activité industrielle sont telles, dans cette zone, que toutes les voies ferrées du Nord-Milan, comme celles des Chemins de fer de l'État, connaissent un important trafic de voyageurs et de marchandises.

Au début du XXe siècle, le réseau s'étend rapidement vers Laveno, Novara et Seregno ou encore Côme, au bord du lac du même nom. A l'origine, des intérêts belges s'étant manifestés de manière concrète dans la région, les premières locomotives à vapeur sont de fabrication belge, bientôt suivies par des machines allemandes. L'expansion de la compagnie va la conduire à opter dès 1928 pour la traction électrique, avec introduction de matériels produits dans le pays.

Une locomotive-tender du FNM, mais à disposition d'essieux très rare, du type Pacific inversé ou 132T, sans nul doute sous influence anglaise : le bogie supporte une soute à charbon très lourde, surtout au démarrage, et qui se déleste en cours de route. Seul un bogie peut régler convenablement ce problème technique.

L'âge d'or des années 1950

Au lendemain de la Seconde Guerre mondiale, l'Italie est en plein boom économique et le réseau du Nord-Milan connaît son âge d'or. Il est alors le plus important réseau secondaire à voie normale d'Italie. Il totalise 236 km, dont 83 à double voie et 168 électrifiés en courant continu de 3000 V, l'électrification des autres lignes se poursuivant. La très importante gare de Milano-Nord s'élève tout près du parc et du château Sforzesco, à un kilomètre seulement du Dôme qui marque le cœur de la ville: c'est dire qu'elle est centrale, stratégiquement très bien placée, et qu'elle sait canaliser quotidiennement les déplacements de centaines de milliers d'employés milanais.

Le réseau, à l'époque, exploite trois lignes principales. D'abord, celle de Milan à Seveso, longue de 22 km, à Meda (24 km), puis à Ganzo Asso, distante de 52 km. La deuxième ligne relie Milan à Saronno (22 km) et à Côme (46 km). La troisième ligne est celle de Milan-Saronno-Mainate-Varese (à 51 km), aboutissant à Laveno (73 km). Comme ces trois lignes rayonnent en étoile autour de Milan, elles sont en tronc commun toutes les trois jusqu'à Bovisa, une importante bifurcation située à 5 km de la ville, et les deux dernières lignes sont encore confondues jusqu'à Saronno. Sur la section à double voie commune aux trois lignes principales, Milan-Bovisa, le nombre de trains s'élève à 250 par jour dans les deux sens. Ces trois artères sont de loin celles qui connaissent le plus important trafic de tout le FNM: elles aboutissent toutes les trois dans la zone des Préalpes, la deuxième au lac de Côme, la troisième au lac de Varese et au lac Majeur: cette dernière est prolongée par bateau jusqu'à la grande station de Verbania (Intra). De Varese, un embranchement du réseau national des FS et une ligne privée – qui part de la gare de Varese-Nord – aboutissent au lac de Lugano, le premier à Porto-Ceresio, la seconde à Ponte-Tresa; sur cette seconde ligne s'embranche à Ghirla une antenne qui aboutit au lac Majeur, à Luino.

Des transversales moins importantes relient Novare à Saronno et Seregno, et Côme à Varese. L'ancienne ligne qui, de Castellanza, sur la ligne Seregno-Novare, aboutissait à Mendrisio, en Suisse, sur la ligne du Saint-Gothard, est en partie abandonnée au lendemain de la Seconde Guerre mondiale.

Un avenir avec le futur Réseau Express Régional de Milan ?

La reprise de lignes mises en service par diverses compagnies a permis au Nord-Milan de constituer un véritable réseau autour de la capitale lombarde. Au fil des ans, celui-ci s'est transformé en chemin de fer de banlieue. Divers projets importants laissent penser qu'à terme, le Nord-Milan deviendra un réseau express régional.

En outre, il faut aussi souligner que le trafic marchandises assuré par la compagnie est devenu au cours des dix dernières années plus que marginal. C'est donc bien sa vocation de chemin de fer de banlieue qui lui a donné les moyens de s'équiper d'automotrices neuves, mais aussi de voitures à deux niveaux quasiment identiques à celles qui sont en service pour le compte des FS. Pour renforcer le tout, diverses voitures suisses ont été acquises d'occasion.

Aujourd'hui la compagnie, dont le sigle est devenu FNME (Ferrovie Nord Milano Esercizio), exploite un réseau de plus de 200 km de voies autour de Milan et a même repris l'exploitation de la ligne à voie normale Brescia-Edolo. La gare FNME de Milan est en correspondance avec les lignes 1 et 2 du métro. Chaque jour, 340 trains assurent le trafic vers Côme, Laveno au bord du lac Majeur ou encore Novare. Un important projet concerne la création d'une relation transitant en souterrain via la capitale lombarde. Sa réalisation, liée à d'énormes investissements financiers, est en cours et va permettre ainsi au FNME d'étendre son réseau et de devenir partie intégrante du futur RER milanais. Un nouveau matériel à deux niveaux a été mis en service pour l'occasion.

Un parc varié

Le chemin de fer Nord-Milan a dû faire face à un développement important de son trafic voyageurs. Ne disposant pas toujours des moyens financiers nécessaires, il a souvent dû y remédier en recourant à des acquisitions de matériels d'occasion. Récemment, le FNME a profité de la disponibilité de machines tchèques pour renforcer son parc de traction.

L'ancien matériel du FNM, datant de 1929, encore en circulation dans les années 1990.

Il y a peu de temps encore, on pouvait voir des automotrices datant de 1929, repeintes dans de nouvelles couleurs, mais qui n'en donnaient pas moins des signes de fatigue ! Les voitures à deux niveaux, pas assez nombreuses, sont introduites au compte-gouttes dans des compositions modernes en panachage avec des voitures classiques. Un renfort substantiel de matériel récent arrive depuis peu.

Comme un air de déjà-vu, du moins pour le lecteur français : le Nord-Milan a, en effet, commandé des rames à deux niveaux françaises, qui ont démontré leurs qualités sur la banlieue de Paris. Même la distribution des couleurs a été conservée !

LA GR 150 RETE ADRIATICA

L'Italie adopte le type 220

En 1885, le chemin de fer italien, avec la constitution des réseaux Rete Adriatica, Rete Mediterranea et Rete Sicula, parvient à maturité. Il faut désormais faire circuler des trains rapides, pour la traction desquels le type 220 est, à l'époque, ce qui se fait de mieux en matière de locomotives de vitesse. Les réseaux passent donc commande à l'industrie nationale et étrangère.

Dans un premier temps, la construction des réseaux de chemins de fer italiens est laissée à l'initiative privée, dans un pays qui, rappelons-le, n'est pas encore unifié et qui est composé de plusieurs royaumes distincts. En 1861, lorsque l'unité italienne devient réalité, le pays comporte quatre réseaux, ou groupes de lignes, distincts et séparés les uns des autres par de grandes étendues sans aucun chemin de fer. Un premier réseau, le plus développé, rayonne avec quelques lignes dans la plaine du Pô et parvient à relier Turin à Milan et à Venise. Les trois autres réseaux possèdent quelques lignes desservant les environs de Florence, de Rome, et de Naples – ces trois villes étant d'anciennes capitales de royaumes distincts.

Le nouvel État unique italien se préoccupe de la question du développement des chemins de fer en les regroupant en trois grandes entreprises. Après un essai de gestion directe par l'État entre 1876 et 1885, une reprivatisation intervient avec la création de trois grands réseaux : la Rete Adriatica (4131 km de lignes), la Rete Mediterranea (4064 km) et, enfin, la Rete Sicula (597 km).

Une privatisation vouée à l'échec

C'est donc par une loi du 27 avril 1885 que l'État rétrocède à l'entreprise privée l'exploitation des réseaux de chemins de fer Méditerranéen, Adriatique et Sicilien. La discussion a été longue et le ministre des Travaux Publics, un *signore* Genala dont la postérité n'a sans doute pas retenu le nom, a eu bien des difficultés pour débarrasser l'État italien et son roi Umberto 1er d'un fardeau devenu trop pesant : les réseaux de chemins de fer étaient en effet déficitaires d'une manière chronique.

Le partage des zones d'influence des réseaux italiens avant la privatisation de 1885 créant trois grands réseaux. L'État s'est taillé la part du lion en prenant la plaine du Pô ! Rome est au centre d'un territoire… vierge de toute ligne. Le Sud-Est a déjà partiellement formé le futur Adriatique. Les îles se débrouillent seules avec les moyens du bord, en attendant les subventions.

Les concessionnaires, un consortium très chic comprenant des princes comme Marc Antoine Borghèse et un certain nombre de banques comme la Banque d'Escompte et de Soies de Turin *(sic)*, s'engagent à financer des travaux pour rendre les lignes performantes, à acheter du matériel roulant neuf pour une somme équivalant à 15 millions de francs français de l'époque et à baisser les tarifs. Inutile de dire que cette privatisation assez mondaine et bancaire ne portera guère ses fruits, et que l'État italien devra, en 1905, nationaliser une nouvelle fois ses chemins de fer pour les rendre efficaces et rentables – si possible !

L'Italie ferroviaire à la fin du XIXe siècle

Les chemins de fer italiens ne sont pas vraiment en bonne santé à cette époque. Les statistiques officielles montrent, par exemple, que sur 6763 accidents ferroviaires, la cause principale est le mauvais état des locomotives pour 1745 cas, celui des wagons et voitures pour 873 cas, des erreurs de signalisation et de manœuvres pour 587 cas, et le mauvais état des voies pour 213. Mais le plus inquiétant sont les 1195 cas recensés comme « causes diverses et inexpliquées ».

Pourtant, les recettes du réseau sont en augmentation, d'exactement 3,27 % pour l'année 1883 par exemple ; année qui a vu l'accroissement du parc avec 181 locomotives, 457 voitures à voyageurs et 1762 wagons à marchandises. Le parcours des trains s'est accru d'un total de plus de 2,8 millions de kilomètres. Le réseau a une longueur totale de 9602 km, ce qui est relativement modeste par rapport à la superficie et à la population du pays. En fait, le réseau italien n'est pas assez développé pour entrer dans le cercle vertueux de l'augmentation des bénéfices permettant celle des investissements, ce qui augmente encore les bénéfices, et ainsi de suite. C'est le problème crucial du chemin de fer : des investissements initiaux lourds sont nécessaires pour générer des bénéfices souvent tardifs et dépendant de lois économiques à grande échelle.

La Rete Adriatica : de Milan à Lecce

La côte de l'Italie qui longe la mer Adriatique est desservie par une très longue ligne qui suit l'ancien tracé de la Voie émilienne datant de l'Antiquité romaine. La ligne a son point de départ à Milan. De Milan à Bologne, elle est en tronc commun avec le grand axe central reliant Milan à Rome, puis, à Bologne, elle s'en sépare pour aller à Rimini, Ancône, Pescara, Foggia, Bari, Brindisi et pour se terminer à Lecce, à l'extrême sud, dans le « talon » de la Botte. La ligne est assez facile, puisqu'elle contourne la chaîne des Apennins, puis celle des Abruzzes, par l'est, restant au niveau de la mer : à partir de Rimini, elle ne quitte plus le rivage sur 600 km, jusqu'à Brindisi. Après Ancône, la ligne perd de son importance et de sa qualité, puisqu'elle cesse d'être à double voie jusqu'à San Severo, au nord de Foggia. La partie nord de la ligne est électrifiée jusqu'à Ancône peu avant la Seconde Guerre mondiale, laissant le tronçon sud dans l'espoir d'une électrification…

C'est une ligne ayant de nombreux embranchements et recoupant des transversales italiennes. Durant les années 1950, nombre de ces lignes d'embranchement construites au XIXe siècle existent encore, montant vers les Apennins et les Abruzzes, permettant la desserte de petites villes situées en altitude, comme Amendola, Ascoli, Teramo, etc. A Pescara, à 352 km de Bologne, la ligne est rejointe par une transversale centrale venant de Rome. A Foggia, à 527 km de Bologne, la ligne recoupe celle venant de Naples et allant à Tarente et Brindisi.

Une Gruppo 150 avec distribution extérieure à double coulisse, d'après les documents d'époque du constructeur. Cette disposition ne semble pas avoir été appliquée à la série. La couleur grise est exacte.

CARACTÉRISTIQUES TECHNIQUES

Type : **220**	Diamètre des roues motrices : **1800 mm**
Date de construction : **1881**	Pression de la chaudière : **10 kg/cm²**
Moteur : **2 cylindres simple expansion**	Masse : **46 t**
Cylindres : **432 x 610 mm**	Vitesse : **85 km/h**

Un réseau pas vraiment favorisé

Les trains de voyageurs italiens de l'époque sont légers et courts, formés de matériel roulant à essieux et à caisse en bois, ne laissant le bogie se généraliser que tardivement. Les distances entre les gares sont relativement peu importantes, l'Italie étant un pays de 300 000 km² environ, avec une population assez dense ; bien que les lignes longitudinales courant du Nord au Sud soient longues, les étapes à parcourir ne le sont pas exagérément et permettent, avec de petites machines en tête de trains courts, de faire des moyennes satisfaisantes dans de bonnes conditions d'exploitation et de conduite.

Toutefois, l'état des voies pose parfois problème, ainsi que les installations fixes de signalisation, peu performantes : le réseau italien, qui est passé par des privatisations et des nationalisations successives et contradictoires, n'a pas eu la sérénité nécessaire, au XIXe siècle, pour mettre en place une politique à long terme ni pour investir et s'équiper d'une manière durable. Beaucoup de techniques d'exploitation reposent encore sur des méthodes très anciennes dans lesquelles le dévouement et la vigilance des agents jouent un grand rôle, et cela est tout particulièrement vrai sur la Rete Adriatica qui est située principalement dans la partie sud de l'Italie, très en retard à l'époque, et qui dessert ladite partie sud par une côte relativement peu développée économiquement. Il est certain que l'Italie du Nord et celle de la côte méditerranéenne offrent à leurs réseaux ferrés des conditions plus stimulantes, tant économiquement que géographiquement.

La locomotive 220, machine de vitesse de l'Europe

Les dirigeants des réseaux italiens récemment privatisés se tournent, pour l'achat de locomotives neuves, vers ce que les fabricants de l'époque savent faire de mieux. Le réseau Adriatique choisit le projet réalisé par l'Ufficio Studi Locomotive de Florence en 1880 : une 220 de vitesse qui formera le Gr (ou groupe) 150.

Le réseau confie la construction de 26 locomotives à l'industrie allemande, en l'occurrence à la firme berlinoise Borsig, pour une partie, et à l'industrie italienne, la firme Ansaldo à Gênes, pour l'autre partie. Construites entre 1881 et 1885, ces locomotives peuvent fournir une puissance estimée à 500 chevaux à 60 km/h, ce qui est très performant pour l'époque et autorise des vitesses de plus de 80 km/h en tête de trains rapides.

Une 150 en service. La distribution est intérieure, ce qui dégage les roues et confère une élégance très britannique à la locomotive.

LES 230 VITTORIO-EMANUELE II

Les gros bras de la ligne des Giovi

Ces locomotives très originales furent mises en service sur la fameuse ligne dite des Giovi dont les rampes de 35 pour mille constituèrent un défi durant toute l'histoire du chemin de fer italien. Leur distribution type Gooch extérieure tout comme leurs petites roues pleines sur le bogie avant en sont les principales caractéristiques. Plusieurs hauts faits jalonnent leur parcours et, comme elles sont les premières locomotives européennes du type 230, elles valent vraiment le détour !

Turin, la très importante ville italienne, a joué un grand rôle dans l'unification du pays non seulement comme capitale du royaume du Piémont et siège du premier parlement italien réuni en 1861, mais aussi par la volonté du roi Vittorio Emanuele II d'en faire une grande métropole industrielle préfigurant le développement de l'industrie nationale dans son ensemble. Or, à la fin du XIXe siècle, le développement industriel n'est pas possible sans les transports ferroviaires.

Le théâtre des opérations

Turin est séparée de Gênes et de son grand port par la chaîne côtière des Apennins, qui constituent un obstacle naturel que le chemin de fer franchit, en partant de Gênes, à 22,5 km de la ville et à l'altitude de 360 m, au point culminant de la ligne qu'est le col des Giovi. Ouverte en 1853, longue de 160 km, cette ligne ne manque pas de poser de sérieux problèmes de traction, partiellement résolus par l'emploi de locomotives jumelées par l'arrière et formant des unités multiples conduites par une équipe (voir p. 12). Cette solution n'est qu'un pis-aller complexe et l'expansion industrielle de Turin exige rapidement une solution plus performante pour répondre à la demande accrue de transport. Il va donc falloir mettre en service de nouvelles locomotives, mais aussi modifier et retracer la ligne pour offrir des rampes moins sévères, réduites à un 16 pour mille plus réaliste. C'est sur cette ligne originale à plus d'un titre que va naître la locomotive à vapeur italienne, puissante et moderne.

L'état du parc moteur marchandises italien

A la fin du XIXe siècle, les machines à marchandises italiennes, à six roues accouplées, sont en grande majorité à cylindres extérieurs, inspirées du type français dit « Bourbonnais ». Leur physionomie extérieure dénote généralement la nationalité du constructeur, comme pour les machines mixtes. Quelques machines anglaises à cylindres intérieurs, longerons de châssis extérieurs, manivelles extérieures et foyer en porte-à-faux ont été conçues en 1862 par Stephenson pour les lignes piémontaises.

Sur les lignes du réseau de la Méditerranée (Rete Mediterranea) se trouvent bon nombre de machines à six roues accouplées, avec cylindres intérieurs du type Mammouth, très en vogue en France vers 1853-1854. Elles proviennent, pour la plupart, des lignes Lombardo-Vénitiennes ou des Chemins de fer livournais.

Une massive 230 du Vittorio-Emanuele II. La distribution à double coulisse est encore de rigueur à l'époque.

Une 230 du Vittorio-Emanuele II en état d'origine. Le bogie à roues pleines et faible empattement est une curiosité, et semble indiquer une modification tardive dans l'étude d'une locomotive de type 130.

CARACTÉRISTIQUES TECHNIQUES

Type : **230**	Pression de la chaudière : **11 kg/cm²**
Date de construction : **1884**	Contenance du tender en eau : **10 t**
Moteur : **2 cylindres simple expansion**	Contenance du tender en charbon : **3,5 t**
Cylindres : **470 x 620 mm**	Masse totale : **83,7 t**
Roues motrices : **1675 mm**	Longueur totale : **16,5 m**
Surface de la grille du foyer : **2,25 m²**	Vitesse : **80 km/h**

Il existe encore des séries de machines de type très ancien, à quatre ou six roues accouplées, mais qui ont été plus ou moins modifiées en machines de manœuvres, certaines converties en locomotives-tender pour le service des gares et des ports. Parmi ces dernières se trouvent les célèbres machines jumelées de la rampe des Giovi, conçues par l'ingénieur italien Ruva et approuvées par Stephenson. L'original était une lourde machine à quatre roues, avec une caisse à eau sur le corps cylindrique. Quelques exemplaires ont été conservés à peu près en l'état, mais en passant au type 030, c'est-à-dire en ajoutant une troisième paire de roues accouplée, située derrière le foyer. D'autres ont perdu leurs caisses à eau et sont attelées à un tender léger.

Les machines à quatre essieux moteurs

Les premières locomotives à huit roues accouplées en Italie sont construites en 1861 pour la rampe des Giovi – toujours elle ! – avec les balanciers du système Beugniot réglant le déplacement transversal des essieux dans les courbes. Dix machines ont été construites de 1861 à 1866, et une partie fut employée sur la ligne de Bologne à Pistoia. Dix autres datent de 1871.

Le diamètre des cylindres, trop grand, a été diminué à l'aide d'un fourreau et les balanciers ont été supprimés, ainsi que le jeu latéral qui correspondait à des courbes de 100 mètres de rayon. Ces machines modifiées sont restées sur le réseau de la Méditerranée.

En 1873, de nouvelles locomotives à huit roues accouplées sont nécessaires. La Société de la Haute Italie adopte le modèle conçu par l'ingénieur Gottschalk pour les lignes du Sud de l'Autriche, dont un exemplaire est présenté à l'exposition de Vienne en 1873. Les cylindres et le mécanisme sont extérieurs et le poids total est de 52 tonnes. Elles sont engagées sur des lignes à fortes rampes, notamment sur les sections de Modane à Bussoleno, de Busalla à Pontedecimo (rampe des Giovi) et de Bologne à Pistoia.

La Société des Chemins de fer méridionaux fait construire par la firme allemande Borsig, en 1883, huit puissantes locomotives à huit roues accouplées, pesant 48 tonnes. Les cylindres sont extérieurs ainsi que les tiroirs, mais le mécanisme de distribution se trouve à l'intérieur des roues.

Enfin, les chemins de fer italiens évoluent vers la locomotive-tender lourde et puissante. La società delle Meridionali fait construire pour ses lignes de montagne, de 1881 à 1883, un parc de 38 locomotives-tender à six roues accouplées, pesant 40 tonnes, avec des caisses de 5500 litres d'eau et 1700 kg de charbon. Ces locomotives, à roues de 1100 mm, sont à cylindres et mécanismes extérieurs, avec foyer au-dessus du dernier essieu.

Les ateliers italiens constructeurs sont, à l'époque, ceux de Pietrarsa et Granili à Naples, rachetés par la Rete Mediterranea, les ateliers de Locomotives Cerimedo à Milan, de 1879 à 1885, et la firme Ansaldo à Gênes (Sampierdarena) depuis 1855. Le premier de ces établissements avait envoyé une locomotive à l'exposition de Londres en 1862.

La locomotive de l'essor industriel italien

Au sein de cette évolution remarquable, la locomotive type 230 Vittorio-Emanuele II est dessinée par les ingénieurs italiens de la SFAI (la Società ferroviaria de Alta Italia). C'est un chef-d'œuvre et elle constitue le premier type 230 historiquement apparu en Europe, le prototype construit par les ateliers de Turin étant montré à l'Exposition de Turin de 1884.

Ces machines doivent remorquer des trains de 120 à 130 tonnes, à 45 kilomètres à l'heure sur des rampes de 16 pour mille et à 60 km/h dans la plaine, de manière à aller de Gênes à Novi sans être changées. La série est construite, comme il est d'usage à l'époque, par plusieurs firmes conjointement : Ansaldo à Gênes, Miani & Sylvestri à Milan et Maffei à Munich.

La distribution extérieure type Gooch est une des curiosités de cette machine. Ce système comprend deux excentriques, un pour la marche avant et l'autre pour la marche arrière, calés sur la manivelle de la roue motrice directement attaquée par la bielle motrice, et ces deux excentriques actionnent les extrémités d'une coulisse courbe. Dans cette coulisse se trouve la bielle de commande de la distribution, qui peut être relevée ou abaissée pour donner, dans les deux sens, tous les « crans » de marche de part et d'autre d'un point mort central.

Les cylindres, eux, sont disposés assez en arrière du bogie avant, très près du premier essieu moteur, mais laissant peu de place pour un court bogie à essieux rapprochés. Les tubes de la chaudière sont très courts, et laissent, au-dessus du bogie avant, une longue boîte à fumée, disposition donnant un excellent rendement grâce à un tirage très fort des gaz provenant du foyer. Les locomotives y trouvent donc une puissance remarquable à l'époque. Elles sont capables de remorquer des trains de 130 tonnes à plus de 40 km/h sur les rampes de la ligne, mais les besoins du transport demandent encore plus : la ligne est électrifiée dès 1910 avec le très intéressant système triphasé italien, et les locomotives à vapeur voient rapidement arriver la fin de leur carrière.

La vapeur, impuissante en montagne

Cette locomotive aura finalement montré aux ingénieurs des réseaux italiens que la traction vapeur, même sous la forme de machines puissantes, n'a pas d'avenir sur les lignes de montagne à fortes rampes en tête de trains lourds. Elle constitue, à la fin du XIXe siècle, ce que l'on peut faire de mieux en matière de locomotive à vapeur, mais, de façon tout à fait imprévisible, elle met en évidence les limites et les difficultés d'application sur le terrain des dures réalités ferroviaires.

Développant une puissance qui ne doit guère dépasser les 1000 chevaux, cette locomotive est insuffisante pour hisser, sur des rampes supérieures à 15 pour mille, des trains de moins de 200 tonnes qui, d'année en année, gagnent en longueur, donc en poids. Déjà « limites » lors de leur mise en service, trop faibles, trop peu performantes, ces locomotives sont dépassées après quelques petites années de service. Même la double traction n'est pas une solution viable, car ce genre de conduite fait souffrir les mécanismes, les attelages, les tampons, et les puissances ne s'ajoutent pas mathématiquement à cause de l'usure spécifique de chaque locomotive, notamment au niveau des diamètres des roues. La traction électrique sera la seule issue – ce que les ingénieurs italiens auront appris les premiers.

LA GR 51/100 RETE SICULA

Le réseau sicilien à l'heure de l'unification italienne

Quand la Sicile s'ouvre au chemin de fer, dans le cadre de l'unification italienne, elle passe commande, auprès de l'industrie autrichienne, de locomotives de type 220 – ce qui se fait de mieux, à l'époque, en matière de locomotives de vitesse. Les Siciliens étaient, et sont toujours, des gens qui savent ce qu'ils veulent. Mais leur chemin de fer fut-il à la hauteur de leurs espérances ?

Une 51/100 avec embiellage simplifié et roues porteuses à rayons.

Comme le chemin de fer longe la côte nord de la Sicile, allant de Messine, qui est à l'est, jusqu'à Palerme, en direction de l'ouest, il est logique de le prolonger jusqu'à Trapani, un port situé à l'extrême ouest de l'île. Nous sommes en 1863 et il ne reste plus que 48 km à construire pour parachever la construction de cette importante ligne, véritable dorsale de l'île.

Une affaire résolue à la sicilienne !

Mais voilà que les choses se compliquent : les habitants de Castelvetrano, une petite ville située de l'autre coté de l'île, sur la côte sud, veulent aussi le chemin de fer et entament une ardente et mouvementée campagne pour être desservis. Ils en font tellement, à coup de pétitions et de démonstrations de force, que le gouvernement cède. Mais, faute de pouvoir faire deux lignes, on décide d'imposer un détour considérable à la ligne principale en passant par le sud, par Castelvetrano, puis en remontant vers le nord en direction de Trapani. Résultat : 68 kilomètres de plus à construire et 116 kilomètres, au lieu de 48, à parcourir pour les voyageurs ! Mise en service en 1881, cette ligne tortueuse est exploitée par une Société anonyme des Chemins de fer de la Sicile, qui, en 1905, la remet aux Chemins de fer de l'État. Une ligne directe Palerme-Trapani est enfin construite et inaugurée en 1937, court-circuitant directement la boucle formée par la ligne de Castelvetrano. On n'a perdu, dans l'affaire, qu'un bon demi-siècle et quelques millions de lires.

Le chemin de fer, artisan de l'unité italienne

L'unité italienne, voulue par la Couronne de Savoie au XIXe siècle, est bien réalisée, sur le terrain, par son chemin de fer. Les compagnies et les lignes éparses existantes sont réunies progressivement et viennent constituer, dès 1905, le grand réseau unique national (Ferrovie dello Stato) avec la volonté de prolonger, en tous les points du territoire italien, l'effort d'unification et de développement du pays. Cela implique, bien sûr, l'intégration des deux grandes îles, la Sardaigne et la Sicile, dans le réseau ferré national.

La Sicile, proche de la côte continentale dont elle n'est séparée que par un détroit, bénéficie d'une véritable continuité territoriale sous la forme d'un service de ferry-boats. Le réseau sicilien est construit en voie normale et avec la même qualité technique que celui du continent.

La Rete Sicula modernise son matériel moteur

Le réseau sicilien (Rete Sicula) est officiellement créé en 1885 et il est constitué à partir de plusieurs lignes, datant pour la plupart des années 1860-70, qui traversent l'île pour desservir les petites villes qui s'y trouvent. Le trafic ne sera jamais très important dans cette région agricole et peu riche, mais les trains circulent régulièrement et sont raisonnablement occupés. C'est pourquoi, à la fin des années 1880, le réseau décide d'accélérer la vitesse des convois reliant Messine à Palerme et commande ces locomotives type 220 à une société austro-hongroise installée à Vienne. À la petite série de sept locomotives commandées initialement s'ajoutent onze autres machines, construites, cette fois, par l'entreprise italienne Breda, de Milan, sur les mêmes plans. En 1905, lors de la nationalisation des chemins de fer italiens, elles forment toutes la série 500. Elles peuvent développer une puissance indiquée de plus de 500 chevaux à la vitesse de 60 km/h, et, en service, elles roulent à 80-90 km/h en tête de trains légers, leur vitesse de pointe étant de l'ordre de 100 km/h.

Un voyage de Palerme à Messine en 1904

Grâce à une permission spéciale accordée par le signore Bianchi, directeur de la Rete Sicula en 1904, un journaliste anglais a pu relater le voyage Palerme-Messine, effectué sur la plateforme de conduite d'une 51/100. La locomotive, n° 61 de la série, remorque le train rapide quotidien reliant les deux principales ville siciliennes ; il doit partir à 12 h 08 et il est formé de sept voitures, d'une voiture postale et d'un fourgon, l'ensemble étant sur deux essieux sauf une voiture Pullman sur bogies. Le convoi est équipé du frein à vide type Körting, qui sera, à court terme, remplacé par un frein Westinghouse dont on pense qu'il sera plus efficace en matière de sécurité sur le réseau sicilien très accidenté.

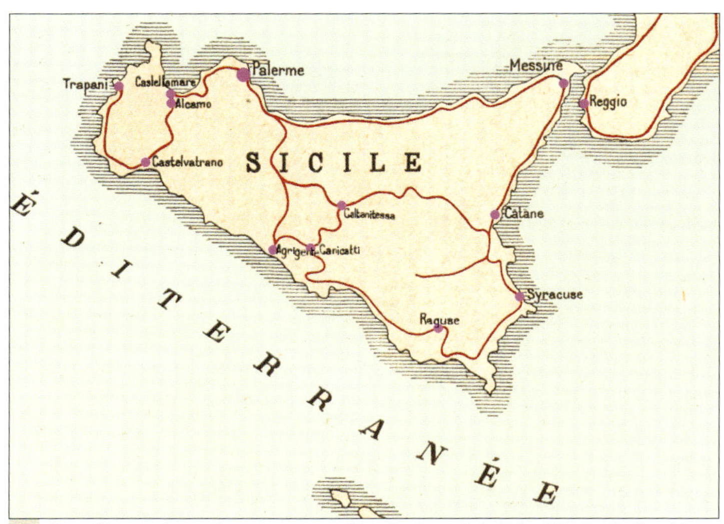

Carte d'époque des années 1920 montrant l'état du réseau de la Sicile: déjà très développé à l'époque, il n'évoluera plus guère par la suite; seule une ligne directe entre Alcamo et Trapani sera réalisée peu avant la Seconde Guerre mondiale.

Le train part de Palerme avec un retard imputable à l'arrivée tardive de celui de Trapani, avec lequel on doit respecter la correspondance. Les Ferrovie Sicilia Occidentale qui gèrent la ligne de Trapani n'ont, d'ailleurs, pas une grande réputation d'exactitude… Le journaliste fait remarquer que le train de Trapani est parti à 5 h 00 du matin, et qu'il n'avait que 195 km à parcourir pour être à Palerme vers midi, ce qui fait une moyenne qui est loin d'être celle des trains britanniques de l'époque ! Mais le convoi arrive enfin, et il faut un certain temps pour le transfert des voyageurs, des bagages et, au téléphone, pour des discussions entre le chef de gare de Palerme et ses collègues de la ligne, afin d'assurer la possibilité de la circulation du train de Messine dans des délais corrects, malgré son retard. Enfin, on entend qu'il est question de *partenza*, après quoi le chef de gare fait sonner sa trompette et le mécanicien, Giuseppe, actionne son sifflet.

Une vue d'époque exceptionnelle montrant une gare sicilienne au début du XXe siècle. Un train express est au départ. Notez cette attitude typique du pays, sévèrement réprimée ailleurs en Europe : les marchepieds des voitures servent de banc pour le repos des hommes d'équipe.

En avant, toute...

La locomotive n'est pas un modèle de propreté, note le journaliste britannique, mais l'équipe de conduite semble consacrer beaucoup de temps à passer des coups de chiffon çà et là. Trois grandes ficelles sont tendues à travers l'abri de conduite, l'une pour actionner à distance le sifflet, l'autre pour agir sur la commande de frein à vide et la troisième pour agir sur l'éjecteur du même frein pour les arrêts d'urgence. En dépit de fuites manifestes sur l'ensemble des accouplements de freinage du train, le journaliste est rassuré de constater que, dans la conduite générale, il règne une certaine pression qui se situe aux environs de 11 livres par pouce carré, ce qui laisse espérer la possibilité d'arrêter le train avec ses propres freins au cas où... Des briquettes du Pays de Galles forment les deux tiers du combustible, le reste étant du charbon mélangé. La locomotive semble s'en contenter et marche très bien.

Dès le départ de Palerme, le journaliste est frappé par l'absence de toute signalisation, sauf aux approches des gares pour retenir un train en cas de besoin. Des gardes équipés de drapeaux sont postés près des appareils de voie et de tous les points singuliers, et prennent une pose militaire lors du passage du train. La ligne est à voie unique et les poteaux télégraphiques sont d'un type allemand.

L'horaire est malgré tout respecté

La voie est dure, mais bien entretenue, et le roulement est mouvementé. La ligne longe la mer jusqu'à Rometta, sur 210 km, et offre un profil facile. Le première panne se produit à Baghera : le système de freinage donne des soucis. A Castelbuono, on croise le train régulier quotidien venant de Messine. Les orangers, citronniers et oliviers composent un paysage magnifique, et le train maintient sa vitesse prévue sans difficulté. A Rometta, la locomotive est remplacée par une machine à quatre essieux moteurs (sans doute une 040), car de sévères rampes attendent le train pour franchir la barrière montagneuse séparant Messine de son arrière-pays. Le tunnel de faîte, le Galleria Peloritana, long de 5500 mètres, est franchi à la nuit tombante et les lumières de Messine, en contrebas, apparaissent aussitôt. Le mécanicien retient le train, dans la pente, avec le système de contre-vapeur Le Chatellier, et ne se sert des freins qu'occasionnellement. Le train arrive à la gare centrale de Messine à l'heure prévue, puis termine son voyage dans la gare maritime. Seule la voiture postale poursuivra sa route vers l'Italie continentale par le ferry.

Une gare sicilienne des années 1920, montrant bien l'aspect aride et rude du paysage et du réseau.

CARACTÉRISTIQUES TECHNIQUES

Type : **220**	Diamètre des roues motrices : **1800 mm**
Date de construction : **1888**	Pression de la chaudière : **10 kg/cm²**
Moteur : **2 cylindres simple expansion**	Masse totale : **46 t**
Cylindres : **420 x 600 mm**	Vitesse : **90 km/h**

1889

LA GR 170 RETE MEDITERRANEA

Une descendante de l'« école italienne »

L'Italie, vers la fin du XIXe siècle, renforce son unité et sa cohérence nationales. Le chemin de fer joue bien évidemment un rôle déterminant dans la création de cet État nouveau, et les différents réseaux doivent, dorénavant, s'équiper de manière à fournir des services rapides et efficaces entre les différentes parties du pays. C'est dans ce contexte et en fonction de ces impératifs que le réseau de la Méditerranée commande des locomotives de vitesse à grandes roues type 220.

Le réseau italien, en ces années 1880, se rénove profondément, mais on y trouve encore une centaine de locomotives à roues indépendantes (ou à roues libres) et à un seul essieu moteur. Nombre d'entre elles sont du type anglais Stephenson à cylindres intérieurs, avec châssis à longerons extérieurs et dôme soit sur la boîte à feu, soit à l'avant du corps cylindrique. Quelques-unes, celles des lignes du Lombardo-Veneto, ont été en partie transformées au début des années 1870 en machines mixtes avec chaudière neuve à grande grille passant par-dessus l'essieu arrière, accouplé avec celui du milieu.

Le parc moteur italien : revue de détail

Les Chemins de fer Livournais, eux aussi, possèdent encore plusieurs machines à roues indépendantes de provenance anglaise, à châssis mixte et cylindres extérieurs, genre Buddicom. On voit même circuler sur ces lignes une machine Stephenson, du type North Star de la fin des années 1830, à cylindres extérieurs et à grandes roues à l'arrière, mais en avant du foyer, sous le corps cylindrique. Les Chemins de fer Méridionaux, dont une partie des lignes sont alors d'un profil facile, ont fait construire chez Cail, en 1864, des machines à roues libres qui sont encore en service : elles sont à cylindres extérieurs et mécanisme intérieur.

La Rete Mediterranea se distingue par des lignes accidentées demandant des ouvrages d'art nombreux et imposant des tracés tourmentés. Ici, dans les années 1920 en Toscane, un train de voyageurs remorqué par une Gr 470 – qui, d'ailleurs, serait mieux à sa place en tête d'un train de marchandises.

Une 170 de la Rete Mediterranea, mais sous sa forme primitive, en disposition d'essieux type 120. Le passage au type 220, avec bogie avant donc, va s'imposer.

CARACTÉRISTIQUES TECHNIQUES

Type : **220**	Pression de la chaudière : **12 kg/cm²**
Date de construction : **1889**	Masse : **49,8 t**
Moteur : **2 cylindres simple expansion**	Vitesse : **85 km/h**
Cylindres : **420 x 610 mm**	
Diamètre des roues motrices : **2100 mm**	

Le besoin de puissance, déjà…

Mais lorsque les trains deviennent plus lourds et que les express doivent être remorqués sur des sections accidentées, les ingénieurs italiens ne veulent pas recourir aux machines mixtes des trains ordinaires à voyageurs, à cause de leurs roues à trop faible diamètre ou de leur foyer en porte-à-faux. Les Chemins de fer Méridionaux font alors construire en Angleterre par Sharp, en 1872, douze machines à roues de 1920 mm, rappelant le type anglais Ramsbottom, avec cylindres et mouvement intérieurs, foyer profond et roues accouplées situées derrière le foyer.

Les Chemins de fer de la Haute Italie font établir vers la même époque, par la Société alsacienne de Mulhouse en France, des machines à cylindres et mécanisme extérieurs, châssis intérieur et foyer à grille très inclinée passant par-dessus l'essieu arrière, les roues ayant un diamètre de 2000 mm. Les chaudières d'origine, à dôme placé sur le foyer, seront ultérieurement remplacées par une chaudière avec foyer à ciel plat et dôme sur le milieu du corps cylindrique.

La nécessité du bogie avant s'impose

Ces machines à grand empattement rigide sont destinées à des sections de voies tracées avec des courbes d'assez grand rayon. Mais, au moment où se construisent des lignes sinueuses et à profil sévère comme celle de Gênes à la Spezia, la nécessité d'une locomotive plus facile à inscrire en courbe devient impérative. Une machine avec bogie est alors étudiée et construite en 1877 par la compagnie de la Haute Italie, avec pour point de départ la machine existante, dont l'essieu avant est très chargé – le pivot portant la charge est formé par une grosse pièce sphérique. Une de ces locomotives est exposée en 1878 à Paris et le fonctionnement ayant été reconnu comme satisfaisant, le nombre de machines commandées est porté à plus de 70 exemplaires.

Le succès des locomotives à bogie de la SFAI conduit les Chemins de fer Romains et les Chemins de fer Méridionaux à construire, en 1882, des machines semblables, qui ne diffèrent que par quelques détails. Ainsi, le bogie avant est pourvu d'un mouvement de déplacement transversal et, dans la machine des Chemins de fer Méridionaux, la distribution ainsi que les tiroirs sont disposés à l'intérieur des longerons du châssis.

La Rete Mediterranea à la fin du XIXe siècle

Le réseau de la Méditerranée fait partie des grands réseaux privés italiens qui seront nationalisés en 1905. Il est déjà le produit de la fusion, en 1885, des réseaux de Haute Italie, d'une partie du réseau des Chemins de fer Romains et d'une partie du réseau des Chemins de fer Méridionaux. Il a pour territoire toute la partie de l'Italie située à l'ouest d'une ligne médiane tracée de Milan à Florence et Tarente, soit une longue bande englobant Turin, Gênes, Pise, Florence, Rome et Naples, et s'étendant des Alpes jusqu'à la pointe extrême sud de la péninsule Italique. Il doit son nom de Rete Mediterranea au fait qu'il dessert intégralement la côte méditerranéenne de l'Italie, de Ventimiglia jusqu'à Reggio. Bref, ce réseau se taille la part du lion, laissant à la Rete Adriatica la partie est du pays, moins active, moins riche – réseau de l'Adriatique qui a quand même, en compensation, quelques lignes transversales traversant intégralement la péninsule à différentes latitudes, pour desservir des ports méditerranéens.

Le kilométrage exploité par la Rete Mediterranea, en 1885, est de 4236 km (contre 4379 pour le réseau Adriatica) ; il affiche l'équivalent de 107 342 FF de recettes, contre seulement 49 915 FF pour son concurrent, assurant ainsi un produit par kilomètre plus de deux fois supérieur.

La Rete Mediterranea doit, elle aussi, passer aux deux essieux moteurs

Comme les autres réseaux italiens, la Rete Mediterranea dispose d'une centaine de locomotives à roues libres, machines qui sont complètement dépassées, sur le plan technique, quand le réseau est constitué en 1885. Pour faire face à l'accroissement du poids des trains, il va falloir passer au type 120 ou 220, à deux essieux accouplés.

Toutefois, ces locomotives sont « raides » pour les voies et les sollicitent beaucoup en courbe, exerçant des forces latérales importantes sur les rails, qu'elles tendent à écarter. Lorsque le réseau italien se développe et commence à s'intéresser à des régions de montagne quelque peu abandonnées jusque-là, la construction de lignes à tracé sinueux impose le choix d'un type de locomotive à empattement rigide court avec bogie avant à fort déplacement latéral. C'est le réseau de la Haute Italie qui, le premier, fait construire ce type de locomotive ; il sera intégré dans le parc de la Rete Mediterranea lors de la fusion. Les 220 du Groupe 170 sont donc des descendantes directes de ces locomotives souvent qualifiées de représentantes de l'« école italienne ».

Les locomotives pour trains de marchandises ou pour trains mixtes sont, malheureusement, sans bogie ou bissel avant, car elles dérivent presque toutes du fameux type Bourbonnais français à trois essieux accouplés, sans essieux porteurs : le type 030. Ce dernier est connu, en Italie, sous le nom de « Medoc », et fourni par de nombreux constructeurs français, belges, allemands et italiens. Quant au type 040 à quatre essieux accouplés, il s'est développé après 1860, notamment pour la fameuse ligne des Giovi reliant Gênes à Turin.

Le matériel roulant voyageurs

Les voitures à voyageurs sont longtemps restées relativement petites, souvent de type français, avant de se rapprocher, dans les années 1870-1880, du type allemand ou autrichien sur trois essieux ou plus rarement sur bogies. Le double pavillon de toit est couramment pratiqué pour lutter contre la chaleur. Les plates-formes ouvertes aux extrémités sont, également, d'un usage très fréquent. Cependant, pour des raisons de sécurité, la Rete Mediterranea utilise aussi assez souvent des voitures à impériale fermée, peu appréciées du public italien, on s'en doute.

LA GR 180 BIS RETE ADRIATICA

Elle a le redoutable honneur de tirer la Malle des Indes

Le type 220 est très courant vers la fin du XIXe siècle et le chemin de fer italien ne manque pas d'en construire un certain nombre de modèles, qui resteront relativement peu connus en dehors de ce pays – exception faite de la Gr 180 bis de la Rete Adriatica, qui connaît son heure de gloire en remorquant le fameux train « Valigia delle Indie », la Malle des Indes, qui assurait sa part de l'acheminement du courrier de Londres à Bombay.

Une malle qui est expédiée aux Indes ? Cette « malle » est tout sauf un bagage, le terme désignant ici le courrier et le véhicule qui le transporte, à l'instar du mot *mail* en langue anglaise. Lorsque les Anglais constituent leur immense empire colonial, sur lequel, comme on a pu le dire de celui de Charles Quint, le soleil ne se couche jamais (dans la mesure où il englobe un grand nombre de territoires tout autour du monde), il leur faut bien un moyen pour l'administrer, donc pour transporter du courrier et des documents.

La Malle des Indes à l'époque bénie du chemin de fer

Le courrier britannique à destination des Indes, la colonie la plus importante et la plus choyée du Royaume-Uni, est donc extrêmement précieux. Son transport sur quelque 22 000 km demande cinq longs mois par mer, empruntant d'abord la route maritime (Londres, Gibraltar, Alexandrie) et la remontée du Nil jusqu'au Caire, puis effectuant une traversée du désert à cheval pour retrouver la mer Rouge. Le courrier prend alors le bateau à vapeur pour rejoindre Aden et les Indes. A partir de 1839, la France prend en charge le passage du courrier entre Calais et Marseille, trajet effectué en une centaine d'heures par la route et qui évite le long détour par l'océan Atlantique et Gilbraltar. La construction des voies ferrées françaises, notamment celle reliant Paris à la Méditerranée, accélère d'autant plus ce transport et montre la supériorité incontestable du chemin de fer sur le navire en matière de vitesse et de ponctualité. Une fois qu'elle est unifiée et dotée d'un réseau de chemins de fer performant, l'Italie se porte aussi candidate pour participer à ce transport, car il est rétribué, d'une part, et, d'autre part, il témoigne d'une précieuse marque de reconnaissance et de confiance de la part du pays alors le plus puissant du monde.

Durant les années 1850-1860, le train connaît son époque la plus active, et le courrier échangé entre Londres et les Indes est très volumineux. L'affaire est bonne pour le PLM et pour Marseille – mais pas pour longtemps en ce qui concerne cette dernière ville. Pendant la guerre de 1870, pour éviter le théâtre des hostilités, la Malle des Indes passe par la Belgique, l'Allemagne et l'Italie jusqu'à Brindisi, puis retrouve l'itinéraire français en 1872, mais sans pour autant revenir à Marseille. En effet, en 1871, le tunnel du Mont-Cenis a été ouvert entre la France et l'Italie, offrant un itinéraire plus court entre Paris et la plaine du Pô via la vallée de la Maurienne. Marseille a donc définitivement perdu ce trafic, et les paquebots de la P. & O. désertent le Vieux Port au profit de celui de Brindisi, à la pointe sud de la péninsule Italique, selon le principe qu'il faut toujours privilégier le transport par fer au transport par mer à l'époque, vu la lenteur des navires et les progrès des trains.

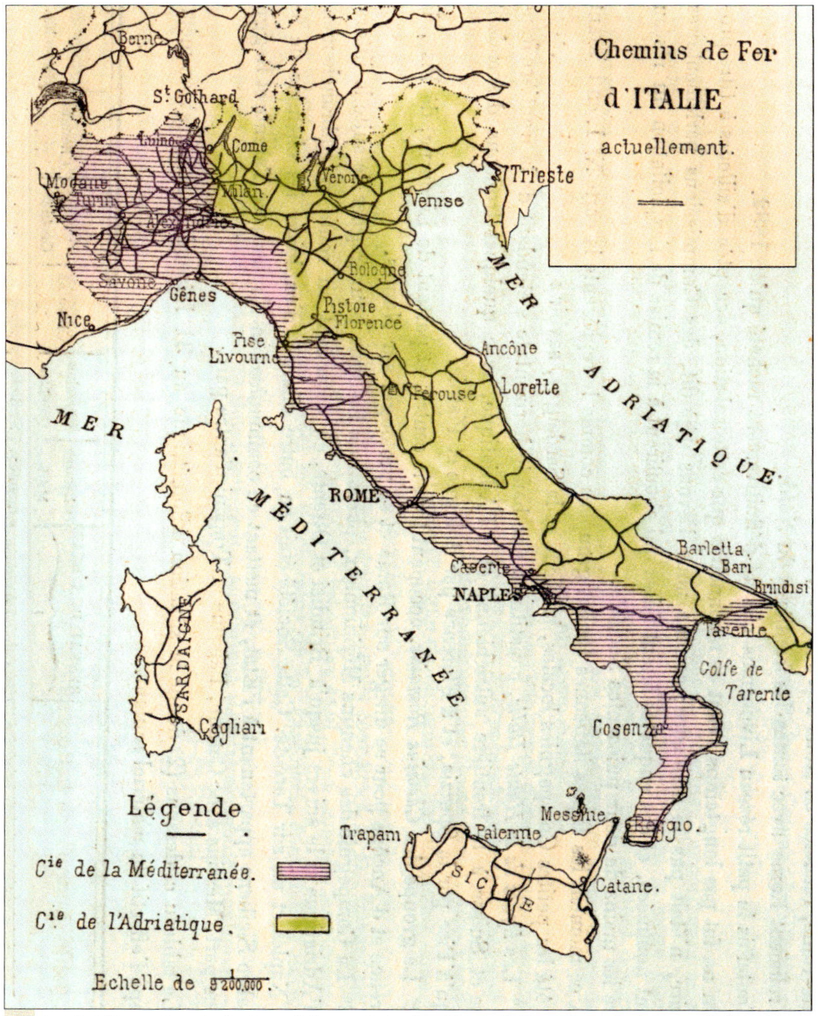

La très intéressante carte du réseau italien, après la répartition de 1885 qui donne les fameuses Reti, dont la Rete Adriatica (ici en vert) et la Rete Mediterranea (en violet). Le partage s'est voulu équitable en termes de trafic, mais il n'est pas très rationnel géographiquement.

La Malle des Indes, train français mais de plus en plus italien

En 1880, le train est accessible aux voyageurs, ce qui met fin à sa période de mystère et de secret. Il apparaît très officiellement sur les horaires de la Compagnie internationale des Wagons-Lits (CIWL) et il roule à 80 ou 90 km/h en vitesse de pointe, ce qui exige quelque 48 heures pour faire le trajet à travers la France, puis l'Italie, de Calais jusqu'à Brindisi.

Le 13 mars 1890, toute promiscuité cesse et le mystère revient en force : le train est alors dédoublé. D'une part, il existe un train de voyageurs avec deux fourgons à bagages, un restaurant, deux ou trois voitures-lits, circulant sous le nom de Peninsular Express, et d'autre part un train uniquement postal, sans aucun passager autre que les convoyeurs anglais et français. Le Peninsular Express est un train direct Paris-Brindisi, toujours formé de voitures-salon et de voitures-lits de la CIWL. Il quitte Londres tous les vendredis à 15 h 15 pour Douvres, où une correspondance par bateau est assurée, via Calais, avec arrivée par train en gare de Paris-Nord à 23 heures. Il quitte cette gare à 00 h 15 et arrive à Brindisi le dimanche à 16 heures, ayant donc roulé de nuit et de jour tout le samedi et la journée du dimanche. La partie italienne est confiée aux remarquables locomotives type 220 de la Rete Adriatica et le train emprunte l'interminable ligne de la côte adriatique, passant par Bologne, Rimini, Ancône, Pescara et Bari avant d'arriver à Brindisi. Dans le port italien, le paquebot attend à quai et appareille à 22 heures précises.

Une Gruppo 180 de la Rete Adriatica, en état d'origine. Les roues pleines restent une curiosité techniquement difficile à expliquer.

CARACTÉRISTIQUES TECHNIQUES

Type: **220**	Pression de la chaudière: **12 kg/cm²**
Date de construction: **1889**	Contenance du tender en eau: **12 t**
Moteur: **2 cylindres simple expansion**	Contenance du tender en charbon: **4 t**
Cylindres: **420 x 600 mm**	Masse: **48,3 t**
Diamètre des roues motrices: **1920 mm**	Vitesse: **100 km/h**

Devant l'accroissement du poids du train, le règne des 220 sera de courte durée. Dès avant la Première Guerre mondiale, elles sont écartées au profit de locomotives plus lourdes et plus puissantes. En 1920, le train comprend dix wagons-poste, un wagon-restaurant, deux wagons de première classe et deux fourgons de service; il parcourt les 1159 km séparant Calais de Marseille en 22 heures et 23 minutes. La charge des trains est élevée, soit de 525 à 560 tonnes en 1930. En 1939, à la déclaration de la Seconde Guerre mondiale, la Malle des Indes (ou Peninsular Express) est définitivement supprimée. La légende seule demeure.

La 180 bis, chef-d'œuvre d'élégance

Entreprise avec détermination pendant les années 1860 à 1890, la construction du réseau italien se poursuit dans un esprit enthousiaste, celui d'un pays enfin unifié et plein d'espoir. Les ingénieurs transalpins veulent s'affranchir de la dépendance des constructeurs étrangers et se mettent avec ardeur à leurs planches à dessin pour créer la locomotive pour trains rapides qui, bientôt, reliera entre elles les provinces unifiées. A Turin, l'Ufficio d'Arte de la Rete Mediterranea, comme à Florence, l'Ufficio Studi Locomotive de la Rete Adriatica dessinent de prestigieuses 220, l'une la 170, l'autre la 180 bis, des machines qui devront donner la réplique aux 220 du Paris, Lyon et Méditerranée français et assurer, sur le sol italien, les mêmes performances en tête des grands trains internationaux passant d'un pays à un autre.

Cette série de 36 locomotives est construite entre 1890 et 1901, avec une commande de 24 locomotives pour la firme Breda de Milan et une de 12 pour sa concurrente Ansaldo de Gênes. Capables de fournir une puissance estimée à plus de 650 chevaux, elles roulent à 100 km/h en tête de trains de plus de 200 tonnes. D'une ligne très pure, très finement dessinée avec ses roues bien dégagées, la 180 bis est certainement une des plus jolies locomotives du type 220, et ce dans une catégorie où, justement, les prix de beauté abondent.

Dépassées par les autorails

En tant que 220, ces machines sont certes puissantes et endurantes, mais leurs 650 chevaux sont un peu justes devant l'accroissement des interminables trains lourds qui roulent le long de la côte adriatique, de surcroît sur des voies qui ne facilitent pas la traction et avec des voitures de plus en plus pesantes. Au lendemain de la Seconde Guerre mondiale, elles sont dépassées, non pas techniquement, mais à cause de leurs performances limitées, et ces belles machines doivent céder leur place à des engins à trois essieux accouplés. Elles finiront leur carrière en remorquant des trains omnibus légers, retrouvant d'ailleurs les mêmes voitures pour trains rapides du siècle précédent qu'elles tiraient pendant leur âge d'or, ces voitures ayant été déclassées dans le service des trains omnibus. Les années 1930, avec la forte volonté de modernisation du réseau d'État de l'époque et avec la venue d'autorails légers et rapides, verront la fin de ces locomotives et de leurs trains attachants, désormais d'un autre âge.

Une 180 de série, à conduite à droite. Notez, par rapport au plan d'origine du constructeur, la distribution intérieure à l'anglaise, adoptée sur les machines de série.

LA GR 270 RETE ADRIATICA

Un chef-d'œuvre de simplicité et d'efficacité

Même avec un cahier des charges modeste et une ambition mesurée, on peut réaliser de grandes choses, comme le démontre cette excellente petite locomotive-tender, groupe 270 ; conçue avec des moyens et des objectifs modestes, elle n'en sera pas moins, au final, une des plus belles réussites de l'histoire de la locomotive à vapeur pour lignes secondaires. Pourtant, les lignes difficiles auxquelles elle fut confrontée quotidiennement ne lui ont pas facilité la tâche !

Une 270 manifestement préservée, au vu de la peinture vive généreusement passée sur les traverses de tamponnement et les bielles et du panneau Interdiction de monter *au premier plan.*

Vers la fin du XIXe siècle, la grande majorité des machines italiennes pour les trains dits « ordinaires » du service des voyageurs sont dépassées, leur conception remontant à la première moitié du siècle. Le type le plus courant est dérivé du modèle français dit « Bourbonnais » – connu en Italie sous le nom de « Médoc ». Ces machines, construites à l'origine en France, sont ensuite fournies au réseaux italiens par divers constructeurs, belges, anglais, allemands et même italiens, cette disparité dans les provenances se retrouvant d'ailleurs dans l'aspect extérieur de la machine.

La fin d'une époque et l'arrivée de la locomotive-tender

On trouve encore, sur les divers réseaux italiens, beaucoup d'autres modèles de ces machines mixtes, dans d'innombrables séries et sous-séries – dont quelques-unes ne comprennent, parfois, qu'un petit nombre d'exemplaires. Ainsi, sur l'ancien réseau des Chemins de fer Livournais, on voit rouler des machines anglaises à cylindres extérieurs, légèrement inclinés, dérivées de la très ancienne machine Buddicom, mais transformées, par ajout à l'unique essieu moteur d'origine d'un autre essieu moteur placé derrière le foyer, en remplacement de l'essieu porteur – la locomotive passant ainsi du type 111 au type 120. On rencontre aussi, le plus souvent sur le réseau de la Méditerranée, des engins analogues, mais avec cylindres horizontaux et châssis à longerons intérieurs seulement. Les Chemins de fer Piémontais, quant à eux, utilisent beaucoup de machines mixtes à cylindres intérieurs avec essieux accouplés placés à l'avant – ce qui donne le type 021, suivant un modèle créé par le constructeur anglais Sharp. Ces locomotives manquent notoirement de puissance et lors du remplacement des chaudières, les ingénieurs italiens, surtout ceux des ateliers de Vérone, prennent l'habitude de les doter d'un grand foyer passant par-dessus l'essieu porteur arrière.

Tous ces types de machines assurent, à partir des années 1870, l'ensemble des services de manœuvres, de trains omnibus et de trains mixtes sur lignes secondaires. Mais leur âge respectable les rend de plus en plus inaptes à un service de qualité suffisante. La question de leur remplacement par des locomotives-tender, plus souples dans l'exploitation, plus nerveuses au démarrage, plus robustes et endurantes, se pose donc sérieusement vers 1890.

Les anciennes ont la vie dure et les transformations la leur prolongent !

Il faut évoluer, certes, mais les finances des réseaux italiens – déjà peu riches à leur création – sont loin d'être mirobolantes. Leurs activités rapportent peu d'argent et ne permettent en tout cas pas de constituer des réserves financières pour des investissements importants. On continue donc à se fournir auprès des constructeurs traditionnels ou à modifier d'anciennes locomotives.

Devenues Gruppo 851 à la création des Ferrovie dello Stato en 1905, les 270 poursuivent longtemps encore leur carrière sur l'ensemble du réseau italien.

C'est ainsi qu'il existe encore, à la fin de l'année 1884, trois machines construites par les ateliers français Gouin en 1862, sur le type créé par la compagnie du Victor-Emmanuel. Les roues accouplées sont situées à l'arrière, en avant du foyer, et le châssis, les cylindres et le mécanisme sont entre les roues. Toutefois, les tiroirs ont été disposés en avant des roues porteuses de manière à être accessibles depuis l'extérieur. Les excentriques sont logés entre les coudes des manivelles et les fusées. Ce sont donc des dispositions anciennes que l'on a fait quelque peu évoluer avec empirisme, mais dont les performances restent limitées.

Un parc hétéroclite et des machines de toute provenance

Pendant longtemps, le service entre Gênes et le pied de la rampe des Giovi a été assuré par une douzaine de machines construites par l'entreprise belge Cockerill en 1853, puis en 1860 pour une nouvelle sous-série, sur un modèle belge avec bogie à l'avant. Les cylindres extérieurs sont très inclinés et le foyer est en porte-à-faux. Ces machines sont encore affectées en 1884 à des services d'embranchements ou de manœuvres.

Les Chemins de fer Méridionaux possèdent six machines produites en 1863, en Angleterre, par l'atelier Canada Works, à Birkenhead, exactement calquées sur le modèle créé en 1854 par Buddicom pour le réseau de l'Ouest en France, avec des cylindres extérieurs et deux paires de roues accouplées à l'avant. On trouve également sur les lignes de la même société des locomotives-tender à distribution et cylindres extérieurs et roues accouplées à l'avant, construites par la firme allemande Kessler en 1883. Les caisses à eau sont situées entre les longerons, sous la chaudière, et les soutes à combustibles se trouvent à l'arrière de la plate-forme du mécanicien.

Des machines semblables à celles de Kessler, ou d'autres ayant les caisses le long de la chaudière, ont été conçues pour diverses lignes locales, notamment pour le Chemin de fer du Nord de Milan. Pour le service spécial des lignes d'embranchement, les Chemins de fer de la Haute Italie ont fait construire, à titre d'essai, deux voitures à vapeur du système Belpaire. De petites machines Krauss ont également été testées, mais ces essais n'ont pas donné les résultats escomptés et on a dû chercher d'autres dispositions.

La longue marche vers la locomotive-tender

La machine qui a donné les meilleurs résultats est une tender à six roues dont quatre sont couplées, du type 120, pesant 30 tonnes, à cylindres extérieurs, mécanisme extérieur et grille passant par-dessus l'essieu arrière couplé. Les caisses à eau se trouvent entre les longerons. Cette machine, de provenance allemande, est une sorte de réduction de celles qui remorquent les trains du Métropolitain de Berlin.

Après tant d'achats de locomotives auprès de constructeurs étrangers, apportant certes de la diversion, mais aussi un manque total d'homogénéité et de cohérence pour le parc moteur des réseaux italiens, il est temps de concevoir des locomotives-tender italiennes répondant, et sans nul doute à un prix moindre, au mieux aux attentes des réseaux nationaux.

Un chef-d'œuvre de l'art florentin

La Gr 270 n'est certes pas signée de la main de Leonard de Vinci, son portrait ne trône pas dans la fameuse galerie des Offices ; pourtant, elle est, elle aussi, issue du savoir-faire de Florence, et quand l'histoire des techniques aura rejoint celle de l'art en matière de dignité culturelle, sans doute cet oubli sera-t-il réparé !

L'Ufficio Studi della Rete Adriatica, c'est-à-dire le bureau d'études du réseau de l'Adriatique, est installé à Florence vers la fin du XIXe siècle et il est chargé de résoudre le problème de la traction des trains légers omnibus sur les nombreuses lignes qui traversent la chaîne des Apennins, et surtout les transversales reliant Rome à Pesaro, Rome à Pescara, Florence à Rimini, Florence à Bologne, etc.

Les ingénieurs de l'époque sont, en Europe, très fidèles à la locomotive-tender à trois essieux moteurs pour ce qui est du trafic sur les lignes secondaires, et cette pratique est même étendue aux réseaux en voie métrique. Ce type de locomotive peut, surtout, circuler indifféremment dans les deux sens à la même vitesse, alors que, pour les machines à tender séparé, la présence du tender crée, en marche arrière, une très forte gêne visuelle pour le mécanicien et impose aussi des restrictions de vitesse. Le réseau de l'Adriatique choisit donc le type 030T.

La modestie ne nuit pas forcément à l'efficacité

Si les Italiens passent rarement pour faire dans la simplicité et la banalité, pour une fois ils s'y sont donnés à fond et avec réussite. Modeste, la machine l'est certainement, avec des caractéristiques techniques très classiques et même en dessous des possibilités de l'époque – comme une vitesse maximale de 65 km/h et une puissance de 400 chevaux à 30 km/h –, mais elle se révèle quand même très efficace. Du reste, elle aura une carrière remarquable pendant plus d'un demi-siècle sur des lignes difficiles aux nombreux arrêts, redémarrages en rampe, courbes serrées, et cela sans aucune défaillance.

La série des 270 est importante : 207 exemplaires construits entre 1898 et 1909, dans les ateliers de nombreux constructeurs italiens réputés, comme Ansaldo, Breda, OM de Milan, CM de Saronno, ainsi que chez firme allemande Maffei. Devenues série 851 lors de l'unification des chemins de fer italiens et la création des FS, ces machines terminent leur carrière durant les années 1960. Leur célébrité leur vaut d'être reproduites en HO par la firme Rivarossi (référence 1117) pour le marché des modélistes ferroviaires. Certaines ont été préservées à titre de locomotive-monument, ce qui est au moins le cas des deux locomotives 130 et 186 figurant sur ces pages.

Une 270 telle qu'elle est présentée sur le catalogue constructeur de la firme allemande Maffei.

CARACTÉRISTIQUES TECHNIQUES

Type : **030T**	Surface de grille : **1,50 m²**
Date de construction : **1898**	Contenance des soutes en charbon : **1,2 t**
Moteur : **2 cylindres simple expansion**	Contenance des caisses en eau : **5 t**
Cylindres : **430 x 580 mm**	Masse : **44 t**
Diamètre des roues motrices : **1510 mm**	Longueur : **9 m**
Pression de la chaudière : **12 kg/cm²**	Vitesse maximale : **65 km/h**
Surface de chauffe totale : **95 m²**	

1900

LA GR 500 RETE ADRIATICA

La « Mucca » avance à reculons, suivie tout de même par son veau

Cette très intéressante locomotive a été surnommée la Mucca (la vache) par les cheminots italiens, à cause de sa forme haute et ronde, et de son tender plus bas et aussi rond, donnant l'impression d'une vache suivie par son veau. La locomotive crée la sensation à l'Exposition universelle de Paris, en 1900. Elle est même essayée par le réseau français de l'Ouest, qui lui trouve des qualités certaines. Pourtant, comme toutes les locomotives exceptionnelles, elle ne fait pas souche. Il faut dire que cette 230 n'inspire guère confiance, elle qui semble avoir été assemblée à l'envers, tête-bêche, avec sa cabine de conduite à l'avant, sa cheminée à l'arrière et son tender qui suit le tout sans conviction.

Une Mucca vue de … l'arrière, côté cylindres, puisque la cabine se doit d'être à l'avant.

Les locomotives à l'envers, avec leur cabine de conduite transférée de l'arrière à l'avant et leur cheminée de l'avant à l'arrière, ont fait l'objet de nombreux essais tout au long de l'histoire de la locomotive à vapeur – certains ayant été couronnées de succès, si l'on songe aux fameuses « cab forward » des États-Unis. Mais pourquoi faire à l'envers ce que l'on peut normalement faire à l'endroit? Les ingénieurs qui ont dessiné cette locomotive ont-ils agi par caprice, pour le seul plaisir de se faire remarquer ou pour quelque autre (obscure) raison?

La locomotive à cabine à l'avant : pourquoi ?

La raison de ce choix n'a rien de fantaisiste ; c'est une solution fonctionnelle qui se justifie parfaitement du point de vue technique, en tant que réponse à une succession de contraintes. A l'origine, il y a l'immuable et éternelle nécessité d'augmenter la puissance des locomotives, pour répondre à une demande toujours croissante de transport. Pour atteindre cet objectif, il faut, en traction vapeur, surdimensionner le foyer, car c'est de lui que vient toute la puissance de la locomotive, et c'est en lui qu'est produite la vapeur.

Mais voilà, la présence de roues motrices de grand diamètre est une gêne pour loger le foyer. En plaçant celui-ci au-dessus des essieux porteurs, on a désormais toute la largeur du châssis, mais cette solution nécessite d'allonger la locomotive vers l'arrière, donc de la rendre plus lourde, avec un essieu porteur arrière (type 231, par exemple) – ce qui n'est pas indiqué pour les lignes à faible charge de la Rete Adriatica. Voilà pourquoi les ingénieurs italiens, afin de conserver une locomotive courte de type 230, inversent celle-ci et placent le foyer et l'abri de conduite sur le bogie avant. En outre, pensent-ils, l'équipe de conduite aura une meilleure vision et ne sera pas enfumée dans les nombreux tunnels de la ligne reliant Milan à Rome.

Une cabine qui intrigue et qui laisse les chauffeurs sceptiques

Présentée à l'Exposition Universelle de Paris en 1900, la première Mucca, portant le n° 3701, fait sensation avec sa cabine avant. Elle fait aussi beaucoup parler et entraîne même des polémiques parmi les ingénieurs des différents réseaux européens. Pourtant, dès les débuts des chemins de fer, les émissions de fumée et de gaz toxiques lors des parcours en tunnel ont posé des problèmes, et le savant français Arago, durant les années 1830 déjà, attirait l'attention des pouvoirs publics sur le danger. Si les voyageurs peuvent fermer les fenêtres, les équipes de conduite, elles, souffrent, et cela devient infernal si le tunnel est long et s'il est en rampe, la locomotive fournissant alors un effort maximal. Vers la fin du XIXe siècle, on équipe bien les plates-formes de conduite d'appareils respirateurs, (des masques reliés à des bouteilles d'oxygène), mais ce dispositif n'est guère satisfaisant et aucune autre solution n'est trouvée.

D'autre part, la cabine avant de la Mucca pose le problème du chargement du foyer. Il n'est pas question, pour le chauffeur, de courir le long de la locomotive sur une coursive, pelle en main, ni d'aller chercher le charbon dans le tender qui est à l'arrière. Donc, le tender ne peut que porter l'eau, alimentant la chaudière par une pompe et des raccordements souples. Le charbon doit être à la portée immédiate du chauffeur ; il est logé dans des soutes latérales donnant dans l'abri de conduite : cette disposition laisse sceptiques les ingénieurs et ne plaide guère, elle non plus, pour cette disposition avec cabine à l'avant.

Les essais sur le réseau français de l'Ouest

Ce réseau, qui possède un parc de locomotives type 230 et compte l'augmenter, demande la permission de garder la Mucca (dans un pré?) après l'Exposition universelle. L'ingénieur italien Agazzi se montre coopératif et la locomotive fait l'objet de tests comparatifs avec une 230 et une 220 classiques de l'Ouest, entre le 18 décembre 1900 et le 30 janvier 1901, sur les lignes Paris-Le Mans, Paris-Evreux et Paris-Rouen.

Cette belle et rare photographie rappelle que la Mucca pouvait être attelée à son tender par l'avant (comme c'est le cas ici) ou par l'arrière.

Neuve, la locomotive doit être rodée avant de donner sa pleine mesure ; elle est donc longuement essayée. Elle se montre très stable, douce au roulement, facile à conduire. Elle est très puissante pour son poids réduit, elle démarre franchement, mais, à puissance égale, elle consomme plus que ses concurrentes. Elle réussit à remorquer un train de voyageurs de 10 voitures, pesant 130 tonnes, à 126 km/h, chose remarquable pour l'époque.

La disposition en ligne des quatre cylindres est une nouveauté appréciée des ingénieurs : disposés au-delà des dernières roues accouplées, ils attaquent le même essieu moteur, un seul et unique tiroir commandant les deux cylindres d'un même groupe. Le mécanisme est donc plus simple, plus léger, tout en permettant aux quatre cylindres de donner leur pleine puissance.

La « 500 » en couleurs d'origine, avec son tender-citerne muni d'une guérite pour le chef de train. La couleur grise est exacte, ainsi que celle des roues rouges, une pratique allemande qui a gagné l'Italie.

Une Mucca série 6900 à grande cabine quittant une importante gare italienne, sans doute celle de Milan.

Un succès mitigé en France

Les ingénieurs du réseau de l'Ouest français, comme ceux de la Rete Adriatica ultérieurement, estiment que cette cabine de conduite avancée n'est pas commode pour le chauffeur. En effet, il tourne le dos au sens de la marche et ne participe que difficilement aux tâches habituellement partagées avec le conducteur, comme l'observation des signaux. Les deux hommes, dos à dos, se gênent mutuellement.

En outre, les ingénieurs considèrent que la disposition classique, avec cabine à l'arrière de la locomotive, permet à l'équipe de conduite de mieux surveiller le mécanisme de la machine par la vue, l'ouïe et même, surtout, l'odorat en cas de « chauffages » de boîtes d'essieux ou de bielles : en effet, une odeur de métal chaud signale immédiatement aux équipes de conduite l'imminence de cet incident fort redouté et permet souvent de l'éviter juste à temps.

La série italienne s'est limitée finalement à 16 locomotives, qui durent recevoir de nombreuses modifications en service, notamment au niveau de l'accès aux soutes à charbon. La « cab forward » italienne, tous comptes faits, ne fut pas un succès, contrairement à sa sœur américaine.

CARACTÉRISTIQUES TECHNIQUES

Type : **230**	Pression de la chaudière : **15 kg/cm²**
Date de construction : **1900**	Contenance des soutes à charbon : **7 t**
Moteur : **4 cylindres compound**	Contenance en eau du tender : **20 t**
Diamètre des cylindres haute pression : **380 mm**	Masse totale : **80,5 t**
Diamètre des cylindres basse pression : **750 mm**	Masse de la locomotive : **66,5 t**
Course des pistons : **650 mm**	Masse du tender : **14 t**
Diamètre des roues motrices : **1940 mm**	Longueur totale : **23,590 m**
Diamètre des roues porteuses : **1115 mm**	Longueur de la locomotive : **13,080 m**
Surface de la grille du foyer : **3 m²**	Longueur du tender : **10,510 m**
Surface totale de chauffe : **167 m²**	Vitesse : **130 km/h**

La « cab forward », les raisons d'un succès

Le Southern Pacific exploite, aux États-Unis, un certain nombre de lignes franchissant la barrière de la Sierra Nevada, principalement entre Sacramento et Sparks sur la grande ligne transcontinentale reliant San Francisco à Salt Lake City et à Chicago. La section Sacramento-Sparks est en pleine montagne et de nombreux tunnels se succèdent, complétés par des « faux » pare-avalanches ou pare-neige. Les rampes sont de 25 pour mille et les trains de marchandises sont immenses, interminables, pesant des milliers de tonnes. Il faut, à partir du début du XXe siècle, des locomotives encore plus puissantes et il en faut plusieurs par train. On ne peut pas grouper les locomotives en tête du convoi, car l'effort sur le premier wagon serait trop important : on les répartit donc sur toute la longueur du train, une locomotive tous les 30 wagons environ. Dans les tunnels, les équipes de conduite respirent les fumées de toutes celles qui précèdent la leur.

En 1928, le Southern Pacific reçoit ses premières « cab forward » (cabine à l'avant), construites chez Baldwin. La locomotive se révèle excellente, et une série de 195 machines est construite jusqu'en 1944. La conception de ces machines repose sur deux principes : assez de puissance pour être seules en tête des trains et une équipe de conduite totalement à l'avant de la machine. Ainsi, les fumées rejetées restent en arrière dans le tunnel et ne passent plus par-dessus la cabine de conduite. La chauffe au fuel permet, en outre, le report sans problème du tender à l'autre extrémité de la locomotive) puisque l'alimentation du foyer se fait par une pompe et des raccordements souples.

Une Mucca avec son « veau », attelé du côté de la guérite du chef de train qui doit, dans cette disposition, se régaler du bruit des cylindres et de l'échappement !

LA VOITURE A DEUX ESSIEUX

Le luxe dans la légèreté

Les grandes expositions du début du siècle, comme celle de Paris en 1900 ou celle de Milan en 1906, montrent le meilleur du matériel ferroviaire de l'époque. Il est curieux de constater une persistance, même pour le matériel haut de gamme comme les voitures-salon de luxe, d'un matériel roulant sur deux essieux au lieu de bogies. Archaïsme ou traditionalisme militant ? Ni l'un ni l'autre : il ne s'agit que d'une prosaïque économie de poids.

Toutes les compagnies européennes de la fin du XIXe siècle investissent encore dans la construction de voitures pour voyageurs légères, à deux ou à trois essieux, estimant que le confort offert par de très longs ressorts à lames très souples, roulant sur des voies parfaites, est amplement suffisant. D'ailleurs, pour bien montrer que le refus du bogie ne frappe pas seulement, comme on pourrait le penser, le matériel voyageurs de troisième classe ou de banlieue, ces compagnies font construire des voitures à deux ou trois essieux pour toutes les classes, même pour le matériel le plus luxueux comme les voitures-lits ou les voitures-salon de la première classe. Précisons tout de même que si les voyageurs des classes inférieures doivent rester cloués à leur siège en bois ciré pendant toute la durée du trajet (et traiter par le mépris leurs besoins naturels), ceux de première classe ont des voitures dotées de couloirs permettant de se rendre aux toilettes, à la voiture-restaurant, à la voiture-salon. Pour cela, il faut donc bien aménager un système d'intercirculation entre les voitures ; c'est ainsi qu'apparaissent, à partir de 1890 et même sur ces voitures à deux ou trois essieux, les fameux soufflets réunissant les voitures d'un même train.

Petit tour dans le parc... des voitures italiennes

Les voitures de chemin de fer italiennes proviennent, comme les locomotives, d'un peu partout ; elles sont construites par un grand nombre de fabricants européens, quand ce ne sont pas des firmes américaines. Elles étaient à l'origine fournies par des constructeurs français, et elles sont restées longtemps de petit format. Mais, dès la fin du XIXe siècle, les voitures des première et deuxième classes se sont modifiées en se rapprochant beaucoup des voitures autrichiennes et allemandes.

Les lignes lombardo-vénitiennes ont eu, au début, du matériel système américain, avec des plates-formes d'extrémité typiques, des couloirs centraux et, surtout, des bogies. Mais cette percée très moderniste venue d'outre-Atlantique n'a pas mis fin au règne de la petite voiture à trois essieux, qui prédomine encore sur le sol italien dans les années 1880-1890.

Les voitures de la Rete Mediterranea

Les voitures de la Rete Méditerranea de cette fin de siècle, par exemple, perpétuent les traditions du réseau de la Haute Italie. Elles ont six roues, disposition voulue par un grand nombre d'ingénieurs français et allemands qui voyaient dans le troisième essieu un élément de sécurité en cas de dégâts sur l'un des deux autres, la voiture restant au moins sur quatre roues ! Les autres données techniques sont communes à celles des réseaux européens, mais la particularité de beaucoup de ces voitures italiennes est la technique des doubles pavillons de toiture, très utiles dans un pays chaud, avec leur forme de voûte surbaissée dite « en arc de cloître ».

On trouve aussi des coupés pouvant se transformer en compartiments à lits pendant les trajets de nuit, tandis que certains compartiments de voitures de première classe comportent également des sièges se dépliant et donnant des lits pour la nuit. Un lavabo water-closet leur est accolé, parfois disposé entre deux compartiments et commun aux deux. On a aussi essayé des voitures et fourgons à couloir latéral fermé, avec plates-formes d'extrémité, ou encore des voitures à caisses déportées et à couloir extérieur latéral découvert.

Une très belle voiture de troisième classe, type grandes lignes, mais sur deux essieux. On retrouve toutes les caractéristiques de ce type de voiture : grande longueur, « redans » des portes, soufflets, toiture élaborée : il ne manque que les bogies.

Une voiture-salon Diatto du début du XXe siècle.

CARACTÉRISTIQUES TECHNIQUES

Type : **voiture à essieux indépendants**	Masse : **30 t**
Date de construction : **1905**	Longueur : **15,5 m**
Constructeur : **Diatto**	Vitesse : **100 km/h**
Écartement : **voie normale**	

Enfin, le réseau de la Méditerranée possède pour les trains de banlieue des voitures à impériale fermée, qui sont, on l'a déjà dit, loin d'être appréciées, et aussi des voitures à plateforme et couloir central, dont quelques-unes ont des essieux espacés de 5 mètres. Ce matériel peut être aménagé en temps de guerre pour le transport des malades et des blessés.

Le matériel voyageurs, plus modeste, de la Rete Adriatica

Sur le réseau de l'Adriatique, les dernières voitures du XIXe siècle sont conçues sur le modèle de celles des Chemins de fer Romains, en général de dimensions plus amples que celles des réseaux du sud. Tout le matériel est à quatre roues. Les premières classes des trains de grand parcours comportent toujours des compartiments à sept places, communiquant avec un water-closet et disposées de manière à présenter trois lits pendant la nuit. Ces voitures ont 8 m de longueur de caisse et les essieux sont écartés de 4,60 m.

Les voitures de troisième classe n'offrent pas de sièges rembourrés et leurs rudes bancs de bois ciré apportent, sinon le confort, du moins de la fraîcheur. La Società delle Meridionali possède même des voitures de quatrième classe, non fermées, qui sont, en fait, des tombereaux à bancs. Ce réseau a construit des véhicules de 12 mètres de longueur hors tampons, avec plates-formes et couloir. Les essieux espacés de 6 mètres sont disposés sur des bissels pour permettre leur orientation et une convergence dans les courbes.

La course à la modernité, mais sans les freins

Sur les lignes de la Società Veneta, on trouve de grandes voitures de 15 mètres de long, montées sur deux essieux espacés de 9 mètres et orientables pour faciliter l'inscription en courbe, ou bien montées sur deux bogies à quatre roues. Il existe aussi en Italie un certain nombre de voitures Pullman dont l'introduction a commencé en 1876 : ces voitures ont été récemment affermées à la Compagnie internationale des Wagons-Lits, qui possède en Italie des services étendus. L'éclairage au gaz a été installé sur les trains circulant entre Modane et Turin.

Mais, comme le note un journaliste de l'époque, les freins continus n'ont pas encore pris beaucoup d'extension en Italie. Sur le réseau de l'Adriatique, « on paraît avoir tendance à développer le frein à vide », par motif d'économie. Sur le réseau de la Méditerranée, le frein à vide existe pour quelques trains, mais le frein à air comprimé système Westinghouse est beaucoup plus répandu, surtout à cause des échanges de véhicules avec le chemin de fer français du Paris, Lyon et Méditerranée.

Les nouvelles voitures de luxe italiennes de la fin du XIXe siècle

L'Officine Diatto, de Turin, présente à l'Exposition universelle de Milan, en 1906, une voiture dont le schéma et les caractéristiques techniques sont donnés ci-dessus. La caisse de la voiture a un châssis propre ; reposant sur le châssis véritable de la voiture par l'intermédiaire de ressorts à lames et hélicoïdaux : le jeu transversal entre la caisse et le châssis véritable est de 10 mm et le jeu longitudinal est de 22,5 mm.

Au centre de la voiture est installé un salon avec deux fauteuils et deux chaises amovibles, ainsi que deux canapés transformables en lits. Sur les radiateurs se trouvent des tablettes de marbre rose, et du plafond pendent deux lustres et cinq lampes électriques. De part et d'autre du salon se trouvent deux compartiments avec des canapés-lits et un cabinet de toilettes. Des miroirs, des garnitures de drap bleu sur les parois et des tapis complètent la décoration.

Le bogie, ses partisans et ses détracteurs

Dans le monde ferroviaire, il est certain que le bogie représente le plus grand progrès jamais appliqué au matériel roulant remorqué. Déjà un succès pour les locomotives à vapeur (dont il stabilise le comportement sur la voie et améliore l'inscription en courbe), le bogie est surtout, pour les voitures à voyageurs, le seul moyen de procurer un véritable confort et une douceur de roulement, une bonne stabilité (même sur les voies les plus inégales) et une parfaite inscription en courbe, tout en souplesse et précision. Apparu aux États-Unis vers le milieu du XIXe siècle, le bogie est étendu à l'ensemble du matériel américain, voitures et wagons, en l'espace d'une ou deux décennies.

En Europe, les ingénieurs des chemins de fer pensent autrement. Ils estiment avoir tracé des voies qui sont tellement parfaites géométriquement, tellement bien nivelées, avec leurs courbes à très grand rayon de courbure et raccordements paraboliques, que le coût et le surcroît de poids engendrés par les bogies ne sont pas nécessaires. Les voies ont coûté assez cher, cela suffit !

LA NAISSANCE DES FS ET DU TRIPHASÉ

La nationalisation est la grande affaire du début du XXe siècle. Elle se concrétise par la création des Ferrovie dello Stato, et l'Italie devient ainsi l'un des premiers pays au monde à étatiser son réseau. Les FS se lancent alors dans une politique de standardisation et de modernisation du réseau, qui était handicapé auparavant par une gestion à court terme et des antagonismes locaux. L'électrification est à l'ordre du jour, d'abord avec le triphasé, la double caténaire, les passionnantes locomotives à bielles, formant un système hautement cohérent, de sa conception à sa réalisation. Bien que dénuée de charbon, l'Italie n'en néglige pas pour autant la traction vapeur, ajournant avec lucidité l'électrification des lignes à trafic restreint. On crée aussi d'innombrables réseaux en voie métrique ou en voie de 950 mm (écartement typiquement italien). Tous ces progrès techniques confèrent à l'Italie la dimension d'une grande nation industrielle.

Les E-330 à 332

Garantes de la maturité du triphasé, ces 1D1 assurent le triomphe de ce système d'électrification très original qui fera du réseau des Ferrovie dello Stato un des plus remarqués de son temps.

p.48

La E-550

Le joyau du triphasé : ces ravissantes petites locomotives, qui passaient même pour de simples locotracteurs à l'époque, ont aujourd'hui, aux yeux des amateurs du monde entier, tout le talent et le charme dont les Italiens ont le secret, avec leurs bielles et leurs doubles pantographes.

p.42

La GR 740

Cette robuste 140, bien conçue et parfaitement proportionnée, portera sur ses (frêles?) épaules l'ensemble du trafic marchandises d'une Italie qui devient une puissance industrielle et qui demande beaucoup à son réseau ferré.

p.44

La GR 470

Massive, bizarre avec son tender qui semble de trop pour ce qui est déjà une locomotive-tender, ainsi se présente la 470, une des premières locomotives italiennes à cinq essieux, pour trains de marchandises lourds.

p.40

La gare du Vatican

Même le pape a sa gare et son train dans une Italie qui veut que rien n'échappe à son grand réseau ferré. Aussi mystérieux que peu utilisés, ce train et cette gare dévoilent quelques-uns de leurs secrets.

p.62

Le trafic marchandises

Les wagons de marchandises italiens sont pittoresques au possible, ce qui ne les empêche pas de participer efficacement à l'essor économique d'un pays qui voit grand et qui compte sur ses trains pour asseoir sa puissance.

p.64

LA NAISSANCE DES FERROVIE DELLO STATO (FS)

Le pas vers la modernité est franchi

L'Italie a une longue et intéressante histoire ferroviaire marquée par l'originalité des innovations, la modernité des techniques de traction, l'architecture réussie des gares. Au début du XXe siècle, pour répondre aux défis qui s'annoncent, les trois grands réseaux de l'Adriatique, de la Méditerranée et de la Sicile sont regroupés en un seul et même organisme étatique, les FS (Chemins de fer de l'État), qui doit gérer un réseau présentant de nombreuses lignes sinueuses et à profil difficile.

Par la loi du 27 avril 1885, le chemin de fer italien a liquidé la période des débuts et des petites compagnies, celle aussi des réseaux déficitaires subventionnés à outrance par l'État. Désormais, il comprend trois grands réseaux privés : les Rete Adriatica, Rete Mediterranea et Rete Sicula. Si de grands trains rapides, remorqués brillamment par des 220 italiennes, se chargent du succès technique et commercial de l'opération, le bilan financier est moins brillant et, dès 1905, l'État italien est obligé de « reprendre ses billes ». Profitant de la possibilité que lui donne le contrat passé avec les entreprises, il assume de nouveau entre 1905 et 1906 la gestion directe de l'ensemble du réseau général et de ses 12 465 kilomètres de lignes en constituant les Ferrovie dello Stato (FS).

Les débuts officiels d'un grand réseau unifié

L'État exploite en Italie, depuis cette époque de la nationalisation, toutes les lignes d'intérêt général. Les entreprises privées sont cantonnées à l'exploitation des lignes secondaires, des réseaux urbains et suburbains – dont certains sont, du reste, d'importants réseaux de banlieue et de grande banlieue, comme le fameux Nord-Milan – et des lignes de montagne.

Depuis la date de son rachat par l'État, le réseau général est passé de 12 500 à 16 500 kilomètres. Cette augmentation tient notamment compte de l'apport, en 1918, de plus de 1000 km de lignes provenant de l'ancien réseau d'Autriche-Hongrie, avec la cession faite à l'Italie du Tyrol du Sud et de Trieste. Mais, en 1945, les chemins de fer italiens cèdent à leur tour à la Yougoslavie l'exploitation des lignes de la région de Trieste et de l'Istrie.

Le réseau des Ferrovie dello Stato vers 1920. L'Italie est bien desservie et le réseau est tracé d'une manière cohérente. Seule la Sardaigne semble moins bien lotie.

L'atout des grandes percées à travers les Alpes

A partir de 1906, les Ferrovie dello Stato vont donner à l'Italie le réseau cohérent dont le pays a besoin, dense dans les régions de plaine très peuplées, particulièrement dans la plaine du Pô, mais moins resserré dans les régions montagneuses des Alpes et des Apennins, ainsi qu'en Italie méridionale et dans les îles. Ce réseau correspond bien aux besoins du pays et sa construction a été d'autant plus remarquable qu'elle a nécessité sur presque toutes les lignes de très nombreux ouvrages d'art, comme ses immenses ponts sur les cours d'eau et leur zone d'inondation dans le bassin du Pô et dans les plaines côtières, ou ses superbes viaducs et tunnels dans les zones montagneuses.

Les grandes percées des Alpes constituent le principal atout ferroviaire de l'Italie, la chaîne de montagnes étant traversée par pas moins de dix lignes internationales qui assurent des liaisons vitales entre l'Italie et les autres pays d'Europe. Avec la France, la ligne de la côte méditerranéenne prolonge jusqu'à Gênes la grande artère impériale française du PLM, qui s'arrête à Vintimille. La nouvelle ligne de Turin à Nice et Vintimille par le souterrain de Tende a été détruite durant la guerre et rénovée depuis peu. La vieille ligne du Mont-Cenis, ouverte en 1871, relie Paris, Lyon et la Savoie à Turin, au Piémont, à la plaine du Pô et à Gênes.

Avec la Suisse, la ligne du Simplon relie le Royaume-Uni, Paris et la Suisse romande à Milan, à la plaine du Pô et aux Balkans par Venise et Trieste. La ligne du Saint-Gothard, dont le tunnel de faîte est entièrement sur territoire suisse, met en communication le Benelux, la vallée du Rhin et la Suisse centrale avec Milan et Gênes. La ligne à voie métrique de la Bernina, dont le col de faîte est suisse sur ses deux versants, relie l'Engadine au lac de Côme.

Avec l'Autriche, la vieille ligne du Brenner relie le cœur de l'Allemagne et la vallée de l'Inn au Trentin, à la plaine du Pô et, au-delà, à Florence et à Rome. La ligne du seuil de Tarvis rattache la plaine du Danube, Vienne et le Semmering à Venise et à Trieste. Enfin, avec la Yougoslavie, l'artère internationale de Trieste à Ljubljana voit passer la quasi-totalité du trafic entre l'Europe occidentale et les Balkans.

Les grandes lignes du Nord

Le système ferroviaire du nord de l'Italie est le plus actif de tous. La plaine du Pô est parcourue par l'artère reliant Turin à Milan, Brescia, Vérone, Venise et Trieste. Elle recoupe successivement toutes les lignes internationales franchissant les Alpes et alimente aussi celle des Balkans. De Turin, trois voies ferrées aboutissent à la Méditerranée : la ligne internationale de Turin à Nice et les deux

« Signorina » et « Centoporte » : la locomotive et les voitures sont caractéristiques d'un réseau qui a atteint sa pleine maturité et assure un service de qualité jusque sur ses lignes secondaires.

lignes interrégionales de Turin à Savone et de Turin à Alexandrie et à Gênes. Ces lignes relient le Piémont aux deux grands ports de la Ligurie. Celle de Turin à Gênes est, du reste, une section de la grande artère Paris-Rome par le Mont-Cenis. La ligne de Milan à Gênes assure, à travers les Apennins, la liaison entre les plaines de Lombardie et la mer : c'est par là que passe le trafic entre l'Europe centrale et la Méditerranée, via le Saint-Gothard. Plus à l'est, les Apennins sont encore traversés par une artère régionale reliant Parme à La Spezia.

L'extension vers le Sud

Lorsque les Ferrovie dello Stato reprennent le réseau national, trois grands itinéraires mènent vers le Sud, une ligne pour chaque côte et une ligne centrale jusqu'à Rome.

La côte adriatique est desservie de bout en bout par une longue ligne qui a son origine à Milan et qui, jusqu'à Bologne, est en tronc commun avec le grand axe central reliant Milan à Rome. Au-delà, elle dessert, sur l'Adriatique, Ancône, Pescara, Poggia, Bari, Brindisi, et se termine à Lecce. La côte méditerranéenne est desservie par la ligne de Gênes à La Spezia, Pise, Livourne, et Rome, formant sur le plan international la dernière section de l'artère Paris-Rome. Au sud de Rome, deux lignes unissent la capitale à Naples, la plus ancienne par l'intérieur, la plus récente – la Direttissima – par la côte.

En Italie centrale, l'artère vitale est la grande ligne reliant Milan à Bologne, puis à Florence et à Rome, qui traverse les Apennins par un des plus longs souterrains du monde et achemine tout le trafic entre l'Europe centrale, l'Europe septentrionale et Rome.

Quatre lignes coupent les Apennins centraux et méridionaux. Deux lignes ont leur origine à Rome et relient la vallée du Tibre à Ancône, d'une part, et à Pescara, d'autre part, sur l'Adriatique. La troisième unit Naples à Foggia et assure la liaison entre Rome et Naples, Bari et Brindisi. Une quatrième ligne relie Naples à Battipaglia, à Metaponte et à Tarente.

Le « Grand Sud » et les îles

Au sud de Naples, la côte méditerranéenne est suivie jusqu'à l'extrême pointe de la péninsule par la grande artère de Naples à Reggio de Calabre d'où, par ferry-boats, on assure la liaison avec la Sicile. La côte du golfe de Tarente est suivie par une artère de liaison dite « Adriatique-Méditerranée » qui relie Brindisi à Reggio. En Sicile, les deux artères principales longent la côte nord et la côte est et unissent Messine, terminus des ferry-boats, à Palerme et Trapani d'une part, à Catane et Syracuse d'autre part. Un réseau complémentaire dessert la côte Sud et l'intérieur de l'île. En Sardaigne, la ligne principale unit le port d'Olbia, où accostent les bateaux venant de Civitavecchia, à Cagliari, la capitale sarde, en traversant l'île par son centre. Elle comporte un embranchement sur Sassari.

Les caractéristiques techniques du réseau des FS

La quasi-totalité du réseau est à voie normale, sauf quelques lignes exploitées par les Ferrovie dello Stato en Sicile. La qualité discutable des premières lignes construites a souvent conduit les ingénieurs à en envisager la reconstruction, et le mouvement en faveur des nouvelles lignes à grande vitesse, les *Direttissime*, amorcé dès les années 1920, s'explique par cette situation. De nombreuses lignes italiennes sont électrifiées, plaçant le pays dans une position très enviable, juste derrière la Suisse ou la Suède, avec 40 % de lignes sous caténaire. La reconversion du réseau, avec l'abandon du courant de traction triphasé pour le continu 3000 V, a été une grande opération ; menée depuis les années 1920, elle s'est déroulée sur un demi-siècle.

La traction électrique, surtout sous la forme des rames automotrices rapides (Elettrotreni), est le pari technique fondamental des Ferrovie dello Stato, qui ont misé sur ce mode de traction dans un pays qui manque totalement de charbon.

LA MOGUL GR 640

Il Signore Zara présente sa *Signorina*

Due au talent de l'ingénieur Giuseppe Zara, cette jolie petite locomotive, vite surnommée *la Signorina* (la demoiselle), est conçue pour la traction de trains rapides légers. Il est surprenant de voir la disposition d'essieux type 130 (ou Mogul) retenue pour cette tâche, pour laquelle on préfère généralement des machines à bogie avant. Mais Zara a inventé le bogie-bissel qui équipe « la demoiselle » et veut faire la démonstration de l'opportunité de ce progrès technique.

En posant la formule 130 = 230, on a le résumé de la caractéristique principale de cette machine et de ses atouts. Autrement dit, elle vaut une 230, alors qu'elle n'est qu'une 130. Le bogie avant est, pour les ingénieurs du monde entier, la condition *sine qua non* pour l'établissement des locomotives de vitesse, alors qu'ils se méfient du bissel qui, s'il est certes plus léger, semble ne pas garantir aussi bien le rappel des mouvements de lacet ni l'inscription en courbe.

Et voici le bogie-bissel !

Giuseppe Zara invente un système mixte qui consiste à rendre solidaires un essieu porteur avant et le premier essieu moteur, le tout pouvant pivoter légèrement lors des entrées en courbe, grâce à un jeu latéral accordé au premier essieu moteur. On a donc bien, dans les faits, un bogie avant, mais au prix de seulement un essieu porteur avant (ou bissel) au lieu de deux. C'est ce que l'on appelle un bogie-bissel. En Italie, on parle de « bogie italien ». De nombreux réseaux à travers le monde, comme le Paris-Orléans pour la France avec ses 141TA, adopteront le bogie-bissel Zara.

La 640 : locomotive pour trains rapides

Cette série des Ferrovie dello Stato est fabriquée à partir de 1907 par un grand nombre de constructeurs (parmi lesquels la firme italienne Breda et la société allemande Schwartzkopf de Berlin), tellement les besoins sont grands dans la Botte en matière de locomotives. C'est un véritable plan d'urgence que développe Zara quand il est nommé ingénieur en chef des Chemins de fer italiens en 1905, commençant par dessiner une locomotive pour trains rapides, la 640, dont la production atteindra 188 unités en 1930, certaines d'entre elles restant en service durant 75 ans…

Un des détails les plus curieux de cette locomotive réside dans la disposition intérieure des cylindres (justifiée pour des raisons de stabilité), mais avec une distribution extérieure : de ce fait n'apparaissent, entre les roues motrices, que la bielle de liaison et les bielles de commande de la distribution. Au premier coup d'œil, il semble donc qu'il manque quelque chose à cette locomotive, et que l'embiellage est incomplet.

La « demoiselle » ne craint pas de se geler les pieds : les hivers italiens sont rudes dès qu'on est dans les montagnes.

Le cahier des charges et la conception de la série 640

La locomotive type 130 série 640 des FS est construite pour le service des trains express légers ne dépassant pas 280 tonnes et circulant sur des lignes en palier de Milan à Turin et de Vérone à Venise. Présente à l'Exposition universelle de Milan de 1906, il s'agit d'une locomotive à triple expansion et à vapeur surchauffée, différant aussi peu que possible des locomotives du groupe 630 (qui sont des compound à deux cylindres et à vapeur saturée), dont un exemplaire figurait aussi à l'Exposition précitée.

Le poids ne devait pas dépasser 44,5 tonnes sur les trois essieux accouplés, aucun essieu ne devant avoir une charge supérieure à 15 tonnes. La pression de la chaudière, qui était de 16 kg/cm², a été réduite à 12 kg/cm², et les deux cylindres qui avaient 430 et 680 mm de diamètre ont été remplacés par deux autres de 540 mm. La course de 700 mm a été conservée ; seules les parties de la machine intéressant particulièrement l'emploi de la vapeur surchauffée ont été changées, c'est-à-dire les cylindres, les tiroirs, les presse-étoupes et la distribution. On a encore ajouté un servomoteur fermant automatiquement les volets lorsque le mécanicien ferme le régulateur et un robinet automatique faisant communiquer l'avant et l'arrière des cylindres pendant la marche à régulateur fermé.

L'élégance absolue de la GR 640, même si l'œil de l'amateur est à la recherche de cylindres et de bielles d'attaque dont l'absence choque. Seules les bielles de liaison et les distributions sont visibles.

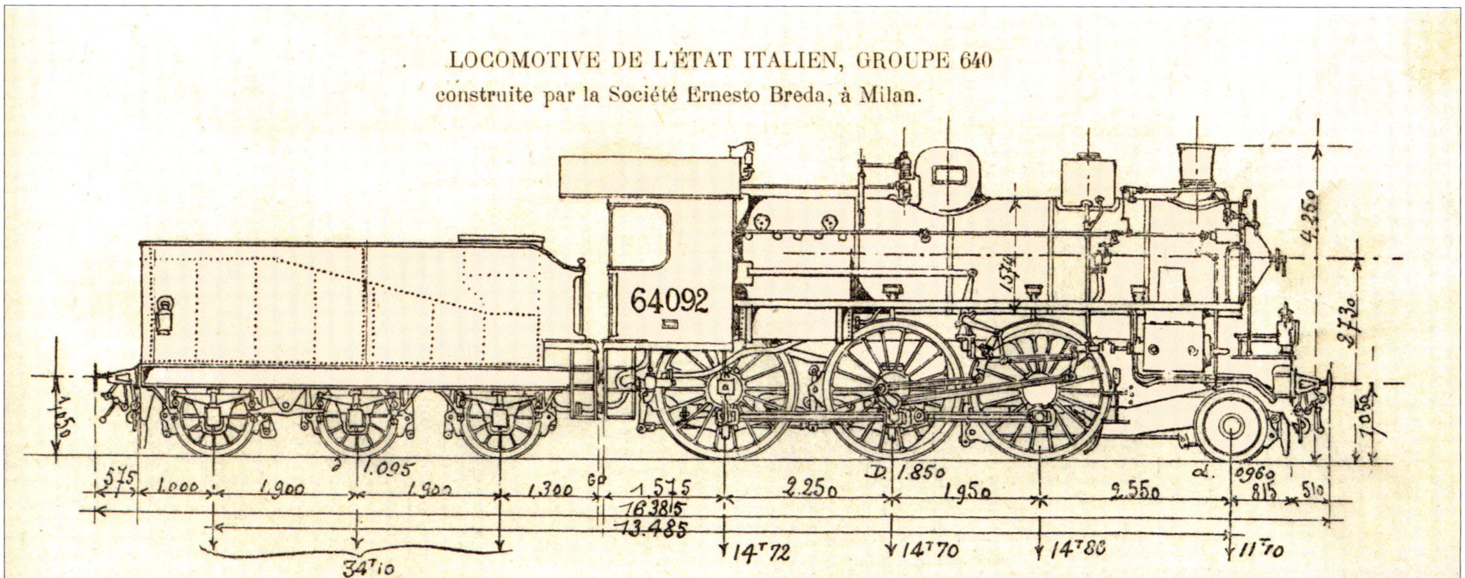

Le schéma constructeur et les dimensions d'une Mogul GR 640.

CARACTÉRISTIQUES TECHNIQUES

Type : **130**	Effort de traction : **11,256 kg**
Date de construction : **1907**	Contenance du tender en charbon : **6 t**
Cylindres : **540 x 700 mm**	Contenance du tender en eau : **15 m³**
Surface de la grille du foyer : **2,42 m²**	Longueur : **16,53 m**
Pression de la chaudière : **12 kg/cm²**	Poids total : **89,8 t**

Des essais sévères et précis

Les locomotives du groupe 640 sont soumises à des essais, d'abord en Allemagne en 1907, à mesure que les premières machines sortent de construction, puis en Italie en 1908, essais effectués parallèlement avec des 630 pour avoir des points de comparaison.

En Allemagne, les essais ont pour théâtre la ligne de Berlin-Grünewald jusqu'à Mansfeld, localité située à 180 km de Berlin. Cette ligne présente des rampes et des pentes de 2,2, 2,5 et 3,3 pour mille d'une façon à peu près constante, avec interposition de tronçons de 6,6, 8,3 et 9 pour mille. Les trains d'essai sont composés de voitures à bogies constituant une charge totale de 290 et 323 tonnes. La locomotive 64001 qui les remorque est munie d'un manomètre, d'un thermomètre à distance donnant la température de la vapeur dans la boîte à tiroir de droite, d'un indicateur de vide dans la boîte à fumée, d'un pyromètre donnant la température des gaz chauds sortant des tubes à fumée et de thermomètres indiquant la température de la vapeur saturée et de la vapeur surchauffée dans le collecteur du surchauffeur. On mesure également avec exactitude les consommations d'eau et de combustible, ainsi que la production d'escarbilles. Enfin, le comportement des cylindres est analysé par des diagrammes.

Après divers tâtonnements au sujet de la quantité du combustible et plusieurs retouches de l'échappement, on constate, pour une vitesse maximale fixée à 35 km/h, une vaporisation de 6,09 à 6,80 kilogrammes d'eau par kilogramme de charbon, une surchauffe de 100° au démarrage et de 150° à 180° en marche.

L'année suivante, une fois les machines livrées, les Ferrovie dello Stato effectuent encore des parcours d'essai entre Florence et Chiusi sur 150 km, puis de Milan à Turin sur 149 km. Ensuite, le réseau affecte trois locomotives 640 et deux 630 compound à deux cylindres à la remorque des trains rapides pendant trois mois, d'avril à juin 1908, sur ce même parcours. Tous les résultats des tests ayant été analysés et comparés, on constate que les deux types de machines se sont comportés d'une façon identique.

La locomotive 64092 : une Zara à tous les étages

Cette machine, présentée à l'Exposition universelle de Bruxelles en 1910, est caractérisée par son bogie-bissel avant système Zara, sa position des cylindres à l'intérieur, alors que la distribution avec tiroirs cylindriques est placée à l'extérieur. Mais elle a aussi des boîtes à huiles avec des cales articulées système Zara et un régulateur à soupape équilibrée de conception Zara également. Les tubes à fumée sont en acier doux étiré sans soudure. Les tubes surchauffeurs, au nombre de 84 et mesurant 28/36 mm de diamètre, sont en fer étiré sans soudure et réunis à l'arrière par des raccords en acier moulé. Ils sont maintenus par des pièces d'écartement en fonte malléable.

Les volets des surchauffeurs peuvent être ouverts ou fermés par un système à levier et à bielles commandé par le mécanicien. Mais, de toute façon, ils s'ouvrent automatiquement en cas de nécessité (oubli du mécanicien, changement d'équipe, etc.), notamment pour que la locomotive puisse démarrer. L'appareil de commande automatique des volets comprend un piston se déplaçant dans un cylindre et recevant de la vapeur de la boîte à tiroir lorsque ladite vapeur a pénétré par l'ouverture du régulateur. Le mouvement du piston fait ouvrir les volets et le mécanicien connaît leur position par l'inspection de la tige du piston prolongée jusque dans l'abri. Enfin, les volets sont également ouverts lorsqu'on actionne la porte de boîte à fumée au moyen d'une chaîne tirée par le mécanicien.

Les cylindres sont munis d'une soupape de sûreté et d'une soupape de rentrée d'air. L'appareil de compensation pour la marche à régulateur fermé est un tuyau faisant communiquer les deux fonds des cylindres, muni d'un robinet qui peut être ouvert ou fermé automatiquement par le mouvement d'un piston recevant de la vapeur de la boîte à tiroir. Lorsque le régulateur est fermé, le piston redevenant libre, un contrepoids le ramène en sens inverse et le robinet du tuyau de compensation de pression s'ouvre ; de même que pour l'appareil de fermeture des volets du surchauffeur, le mécanicien connaît la position du piston de compensation par l'inspection de sa tige prolongée jusque dans l'abri.

Une Signorina en ligne, avec les inévitables Centoporte.

1907

LA GR 470

Le pari des cinq essieux pour affronter la montagne

Ces impressionnantes locomotives à cinq essieux accouplés sont construites pour les nombreuses lignes italiennes de montagne, qui manquent cruellement de force de traction pour pouvoir être exploitées correctement. Elles sont le fruit de l'unification des chemins de fer italiens, qui donne naissance à de nombreux projets de locomotives nouvelles, et s'inscrivent dans une recherche de puissance qui touche les réseaux du monde entier.

A l'époque où le réseau italien songe à ce type de locomotive 470, les réseaux européens se lancent eux aussi dans la locomotive à cinq essieux accouplés, machine qui doit succéder naturellement au type 040 eu égard à l'accroissement du poids des trains de marchandises, mais dont on craint la mauvaise inscription en courbe ainsi que des faiblesses de châssis ou d'embiellage. Cependant, les progrès effectués en matière de conception et quelques tours de main techniques – jeu latéral des essieux moteurs ou roues sans boudin de guidage, par exemple – doivent donner à ces machines toute la souplesse nécessaire sur des voies à profil et tracé difficiles. En outre, la conjugaison de 5 essieux couplés et de roues de petit diamètre donne une grande force de traction et une remarquable puissance au démarrage. Les chemins de fer autrichiens en premier, puis les chemins de fer prussiens, suivis de réseaux du monde entier jusqu'aux États-Unis et en Russie, vont donc adopter ce type de locomotive.

La conception générale de la locomotive

Prenons par exemple la locomotive n° 47143 de la série, construite par la maison Silvestri et Cie, à Milan, qui fait sensation dans un certain nombre d'expositions en Europe. C'est une locomotive compound à quatre cylindres et à vapeur saturée. Son mécanisme moteur est tout à fait analogue à celui des Gr 500 de la Rete Adriatica (devenues les Gr 670 des FS), dont les premiers exemplaires furent construits en 1900. Les cylindres haute pression ont été placés tous deux du même côté de l'axe longitudinal, avec un seul tiroir cylindrique entre les deux; de la même manière, de l'autre côté, on a les cylindres basse pression.

Une 470 photographiée à sa sortie d'usine. Le tender est un réservoir d'eau, augmenté d'une cabine pour le chef de train. Le charbon est sur la locomotive, dans une curieuse soute placée au-dessus du foyer, facilitant le travail du chauffeur qui n'a qu'à le faire descendre pour le charger.

Une locomotive-tender à… tender

L'Ufficio Studi de Florence, bureau d'études du réseau national italien, fait réaliser, dès 1907, la première locomotive par le constructeur allemand Maffei, à Munich, puis la série est construite par les ateliers mécaniques de Milan et par la célèbre Breda, un des plus importants constructeurs italiens. Le tout donnera un important parc de 143 machines affectées principalement sur les lignes de montagne du Nord de l'Italie. La GR 470 est une compound à 4 cylindres, les cylindres haute pression étant intérieurs et les basse pression extérieurs. La chaudière est à la pression de 16 kg/cm², ce qui, pour l'époque, est remarquable. Le poids par essieu est de seulement 15 tonnes, ce qui ouvre à cette locomotive l'ensemble des lignes du réseau italien. La puissance est estimée à environ 1000 chevaux.

Mais la particularité de cette locomotive est d'être, à première vue, une locomotive-tender, surtout si l'on considère la forme de la cabine de conduite fermée à l'arrière. Et pourtant, elle est aussi dotée d'une sorte de tender consistant en un véhicule à deux essieux portant une réserve de charbon accessible à l'arrêt et comportant une partie fermée servant de fourgon pour le chef de train. La présence de ce tender supplémentaire s'explique peut-être par le fait que les règlements officiels italiens de l'époque (et de quelques autres pays, d'ailleurs) imposaient l'ajout d'un véhicule tampon entre la locomotive et le train pour donner une certaine sécurité en cas d'accident. Ce tender peut être attelé à la locomotive par n'importe quelle extrémité, selon le sens de la marche. Il est freiné par air comprimé et comporte également un frein à vis, destiné au chef de train. La partie couverte du fourgon mesure 2 x 2,45 m et elle contient deux sièges opposés suivant le sens de marche et deux vigies latérales. La caisse, indépendante du châssis, est portée par quatre ressorts à boudin.

Étant donné que la vitesse maximale de ces locomotives est relativement faible, on a pu supprimer l'essieu directeur à l'avant comme à l'arrière (ces machines sont symétriques) et profiter de tout le poids pour l'adhérence: c'est pourquoi les réserves de charbon, qui sont toujours très lourdes, on été maintenues sur la machine elle-même et ne sont pas dans un tender séparé. Donc, les locomotives du groupe 470 portent leur approvisionnement de charbon à l'avant de l'abri et le « tender » est un fourgon avec réservoir d'eau.

Le secret d'une machine au fonctionnement très équilibré

La position dissymétrique des cylindres présente l'avantage de faciliter la distribution de la vapeur. La machine se comporte, en fait, comme une compound à deux cylindres dont chacun des mécanismes serait complètement équilibré par lui-même, puisque les deux pistons haute pression et les deux pistons basse pression sont calés respectivement à 180°. Il en résulte une communication permanente entre le fond avant de l'un des cylindres haute pression et le fond arrière de l'autre et il en va de même pour les cylindres basse pression. Il y a donc toujours une égalité absolue entre les efforts sur les deux pistons haute pression et sur les deux pistons basse pression. Chaque côté est ainsi, comme on l'a déjà dit, bien équilibré par lui-même.

Pour réaliser l'équilibrage complet de la machine, il suffit de calculer un rapport entre les volumes des cylindres haute et basse pression, tel que les efforts des deux catégories de cylindres soient sensiblement égaux: la locomotive 470 démontre ainsi avec pertinence cette loi d'or du compoundage, qui n'est pas encore bien comprise à l'époque.

La première 470 de série, dans la livrée gris clair que les Ferrovie dello Stato ont perpétuée à la suite des premières compagnies.

Le mouvement et le roulement

Les quatre cylindres, placés sur une même ligne (disposition dite « en batterie »), forment deux groupes avec leurs boîtes à vapeur et leur tiroirs cylindriques. Les quatre mécanismes attaquent le troisième essieu, en position centrale. Les cylindres extérieurs sont horizontaux et les cylindres intérieurs inclinés. Les deux distributions du système Walschaërts sont commandées par une seule barre de chargement de marche. Le contrepoids d'arbre de relevage est remplacé par un ressort. Les glissières sont uniques, très rapprochées des tiges de piston, afin de diminuer le bras du levier, et les crosses de ces tiges ont une longueur égale au tiers de celles des glissières; elles sont moins longues d'environ 50 % que les machines allemandes.

Les boîtes d'essieu sont du système Zara: celles du premier et du cinquième essieu ont un déplacement latéral de 30 mm et les roues du troisième essieu ont des bandages sans boudin.

L'appareil producteur de vapeur

L'appareil de démarrage est automatique, comme dans les machines compound à deux cylindres: il consiste à envoyer de la vapeur vive à la pression de 7 kg/cm² dans le réservoir intermédiaire et il est commandé par les tiges du régulateur. L'échappement est du type à cône mobile Nord français.

La chaudière a une grande grille de 3,50 m² et elle est à ciel de boîte à feu arrondi, réuni au ciel de foyer par des tirants obliques dont les trois rangées avant s'appuient sur des petites fermes en forme de coin. Le régulateur est du type Zara à soupape équilibrée. Toutes les soupapes de sûreté, y compris celles des cylindres basse pression, sont du système Coale. Le foyer, large de 1800 mm, est entièrement placé au-dessus des longerons. Sa grille presque horizontale a trois rangées de barreaux, celle du milieu étant mobile et formant un jette-feu.

CARACTÉRISTIQUES TECHNIQUES

Type: **050**	Diamètre des roues motrices: **1360 mm**
Date de construction: **1907**	Pression de la chaudière: **16 kg/cm²**
Moteur: **4 cylindres compound**	Masse: **74,8 t**
Cylindres haute pression: **375 x 650 mm**	Vitesse: **50 km/h**
Cylindres basse pression: **610 x 650 mm**	

Les essais de la première Gr 470

La première locomotive, numérotée 4701, est soumise en avril et mai 1907 à des essais sur la ligne de montagne de Pistoia à Pracchia; cette dernière, d'une longueur totale de 25 km, comprend un peu plus de 3 km de rampes à 3,5, 11 et 15 pour mille. Mais elle présente aussi un peu plus de 21 km de rampes à 21, 23, 25 et 26 pour mille, avec de très nombreux tunnels.

La charge des trains remorqués a été fixée à un maximum de 272 tonnes, pour une vitesse moyenne sur la rampe de 25 km/h. La plus grande puissance est obtenue lors de l'essai du 12 avril 1907: le train pèse alors 201 tonnes et le parcours total est effectué en 39 minutes, soit à une vitesse moyenne sur la rampe de près de 40 km/h. La puissance indiquée moyenne est de 1200 chevaux.

A la vitesse de 55 km/h, l'allure de la locomotive est parfaitement calme et l'inscription dans les courbes de 300 m de rayon se fait sans la moindre difficulté. Les ingénieurs constatent, en outre, que dans les tunnels à voie unique qui n'ont aucune ventilation, la marche avec la cheminée en arrière s'impose pour les trains omnibus ou de marchandises, vu les grandes quantités de fumée et de vapeur dégagées qui rendent l'atmosphère irrespirable, tandis qu'avec les trains express, la locomotive peut marcher cheminée en avant sans trop incommoder le personnel.

La 470, n° 88 de la série, prête au départ.

LA E-550

Un petit bijou qui fait mieux que les Mastodontes

On dirait d'elle, aujourd'hui, qu'elle est « trop craquante », cette petite italienne qui a tous les atouts et les charmes des locomotives électriques de la péninsule Italique : double pantographe pour le triphasé, double faux essieu entraînant des bielles articulées, ligne aux formes complexes et couleur marron et beige. Elle cumule en elle-même toute l'originalité de la traction électrique italienne des débuts. De plus, elle prend une part active à la grande aventure de la ligne des Giovi, montrant que la traction électrique peut faire mieux que la vapeur.

Le petit bijou des Giovi, photographié vers 1910.

L'Italie n'a pas de charbon : ce pays met donc toute sa créativité technique et son esprit d'innovation dans des recherches en traction électrique, dès la fin du XIXe siècle, quand le moteur électrique cesse d'être une curiosité de laboratoire. Bien avant la Première Guerre mondiale, l'Italie s'intéresse à ce mode de traction et, à l'image d'autres pays européens comme la Suisse ou dans une moindre mesure la France, l'expérience de la Grande Guerre lui confirmera ce qu'elle savait déjà bien avant les autres : le risque mortel d'avoir une économie dépendante de l'énergie fournie par des pays tiers. L'Italie, en effet et bien malgré elle, dépend des importations de charbon pour faire rouler ses locomotives à vapeur. Or, comme ce pays n'a aucune autre ressource nationale, la période de 1914-1918 est pour lui une véritable catastrophe, qui paralyse son réseau ferré. La leçon est entendue et, pendant les années 1920, on mise massivement sur l'électrification de l'industrie et des chemins de fer pour préserver l'indépendance nationale.

La grande électrification italienne

Dans le pays de Volta, l'électricité ne peut pas être cantonnée à un rôle de figuration. Dans le domaine ferroviaire, tout commence en 1901 sur la courte ligne de Colico à Chiavenna (26 km), au nord de Milan, électrifiée à titre expérimental par Ganz, de Budapest, en triphasé 3400 V et 15,8 Hz. Le succès est tel que la ligne de Lecco à Sondrio par Colico (80 km) est à son tour électrifiée.

En 1905, la ligne Gênes-Nuovi (la fameuse ligne des Giovi), qui comprend des rampes de 35 pour mille, est elle aussi électrifiée en courant triphasé mais sous 3600 V, toujours avec double caténaire aérienne et moteurs sans collecteur. Et c'est sur cette importante ligne que le triphasé donne, d'une manière spectaculaire, toute la mesure de ses possibilités. Des couplages de deux locomotives électriques à cinq essieux moteurs enlèvent, à 50 km/h et sans difficulté, des trains de marchandises pesant 380 tonnes, là où les plus puissantes locomotives à vapeur remorquent difficilement 130 tonnes à 25 km/h. Ce triphasé 3600 V va devenir l'unique système d'électrification des chemins de fer italiens, formant un réseau de 1800 km de lignes à la veille de la Seconde Guerre mondiale.

Le triphasé : les raisons d'un choix

Sans hésiter longtemps, l'Italie se lance, dès le début du XXe siècle, dans une grande électrification en courant triphasé dont elle sera une pionnière mondiale. Les raisons du choix de ce système à la caténaire double très complexe s'expliquent par les difficultés rencontrées en traction électrique à courant continu au début du siècle : ce courant est en effet difficilement transportable à longue distance et ne peut donc guère servir que pour des tramways.

Le courant alternatif monophasé fait tout de même l'objet de quelques essais, car il offre l'avantage d'un transport sans perte à longue distance. Mais les moteurs qui l'utilisent à l'époque ont des caractéristiques impropres à la traction ferroviaire, notamment par manque total de couple au démarrage. Le moteur à courant triphasé s'impose donc comme une solution tout à fait réaliste, conciliant les avantages des deux choix précédents. Du reste, les ingénieurs italiens l'adoptent sans arrière-pensée ni hésitation, alors que leurs confrères des autres pays européens sont encore très sceptiques et... les attendent au tournant ! Et ils les attendront longtemps : le triphasé est un succès, les locomotives marchent très bien. Acceptant les plus fortes contraintes, tournant en souplesse et en silence, elles sont robustes, simples, économiques.

Un des grands avantages du système triphasé tient au fait que les locomotives produisent du courant – qu'elles renvoient à la caténaire – lorsqu'elles descendent les pentes. Alors que nos automobiles et camions actuels se contentent, dans une descente, d'user leurs freins et de produire une chaleur inutile (le moteur continuant à tourner et à polluer), la locomotive électrique, descendant une pente en retenant un train lourd derrière elle, restitue jusqu'à 62 % de l'énergie, qui est réutilisée par un autre train venant à sa rencontre, en sens inverse, sur la voie montante.

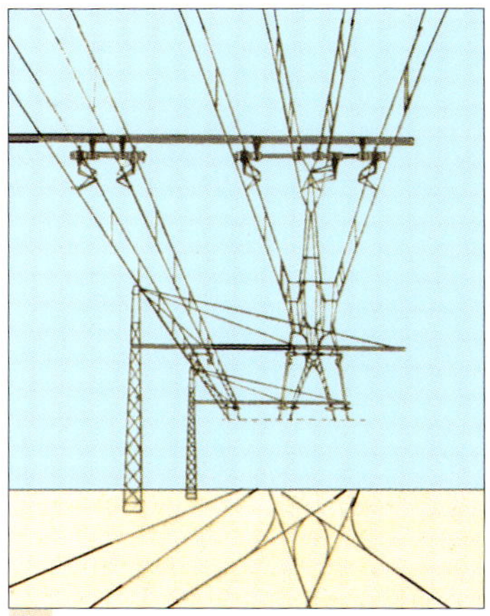

Ce schéma d'époque met en évidence toute la problématique de la double caténaire sur une traversée de jonction double : les deux phases correspondant aux deux fils ne doivent absolument pas être en contact électriquement et demandent de nombreuses zones d'isolation.

La ligne des Giovi, « vitrine technologique »

La traction vapeur montre ses limites en particulier sur la dure ligne des Giovi qui relie Gênes à Turin ; même avec deux ou trois locomotives en tête des trains, les performances restent très médiocres. Il faut songer à autre chose : soit renoncer aux trains lourds et les fractionner en d'innombrables trains courts qui engorgeront la ligne, soit essayer la traction électrique. Celle-ci, au début du XXe siècle, ne demande qu'à relever le défi, mais les ingénieurs des chemins de fer la considèrent comme étant juste bonne pour les métros et les tramways, ou pour relayer les locomotives à vapeur dans les tunnels servant à la pénétration des grandes lignes jusqu'au cœur des métropoles.

L'expérience de la ligne des Giovi sert, dirait-on aujourd'hui, de « vitrine technologique » pour la traction électrique. D'autres grands pays se laissent convaincre, comme les États-Unis et l'Allemagne qui, à l'époque, investissent eux aussi dans le courant triphasé. Notons que c'est avec du triphasé que l'Allemagne battra le record de vitesse sur rails à 210 km/h en 1903 avec une motrice AEG roulant entre Marienfelde et Zossen, dans la banlieue de Berlin. Ici aussi, la traction électrique fait une forte et durable impression, et ce record ne sera jamais battu en traction vapeur, mais seulement approché en 1938 au Royaume-Uni avec 202 km/h.

Les curieuses caractéristiques de la E-550

Ces locomotives à cinq essieux couplés de la ligne des Giovi, plus proches, peut-être, du locotracteur électrique que de la locomotive proprement dite, sont bien conçues pour un usage spécifique : celui de la traction, à vitesse réduite, de trains très lourds en forte rampe.

Le choix du courant triphasé permet d'obtenir des moteurs capables de tourner lentement, régulièrement, en fonction des phases du courant, tout en développant un effort de traction continu et fort. Ces moteurs sont à huit pôles, qui peuvent être couplés ou non pour obtenir les deux vitesses de rotation : soit 45 km/h, soit, si on couple les moteurs en série, 22,5 km/h pour une

Une E-550 en couleur d'origine : le très élégant beige que les Ferrovie dello Stato réservent à leur matériel de traction électrique.

CARACTÉRISTIQUES TECHNIQUES

Type : **E**	Moteurs : **2 x 750 kW**
Date de construction : **1908**	Masse : **63 t**
Courant traction : **triphasé 3400 V 15 Hz**	Longueur : **9,5 m**
Puissance : **1500 kW**	Vitesse : **50 km/h**

fréquence de 15 Hz. Ces moteurs ne demandent pas d'engrenages de réduction, car ils peuvent tourner très lentement, et permettent à la locomotive une mécanique très sommaire ne comportant en tout et pour tout qu'une simple liaison par bielles entre les moteurs et les essieux.

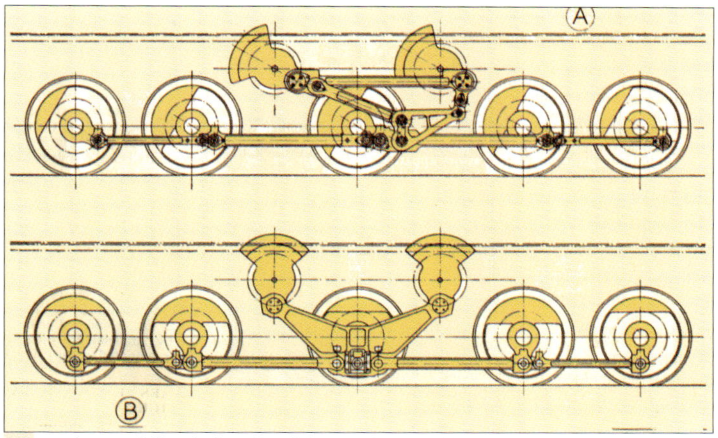

Les deux possibilités de disposition de la transmission par bielles : en A avec triangle articulé permettant tous les débattements de suspension ; en B avec triangle rigide solidarisant l'essieu moteur central avec les deux moteurs de traction.

La E-550 développe une puissance d'environ 2000 chevaux (1000 chevaux par moteur). Elle pèse 50 tonnes, mais son poids peut être accru jusqu'à 65 tonnes par addition de lests afin d'augmenter le poids adhérent. Pour l'inscription en courbe de faible rayon, les roues de l'essieu central n'ont pas de boudins de guidage, celles des essieux extrêmes ayant un jeu latéral de 20 mm. Elle est donc dénommée E-550 : E pour électrique, le premier 5 pour cinq essieux moteurs, le second désignant le type de service accompli : trains lourds. Ce type de locomotive constitue un important parc de 186 exemplaires, soit un record mondial pour une série de locomotives à l'époque, si l'on y ajoute les E-551, qui sont une version plus puissante de la E-550 produite à partir de 1921.

L'abandon du triphasé

La complexité du système de caténaires, ajoutée aux progrès faits en traction électrique à courant continu, incite les ingénieurs italiens des années 1920 à se tourner définitivement vers le 3000 V continu – qui sera désormais la norme en Italie. En 1928, l'électrification de la ligne de Naples à Foggia en courant de ce type marque un tournant : moins cher en installations fixes avec une caténaire simple, donnant des performances accrues grâce aux progrès des moteurs à collecteurs, ce système éclipse inexorablement le triphasé. En 1939, sur un réseau total de 17 000 km, les lignes électrifiées représentent 2 960 km en courant continu et 1 760 km en triphasé. Le régime mussolinien compte parvenir à un total de 9 000 km électrifiés à court terme.

Une superbe vue d'une E-550, délicieusement compliquée : un régal pour les modélistes ferroviaires !

LA GR 740

Une 140 des plus élégante, avec option de conduite à droite ou à gauche

Ce type de locomotive est le plus répandu en Italie pendant l'époque de la traction vapeur, les quelque 470 unités produites ayant assuré un excellent service sur un grand nombre de relations pendant plus de 60 ans. On les voit partout et à toute heure, sur un réseau aux lignes principales à tracé difficile et aux lignes secondaires accidentées et sinueuses, tirant des trains de toutes sortes – des marchandises interminables aux omnibus surchargés. Il leur arrive même de prendre la relève de machines plus puissantes et plus rapides quand il le faut.

La Gr 740 italienne est très proche de l'ensemble des locomotives du type 140 des réseaux européens au début du XXe siècle. Dotée d'un tender à trois essieux contenant 6 tonnes de charbon et 12 tonnes d'eau, ou d'un tender à bogies contenant 6 tonnes de charbon et 22 tonnes d'eau (ce qui lui procure une plus grande autonomie), cette locomotive est capable, avec la même efficacité, d'assurer un service aussi bien marchandises sur des lignes à fortes rampes que voyageurs omnibus. Dénommé Consolidation aux États-Unis, ce type 140 est très courant dans le monde entier. La présence d'un bissel avant limite, certes, la vitesse en ligne à un maximum de 70-90 km/h, mais les quatre essieux moteurs de faible diamètre assurent en revanche une excellente force de traction et des démarrages énergiques. De ligne très pure et très dépouillée, la 740 italienne est certainement une des plus élégantes et des mieux réussies des locomotives type 140.

Les 740 à la sauce Franco-Crosti

Deux ingénieurs italiens des FS, Attilio Franco et Piero Crosti, modifient le principe de la locomotive à vapeur en captant les gaz à la sortie du faisceau tubulaire, dans la boîte à fumée, pour les diriger, par des tubulures longitudinales placées de part et d'autre du corps cylindrique, vers un récupérateur situé à l'entrée du faisceau tubulaire. Ces gaz, très chauds, viennent donc s'ajouter à ceux du foyer pour réchauffer l'eau et abandonner ainsi, dans un échangeur, un supplément de chaleur. Les essais sont concluants et les chemins de fer italiens transforment, en 1942-1943, toute une série de machines mixtes Gr 740 de type 140, qui formeront la sous-série 743, construite par les établissements Ansaldo de Sampierdarena (une autre sous-série, la 744, étant produite par la firme Ernesto Breda de Milan). Les applications du nouveau système Franco-Crosti n'iront guère plus loin, au grand soulagement des esthètes de la vapeur, car les machines qui fonctionnent sur ce principe se voyaient amputées de leur cheminée.

Les 740 type « ramoneuses »

Une autre transformation, signalée par la *Revista Tecnica delle Ferrovie Italiane* et reprise par la presse ferroviaire de l'époque dans plusieurs pays d'Europe, consiste en l'installation d'un très ingénieux système de ramonage automatique des tubes de la chaudière. En effet, le problème endémique de toutes les locomotives à vapeur du monde entier n'est autre que l'encrassement des tubes des chaudières, soit par des matières brûlées s'incrustant dans le métal, soit par des dépôts de calcaire.

L'eau pure, qui conviendrait à une locomotive mathématiquement idéale, n'existe pas dans la nature. L'eau contient des substances salines, qu'elle dissout après les avoir empruntées aux terrains qu'elle a traversés : carbonate de chaux (qui se dissout dans l'acide carbonique que l'eau contient toujours), sulfate de chaux, chlorure de sodium, sels de potasse et de soude, etc. Tout cela se dépose par incrustations dans le métal des chaudières et empêche la vaporisation de l'eau – une eau qui donne à l'évaporation plus de 250 à 300 g de résidus solides est gravement destructrice pour les locomotives. Ajoutons que les matières argileuses, si elles ne font pas de dégâts de ce genre, encrassent tout de même les pompes à eau et les circuits. Bref, au bout de 3000 km de roulement, on trouve environ 150 kg de matières diverses dans le circuit d'eau.

En France, le réseau du Nord pense avoir résolu le problème en ayant recours à d'immenses installations d'épuration et de traitement des eaux : à partir de 1872, de grands réservoirs en maçonnerie sont installés dans les gares et dépôts, contenant, pour ces derniers, plusieurs fois la consommation journalière du parc de locomotives.

Une 740 (avec conduite à droite) dans toute sa splendeur, la photographie faisant bien ressortir la ligne nette et élégante qui lui donne toute sa beauté.

Une 740 en plein effort.

En Italie, on imagine la solution du ramonage, beaucoup plus radicale puisque physique et mécanique, au lieu d'être chimique. Un tube articulé et déplaçable à volonté, commandé depuis la cabine de conduite, peut venir se placer en face de l'extrémité arrière des tubes de la chaudière, être enfilé dans un tube et projeter, avec force, de l'air comprimé à haute pression fourni par la pompe de freinage. L'extrémité de ce tube mobile comporte un gicleur, qui peut pivoter et ainsi venir nettoyer entièrement la surface intérieure du tube encrassé. Amorcée avec de l'air comprimé, l'opération peut être poursuivie avec de la vapeur. Ce système, fonctionnant depuis l'arrière, va dans le sens du tirage et augmente ce dernier au lieu de le freiner, ce qui aurait été le cas s'il avait été installé dans la boîte à fumée.

La solution est ingénieuse et efficace, mais sans doute complexe et coûteuse, car elle opère depuis l'arrière, c'est-à-dire à travers le foyer. Il semble qu'elle n'a pas connu d'autres applications à d'autres séries de locomotives, laissant donc le problème en suspens, comme la lecture des revues spécialisées des années 1920 et 1930 le prouve. Le TIA (Traitement intégral Armand) de Louis Armand, en France, sera une solution de type chimique, mais hélas trop tardive pour la locomotive à vapeur, puisqu'elle n'arrivera qu'au lendemain de la Seconde Guerre mondiale, à une époque où la page de la traction vapeur est définitivement tournée.

Une locomotive conçue pour rouler longtemps avec un minimum d'entretien

En plus des système décrits précédemment, la série des Gr 740 est également pourvue de plusieurs dispositifs permettant, en quelque sorte, un auto-entretien en marche, évitant de fréquents retours au dépôt – comme c'est le cas pour les locomotives classiques qui, à la fin de chaque course, doivent être immobilisées pour des opérations d'entretien. La locomotive est notamment équipée d'un véritable système de lubrification permanent par pompe et de nombreuses petites tubulures menant l'huile jusqu'à l'ensemble des paliers des essieux, comme on l'a fait, par la suite, dans l'aviation pour les moteurs. Le nombre de points lubrifiés est de 34, atteints s'il le faut avec des conduits souples (cas des paliers d'essieux suspendus). Les clapets anti-retour obligent l'huile à rester en place lors des arrêts prolongés et évitent un redémarrage avec des paliers à sec. Ce système est dit « américain » en Italie, sans doute parce qu'il a été utilisé aux États-Unis pour les locomotives banalisées, c'est-à-dire conduites par des équipes se relayant et effectuant de très longs parcours.

Conduite à droite ou à gauche ?

Ces élégantes locomotives ont proposé, au cours de leur carrière, une option que l'on s'attendrait à trouver plutôt sur une automobile : la conduite à droite ou à gauche. En effet, jusqu'en 1914, une première série est construite avec la conduite à droite pour le mécanicien, son chauffeur étant alors placé à gauche. Après la Première Guerre mondiale, une deuxième série voit le jour avec, cette fois, la conduite à gauche. Ultérieurement, les locomotives de la première série seront encore modifiées pour offrir, elles aussi, une conduite à gauche.

En matière d'automobiles, le conducteur doit se trouver du côté du milieu de la chaussée pour avoir une vue plus dégagée non seulement en roulant normalement mais surtout en doublant : c'est pourquoi les voitures des pays roulant à droite ont un volant placé à gauche. Mais, en matière de chemins de fer, la fonction principale du mécanicien, lors de la conduite de la locomotive, est la surveillance des signaux. Il est donc normal qu'il se trouve, sur la plate-forme de conduite de la locomotive, du côté où les signaux sont implantés. En Italie, comme dans beaucoup de pays européens, les trains roulent à gauche et les signaux, implantés sur le côté gauche de la voie, se présentent alors sur la gauche du mécanicien.

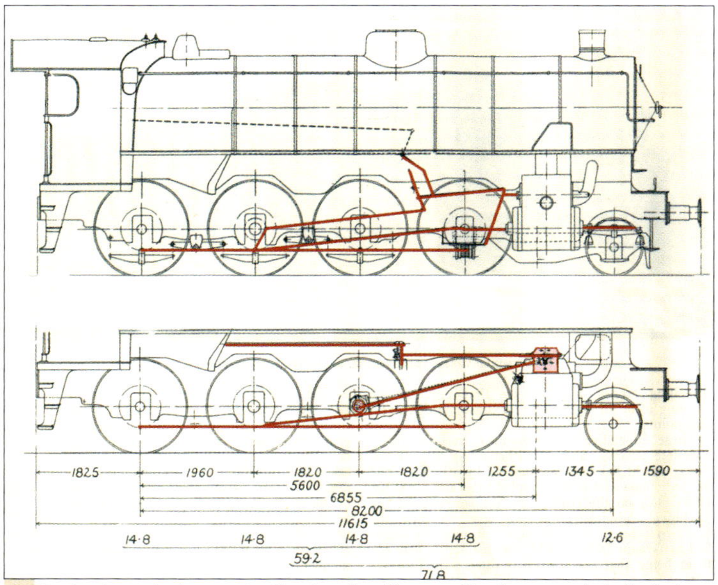

Le plan du constructeur, montrant les deux dispositions possibles de commande de distribution.

CARACTÉRISTIQUES TECHNIQUES

Type : **140**	Diamètre des roues motrices : **1370 mm**
Date de construction : **1910**	Pression de la chaudière : **12 kg/cm²**
Moteur : **2 cylindres simple expansion**	Vitesse maximale : **65 km/h**
Cylindres : **540 x 700 mm**	

LA GR 685

Presque une Pacific, mais avec de bonnes raisons pour ne pas l'être vraiment

Ces élégantes locomotives sont, en quelque sorte, des Pacific, mais avec un essieu porteur avant à la place du bogie, histoire d'obtenir pratiquement les mêmes performances avec une dépense et un poids moindres. Comme la boisson qui en imite une autre, elle ressemble à une Pacific, elle a le goût et les performances d'une Pacific, mais il lui manque quelque chose pour être une vraie Pacific ! Les mécaniciens et les réseaux exploitants finiront bien par s'en apercevoir, et les comptables aussi lorsqu'il faudra remplacer l'essieu porteur avant par un bogie !

Une GR 685, sans doute à sa sortie d'usine.

La disposition d'essieux type 131, surnommée « Prairie », est peu utilisée dans les chemins de fer, sinon pour les locomotives-tender en raison de sa symétrie. Elle n'est qu'exceptionnellement appliquée aux locomotives de vitesse, ce qui est pourtant le cas de la série 685 italienne qui, pour une fois, donne à ce type ses lettres de noblesse et son élégance de lignes. Traitée véritablement comme une Pacific, dont elle a la chaudière, les roues motrices et la cabine, cette belle locomotive réalise des performances très honnêtes et elle se distingue par une distribution très élaborée signée Caprotti, fonctionnant grâce à un système d'arbres à cames. La série 685, construite à 390 exemplaires (ce qui est important), fait un bon service sur de nombreuses lignes du réseau italien, remorquant des trains rapides légers sur des lignes régionales ou principales de moyenne importance, mais parfois aussi mise en tête de trains plus lourds sur des relations plus denses.

Le débat des années 1900 à propos de la disposition des essieux

Comme le montre la grande exposition de Milan qui se tient en 1906, le passage de la locomotive à 2 essieux accouplés vers la machine à 3 essieux accouplés est considéré comme acquis par l'ensemble des réseaux européens. Mais le débat porte sur la disposition des essieux : 130, 230, 131 ou 231 ?

Le bogie avant, malgré une expérience de plus de 30 années accumulée sur les locomotives de vitesse type 220, n'est pas encore totalement admis. En fait, certains ingénieurs, tout en reconnaissant ses vertus, aimeraient s'en passer, car il est lourd et complexe. C'est la raison pour laquelle une 131 autrichienne présentée à Milan est très remarquée : ses performances sont supérieures à celles des 220 de l'époque alors qu'elle est plus légère. L'essieu porteur arrière permet en effet l'allongement du foyer, donc un accroissement de puissance, ce que n'autorise pas la disposition 220. Les ingénieurs italiens, en fin de compte, conçoivent cette 131 dans le même esprit : une machine légère, mais puissante. Toutefois, la formule ne fera pas école : le bogie avant ne sera pas détrôné et restera en place sur la quasi-totalité des locomotives de vitesse à 3 essieux moteurs, donnant naissance aux types 230 ou 231.

Le bogie-bissel de Giuseppe Zara

La présence ou non de ce fameux bogie a elle aussi fait débat, aussi longtemps qu'a duré la locomotive à vapeur. Pour certains ingénieurs, il était indispensable pour rouler vite et… rester sur la voie ! Pour d'autres, c'était une dépense supplémentaire discutable, un poids mort inutile et une complication stérile.

Les chemins de fer italiens, eux, choisissent une autre solution, celle du bogie-bissel, qu'ils décident d'appliquer à leur future locomotive standard pour trains express que sera la série 685. Rappelons que c'est l'ingénieur italien Giuseppe Zara (voir p. 38) qui est l'inventeur du bogie-bissel, système qui permet de supprimer le bogie au profit d'un unique essieu directeur

Une 685 prête au départ dans un dépôt des Ferrovie dello Stato.

avant solidaire du premier essieu moteur, assurant l'inscription en courbe par le déplacement latéral de ces deux premiers essieux de la locomotive.

La difficile évolution de la 640 à la 685

Comme cela se produit souvent dans l'histoire des chemins de fer, toute grande nationalisation d'un réseau ferré est suivie d'un effort de standardisation du matériel roulant moteur et remorqué. L'Italie n'échappe pas à la règle, et les locomotives type 131 dont il est question ici se veulent des locomotives standard pour trains de voyageurs express.

Les ingénieurs des Ferrovie dello Stato mettent donc au point une 131 de vitesse à quatre cylindres compound, formant la série 680, tout en conservant le bogie Zara. Étant donné les bons résultats obtenus avec le montage du surchauffeur Schmidt sur les types 130 et la suppression du système compound sur la série 640, deux machines du groupe 680 sont munies, à titre de test, de surchauffeurs. Lors des essais, ces locomotives équipées de la surchauffe donnent des consommations nettement inférieures à leurs homologues sans surchauffe, mais leur puissance se révèle inférieure. Les ingénieurs n'avaient pas, pour des raisons d'économie, agrandi les dimensions des cylindres, ce qui est pourtant reconnu comme indispensable dans le cas de l'application de la surchauffe.

Au lieu de modifier les cylindres, et pour ne pas alourdir la locomotive (compte tenu de ce que les voies italiennes peuvent supporter), les ingénieurs préfèrent faire marche arrière et rétablir la simple expansion. Le montage du surchauffeur est modifié pour limiter la perte de surface totale de chauffe. Enfin, la pression est réduite, comme on le faisait volontiers en passant à la surchauffe, afin de diminuer les contraintes mécaniques exercées sur la chaudière et d'en augmenter la longévité et la sécurité de fonctionnement.

En fin de compte, les ingénieurs abandonnent donc le système compound pour conserver la simple expansion augmentée de la surchauffe, solution adoptée par les chemins de fer allemands et de l'Europe centrale. Le tiroir de distribution commun à deux cylindres est conservé. Dotée de quatre cylindres simple expansion, d'une distribution Walschaërts (offrant une surface de chauffe de 240 m² y compris pour son surchauffeur Schmidt), mais malheureusement aussi de la soupape de sûreté Salter imposée par la réglementation italienne, l'une de ces locomotives à quatre cylindres égaux de la série 685, construite en 1912, est soumise en juin 1914 à des essais intensifs sur la ligne de Bologne à Roveredo, longue de plus de 200 km et qui comporte des rampes allant jusqu'à 5 pour mille. Remorquant des trains de 243 à 293 tonnes, la locomotive se montre capable d'atteindre des vitesses moyennes allant de 86,4 à 88,7 km/h, avec des pointes de 105 à 114 km/h, ce qui correspond à des puissances estimées de l'ordre de 1100 à 1230 chevaux. En service courant, la série 685 parvient à développer une puissance estimée à 1250 chevaux, à une vitesse de 75 km/h. Elle est cependant capable d'atteindre et de soutenir la vitesse de 120 km/h en tête de trains de voyageurs de tonnage moyen.

La 685, symbole de l'âge d'or de la traction vapeur en Italie

Cette 685, aujourd'hui, reste dans le souvenir des amateurs de trains italiens comme le symbole de l'âge d'or de la traction à vapeur dans le pays. Destinée à devenir la locomotive standard des trains express italiens, elle dérive, en 1912, des machines de la série 640, puis 680 compound, qui ont fini par manquer de puissance et de vitesse, ne pouvant résister à l'accroissement des poids ni accomplir les performances demandées aux trains lourds pour voyageurs au lendemain de la Seconde Guerre mondiale. Elle a pour objectif de fournir autant de puissance de traction que les Pacific de la série 690, tout en restant dans les limites du poids par essieu de 19 tonnes, ce qui est très faible.

C'est une locomotive simple par sa construction, équilibrée, souple dans son exploitation. Elle sera tout naturellement appelée à servir de banc d'essai pour expérimenter le système de distribution de l'ingénieur Arturo Caprotti en 1920, qui sera ensuite appliqué à 143 machines. On l'utilisera aussi pour tester le préchauffeur imaginé par les ingénieurs Attilio Franco et Piero Crosti, essayé en 1938 et appliqué à cinq machines en 1940 – qui réaliseront des économies de combustible de l'ordre de 19 %. La 685 rencontre donc un véritable succès sur le réseau italien, ce qui lui vaut d'être construite à 232 exemplaires par la firme Breda, les ateliers mécaniques de Milan et ceux de Reggio Emilia entre 1912 et 1926.

CARACTÉRISTIQUES TECHNIQUES

Type : **131**	Surface de la grille du foyer : **3,5 m²**
Date de construction : **1912**	Contenance du tender en eau : **22 t**
Moteur : **4 cylindres simple expansion**	Contenance du tender en charbon : **6 t**
Cylindres : **420 x 650 mm**	Poids total tender compris : **120 t**
Diamètre des roues motrices : **1850 mm**	Longueur totale tender compris : **20,57 m**
Pression de la chaudière : **12 kg/cm²**	Vitesse : **120 km/h**

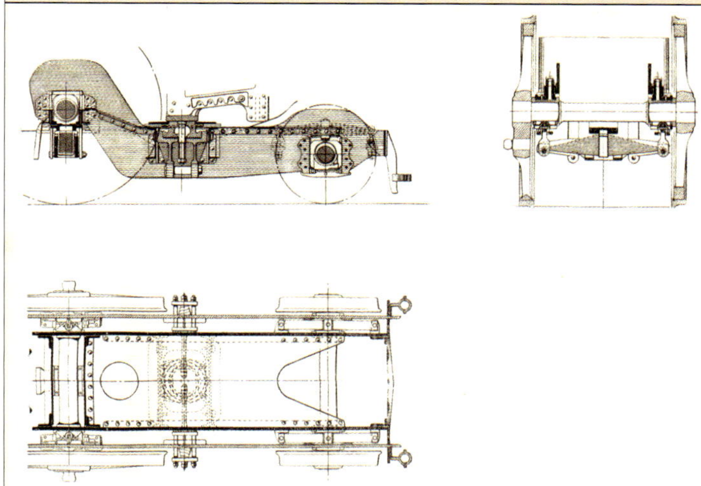

Le principe du bogie-bissel Zara : l'essieu porteur avant assure le guidage de l'ensemble et le déplacement latéral du premier essieu moteur.

Une 685 en tête d'une double traction pour un train spécial d'amateurs.

LES E-330 A 332

Les premières reines du triphasé

Ces locomotives E-330 et leurs descendantes nous plongent dans la belle époque du triphasé italien, qui a ses défenseurs passionnés et enthousiastes dans le monde des amateurs de chemins de fer. Tout est réuni pour le plaisir : une caténaire incroyablement compliquée, des bielles, une caisse aux formes anguleuses et complexes et, bien sûr, dûment rivetée. Que demander de plus pour entrer dans la légende du chemin de fer ?

Les électrifications en triphasé n'ont pas été effectuées seulement en Italie : d'autres pays, comme les États-Unis, s'y sont lancés. Mais, c'est bien l'Italie qui a utilisé au mieux ce système, et de la manière la plus étendue, ayant opté pour lui au terme d'une réflexion théorique et d'une recherche scientifique de qualité, avec pour objectif d'exploiter au mieux les ressources naturelles italiennes, plus précisément ce que l'on appelle à l'époque la « houille blanche », dans un pays qui manque précisément de houille tout court.

Le choix du triphasé

Comme nous l'avons déjà expliqué à propos de la E-550 (p. 42), le choix du triphasé s'explique principalement par les problèmes rencontrés avec le courant continu au début du XXe siècle. Ce courant, en effet, s'il est fourni à basse tension, ne peut être transporté à longue distance sans pertes considérables, et, à haute tension, il ne peut être consommé par les moteurs de l'époque.

C'est pourquoi le courant continu est le plus souvent limité aux réseaux urbains, comme les chemins de fer métropolitains, les lignes de tramways et, plus tard, de trolleybus. On le trouve aussi sur des lignes de montagne peu longues, servant de pis-aller là où la vapeur ne peut être utilisée, et lorsqu'on peut disposer d'une façon très économique de l'énergie produite sur place grâce à une petite usine hydroélectrique alimentée par un barrage.

Le courant alternatif monophasé a bien été essayé dès les débuts de la traction électrique ferroviaire ; il se transporte facilement à longue distance, mais les moteurs ont des caractéristiques impropres à la traction ferroviaire, notamment par manque de couple au démarrage ou pour des questions de difficultés de commutation sur les collecteurs.

L'Italie, pays au trafic ferroviaire intense, mais sans ressources charbonnières, s'intéresse vivement à la traction électrique dans la mesure où elle possède d'excellentes ressources hydrauliques. Le triphasé semble être une solution de compromis, permettant d'utiliser le courant alternatif tout en donnant un moteur ayant un couple au démarrage très performant.

L'extension du système

L'aventure du triphasé commence en 1902 sur la ligne de Colico à Chiavenna, puis, en 1905 c'est l'électrification de la ligne Gênes-Nuovi, qui comprend des rampes de 35 pour mille. Plutôt que des locomotives, ce sont bien des locotracteurs qui sont les premiers engagés sur cette ligne ; si les vitesses restent modestes, l'effort de traction est tel que, pratiquement, ces petits locotracteurs à cinq essieux moteurs font deux fois mieux que les locomotives à vapeur les plus performantes de l'époque.

Pour les ingénieurs italiens de l'époque, la traction électrique, telle qu'elle est pratiquée sur la ligne des Giovi, n'est nullement le démarrage d'une grande traction en ligne, placée sous le signe de la vitesse et des hautes performances. Dans leur esprit, c'est bien la locomotive à vapeur qui conservera le leadership de cette grande traction, la traction électrique en monophasé étant conçue pour desservir des lignes à caractère industriel.

Mais les avantages liés à l'électrification en triphasé sont réels – comme la simplicité des locomotives et le freinage par récupération – et on comprend que les ingénieurs italiens, sous la pression de pouvoirs publics obsédés par le manque de charbon, tiennent compte du succès de l'expérience et finissent par proposer, pour les chemins de fer italiens, un unique système d'électrification. Les lignes de Gênes à Savone et à San Giuseppe di Cairo, de Bussoleno à Modane, de Lecco à Monza sont électrifiées, et, avant la Première Guerre mondiale, environ 400 km de lignes se trouvent sous une caténaire en triphasé, total qui passe à 767 km en 1918, date à laquelle le triphasé atteint la France à Modane. En 1922 et 1923, la liaison entre le Piémont et la Ligurie est opérée à Voghera-Alexandrie, et en 1926, on atteint Livourne depuis Gênes. En 1927, c'est la spectaculaire électrification en triphasé de la section Poretta-Pistoia sur la redoutable ligne des Apennins, puis c'est au tour de Bologne-Florence en 1929. Toute la Lombardie, le Piémont et la Ligurie, notamment avec Spezia-Parme, sont électrifiées, donnant alors un grand réseau en courant alternatif triphasé 3600 V de quelque 1800 km à la veille de la Seconde Guerre mondiale.

La E-331 combine à la fois une originale cabine de conduite à une extrémité, et un triangle de bielles (au lieu d'un triangle rigide) permettant les débattements de suspension des essieux moteurs.

Il est à noter qu'en 1925, un essai de perfectionnement du triphasé est effectué sur la ligne de Rome à Sulmona, sous une tension portée de 3400 à 10000 V, et avec une fréquence augmentée à 45 Hz. Cette ligne restera en service sous cette forme jusqu'en 1940. Mais, en 1928, la page est déjà tournée avec l'électrification de la ligne de Naples à Foggia en courant continu 3000 V : l'utilisation de ce dernier type de courant est techniquement au point et revient moins cher que le bon vieux triphasé, dont le déclin est dès lors inexorablement amorcé.

Les E-330

Ces machines apparaissent en 1912 et sont, en quelque sorte, l'équivalent pour voyageurs des E-550 des Giovi. Elles peuvent atteindre 100 km/h grâce à leur puissance de 2000 kW. Du type 1C1, elles ont deux moteurs asynchrones entraînant directement, sans engrenages, trois essieux moteurs couplés par bielles. Elles disposent de quatre vitesses de marche de base à 25, 37,5, 50 et 75 km/h, qui peuvent être parfaitement tenues, tant en rampe qu'en pente, par les fréquences du triphasé. Elles sont construites par les firmes Westinghouse et Breda, de Gênes, et Nicola-Romeo, de Milan. Elles seront surnommées les « Chameaux » en raison de leur toit bossu.

Une E-330 dite « chameau » en raison de son toit bossu.

CARACTÉRISTIQUES TECHNIQUES

Caractéristiques techniques (E-330)
Type : **1C1**
Date de construction : **1912**
Courant traction : **3300 V triphasé 16 2/3 Hz**
Puissance : **1940 kW**
Moteurs de traction : **2 x 1000 kW**
Diamètre des roues motrices : **1630 mm**
Diamètre des roues porteuses : **900 mm**
Masse : **73 t**
Longueur : **11,08 m**
Vitesse : **100 km/h**

Caractéristiques techniques (E-331)
Type : **1C1**
Date de construction : **1922**
Courant traction : **3300 V triphasé 16 2/3 Hz**
Puissance : **1940 kW**
Moteurs de traction : **2 x 970 kW**
Diamètre des roues motrices : **1630 mm**
Diamètre des roues porteuses : **900 mm**
Masse : **74 t**
Longueur : **11,08 m**
Vitesse : **100 km/h**

Caractéristiques techniques (E-332)
Type : **2C2**
Date de construction : **1919**
Courant traction : **3300 V triphasé 16 2/3 Hz**
Puissance : **1940 kW**
Moteurs de traction : **2 x 970 kW**
Diamètre des roues motrices : **1630 mm**
Masse : **92 t**
Longueur : **13,37 m**
Vitesse : **100 km/h**

Les E-331

Sans nul doute la plus originale avec sa cabine située à une extrémité, la E-331 est une 1C1 produite à partir de 1922. Comme la E-330, elle est dotée du bogie-bissel Zara lui autorisant des performances remarquables avec une parfaite inscription en courbe. Elle a deux moteurs, toujours comme la E-330, entraînant directement les trois essieux moteurs par une transmission à bielles, donc sans aucun engrenage ou faux essieu.

Les E-332

Produites au lendemain de la Première Guerre mondiale par l'entreprise suisse Œrlikon pour le réseau italien, ces belles machines sont du type 2C2 avec transmission à bielles. Un élément de charme supplémentaire est apporté par la présence, à chaque extrémité des bielles de liaison, de deux faux essieux recevant l'énergie motrice des moteurs et la transmettant aux roues motrices par les bielles. Cette solution est celle qui reçoit la confiance des ingénieurs de l'époque, lesquels se méfient de la fragilité mécanique des engrenages et de la complexité des problèmes de ménagement des jeux nécessaires à la suspension.

La disposition 2C2, donc, avec des bogies porteurs encadrant trois essieux moteurs, est en quelque sorte celle d'une Pacific bidirectionnelle : ce type de locomotive électrique est d'ailleurs réservé aux trains rapides – exactement comme le sont les Pacific. Il est à noter, d'autre part, que bien des pays européens construiront des 2C2 électriques pour leurs réseaux électrifiés, avant de passer aux 2D2 qui seront le type même des locomotives de vitesse. Ces 2C2 seront donc relativement vite dépassées avant la Seconde Guerre mondiale.

Une E-550 modifiée, sur châssis allongé.

LA E-432

Le triphasé tire sa révérence

Cette locomotive italienne est la dernière à avoir été construite pour le système triphasé et les amateurs de traction électrique du monde entier savent ce que cela veut dire : la E-432 est l'ultime survivante d'un système extraordinaire à tous les sens du terme, le « dernier des Mohicans » d'une glorieuse légende qui avait tissé sa curieuse caténaire double par-dessus les voies du Nord-Ouest de l'Italie. De plus, elle prenait de l'eau aux grues hydrauliques et elle fumait... comme une locomotive à vapeur !

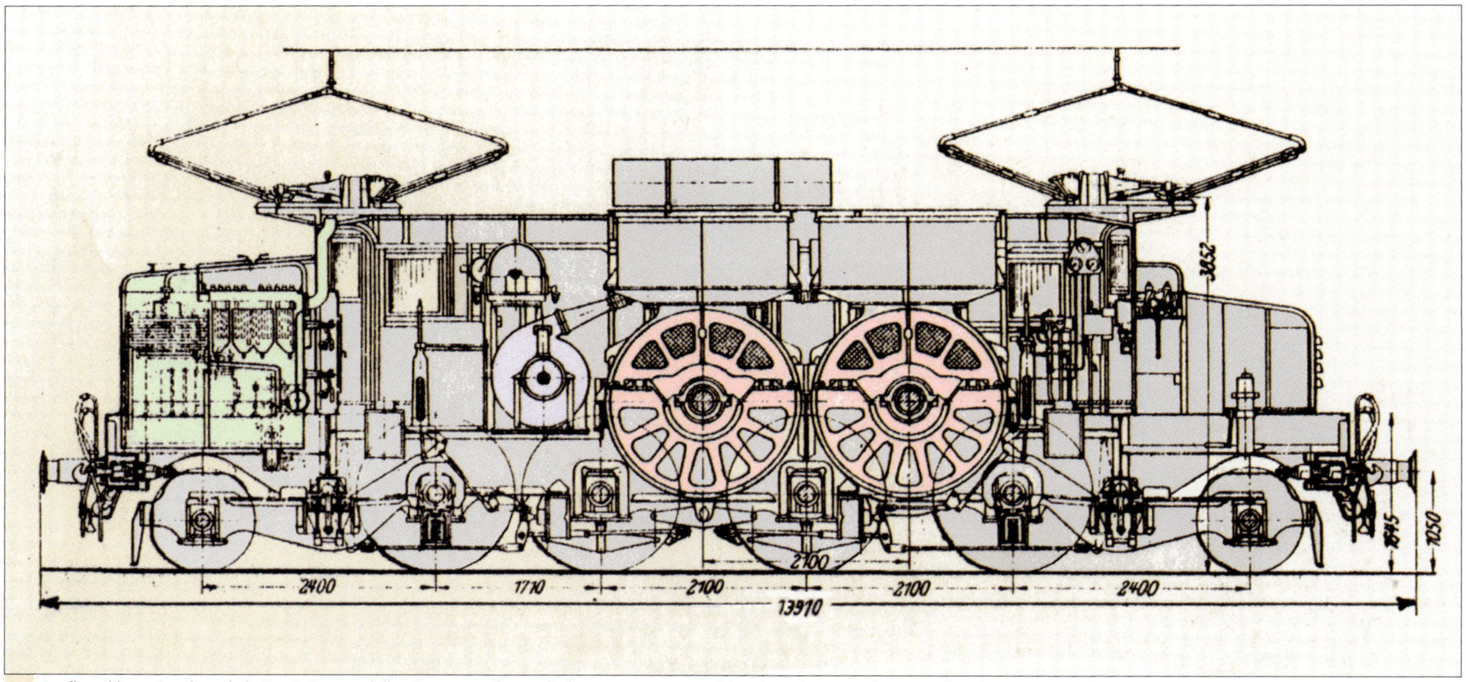

La disposition mécanique de la E-432. De grand diamètre, ayant du couple, les moteurs tournent à la même vitesse que les roues, donc lentement et puissamment, sans usure : un des grands avantages du monophasé.

Au lendemain de la Seconde Guerre mondiale, l'Italie est au cœur d'un grand débat technique concernant l'électrification de son réseau ferré. Faut-il poursuivre cette électrification commencée en triphasé, avec sa lourde caténaire double tissant son imposante toile au-dessus des appareils de voie des sorties des gares et des grandes bifurcations, ou faut-il choisir le système plus léger, en courant continu, dont, par exemple, la France est en train de se doter sous la forme d'une électrification en 1500 V ? Quitte à choisir la légèreté et les économies, un certain nombre d'ingénieurs italiens pensent aussi au système en monophasé à fréquence spéciale qui est en train de s'étendre dans toute l'Europe centrale et septentrionale : Suisse, Allemagne et Scandinavie.

La querelle des Anciens et des Modernes

Les partisans du courant triphasé sont eux-mêmes divisés en deux clans. Les Anciens ne veulent pas toucher au système tel qu'il est, qui a nécessité un investissement très lourd dont le coût initial est à peine rentabilisé. Les Modernes pensent, avec raison certes, qu'il faut faire évoluer le système en utilisant un courant à tension et à fréquence toutes deux plus élevées, car le triphasé des origines a été pénalisé par une tension trop basse et, surtout, par une fréquence de seulement 15 Hz : les débuts du triphasé ont effectivement été rendus difficiles par une faible vitesse de rotation des moteurs et de synchronisme entre les moteurs et le courant.

Les politiques de compromis ne sont jamais les meilleures

Le débat aboutira à une sorte de politique de compromis consistant à ne pas toucher à ce qui existe et même à continuer à électrifier les lignes du Nord de l'Italie avec l'ancien système, tout en réalisant une nouvelle électrification dans un nouveau triphasé dans le centre du pays, laissant au Sud de la Péninsule une électrification en courant continu. Sur cette base, diverses lignes sont affectées aux essais des deux systèmes. Le « nouveau » triphasé est d'abord testé temporairement au Piémont en courant à 50 Hz et 7000 V, avant de l'être sous une forme plus définie sur la ligne de Rome à Sulmona, longue de 172 km et présentant des rampes de 30 pour mille. Le succès du continu est éclatant et mènera à l'électrification du Sud de la Péninsule : dès 1928, la ligne de Naples à Foggia est mise sous tension.

La ligne de Rome à Sulmona, quant à elle, est mise sous tension, en triphasé, en 1940 seulement, à la tension de 10 000 V et à la fréquence de 45 Hz. Les essais, effectués en pleine guerre, ne pourront être menés dans les meilleures conditions et, de plus, la ligne est endommagée en 1944. Sommairement remise en état une fois la paix revenue, elle est réélectrifiée en courant continu 3000 V en 1950. La page du triphasé est définitivement tournée.

La E-432 : grandeur et décadence du triphasé

En cette année 1928, qui est celle, précisément, de la décision d'électrifier la ligne de Naples à Foggia, une magnifique série de locomotives est en construction pour le triphasé : la E-432. Malheuresement (pour elle), ce n'est plus le triphasé qui est choisi, mais le courant continu 3000 V. Ce type de courant a en effet eu le temps, depuis le début du siècle, de faire des progrès considérables et il est, pour le moment, le meilleur. Rapidement, les résultats démontrent que le triphasé est techniquement dépassé, notamment à cause de son enchevêtement de fils bouchant le ciel au-dessus des appareils de voies des gares et du prix trop élevé de cette orgie de cuivre nécessitée par la caténaire double.

Il faut bien, cependant, terminer la construction de ces nouvelles locomotives en cours chez Breda, une série de 40 machines E-432 étant livrée. C'est une superbe machine à disposition d'essieux type 1D1, aux lignes nettes et élégantes, qui a pu conserver du passé quelques éléments de charme comme la cabine à pans coupés, ainsi qu'une caisse amplement rivetée

Une E-432 : sous la forme très réussie de la 1D1, le triphasé atteint ici sa maturité, mais dès lors son déclin n'est pas loin.

CARACTÉRISTIQUES TECHNIQUES	
Type : **1D1**	Transmission : **directe par bielles**
Date de construction : **1928**	Masse : **94 t**
Courant : **triphasé 3600 V 16 2/3**	Longueur : **13,91 m**
Moteurs de traction : **4 du type synchrone**	Vitesse : **100 km/h**

et garnie d'accessoires extérieurs et de tuyauteries. Montée sur de grandes roues de 1630 mm de diamètre accouplées par bielles dans la grande tradition héritée de la locomotive à vapeur, cette machine comporte toujours une curiosité propre au triphasé : la marche à régime constant, les moteurs tournant à des vitesses imposées par les phases du courant – ici, on a quatre régimes de marche donnant 25, 50, 75 et 100 km/h. Ces locomotives sont équipées de véritables pantographes à losange – éléments nouveaux dans l'univers du triphasé –, laissant à leurs devancières les doubles perches jumelées. Toutefois, ces pantographes, comme les doubles perches anciennes, sont surmontés de petits archets doubles caractéristiques du triphasé.

En outre, elle boit de l'eau, et elle fume...

La E-432 a une particularité qui intriguera beaucoup de spectateurs et d'amateurs de chemins de fer : elle s'arrête devant les grues hydrauliques destinées au locomotives à vapeur pour y faire le plein d'eau ! En outre, une fois en marche, elle fume... Ce ne sont certes pas des coups d'échappement formant un panache au-dessus des voies, mais, plus simplement, un filet de vapeur blanche s'échappant librement dans l'air. L'explication tient à la présence d'un rhéostat refroidi par eau, abrité sous l'un des capots extérieurs de la locomotive – trop fortement sollicité, et trop longuement, ce rhéostat a une fâcheuse tendance à se transformer en bouilloire électrique.

Par ailleurs, ces belles locomotives offrent souvent le spectacle curieux d'une arrivée « sur l'erre » (en roues libres) dans des gares équipées en courant continu 3000 V et roulant pantographes baissés comme si elles n'avaient pas besoin de courant – supposition encouragée par le présence de la vapeur s'échappant par l'avant. En effet, ces machines utilisent les dernières lignes électrifiées en triphasé, alors que le réseau du continu gagne du terrain et cerne de plus en plus près les derniers réduits du triphasé. Elles doivent donc souvent terminer leur trajet dans une gare équipée en continu, s'arrêter avec leurs freins et être dégagées de leur train l'aide d'un locotracteur ou d'une autre locomotive électrique à courant continu, avant d'être refoulées sur une voie dont la caténaire peut être commutée sur l'un ou l'autre système.

Ces locomotives, les dernières-nées du triphasé, resteront en service jusque dans les premières années 1970, à la grande joie des amateurs de chemins de fer. A la fin de cette décennie, plus aucune ligne en triphasé n'existe en Italie, la conversion au 3000 V continu ayant été intégralement réalisée.

Le triphasé :
quelques explications de base à l'intention des « branchés » en électricité

Le principe de base de la production du courant consiste à faire tourner une génératrice sur laquelle on prend le courant en deux points opposés à 180°. Chaque rotation produit une « pulsion » de courant circulant dans un sens, puis une autre en sens inverse. On appelait cela, jadis, les « périodes » du courant ; aujourd'hui on dit des « phases », et leur fréquence par seconde est exprimée en hertz (Hz). Le courant continu, lui, n'a pas de phases et circule toujours dans le même sens.

Revenons à notre courant alternatif. Si, au lieu de prendre le courant en deux points à 180°, on le prend sur trois points, disposés à 120° les uns des autres, on aura un courant dit triphasé, qui, à chaque tour, donnera trois pulsions au lieu de deux. Cela veut dire qu'un moteur électrique alimenté à distance donnera trois impulsions par tour au lieu de deux. On pourrait aussi choisir de prendre le courant sur 4 pôles à 90° les uns des autres ou, pourquoi pas, sur 10 pôles à 36°. On aurait ainsi un moteur qui tournerait avec 10 impulsions par tour, avec une douceur extrême, exactement comme un moteur d'automobile tourne d'autant mieux qu'il a un plus grand nombre de cylindres donnant un plus grand nombre d'impulsions par tour. Tout irait pour le mieux s'il ne fallait pas autant de fils que de phases...

Avec du triphasé, il nous faut trois fils (ou deux caténaires, le troisième « fil » étant les rails) et en ajouter encore ne ferait que compliquer les choses. Trois phases au lieu de deux améliorent déjà grandement le fonctionnement d'un moteur, et il est même possible de le synchroniser avec la vitesse de rotation de la génératrice, ce qui évite la présence d'un collecteur sur le moteur. Le moteur tourne donc en synchronisme avec les phases du courant et, s'il a tendance à tourner plus vite (cas d'un train dans une pente), il sera freiné jusqu'à ce qu'il se remette en phase, d'où un très gros avantage pour la traction ferroviaire avec une vitesse constante.

Il reste un problème technique, celui du démarrage et de la montée en vitesse jusqu'à ce que l'on « accroche » le moteur à la phase. Ce problème a pu être résolu par des artifices techniques complexes. On peut aussi combiner le synchronisme en jouant sur deux, trois ou quatre phases à la fois, ce qui donne les quatre vitesses de base de 25, 50, 75 et 100 km/h, celles de la E-332, par exemple.

1928

LA CENTOPORTE ET AUTRES VOITURES METALLIQUES

Elle n'a pas vraiment cent portes, mais pas loin…

Dotées d'une multitude de portes – mais pas une centaine –, ces voitures sont surnommées « Centoporte » par les Italiens des années 1930. L'étonnant spectacle de ces portes répétées à l'infini s'ouvrant à l'arrivée dans une gare et livrant passage à une foule populaire colorée et bruyante, reste immuable pendant des décennies. Le cinéma n'a pas manqué d'immortaliser cette scène dans de nombreux films.

L'ensemble des réseaux européens se préoccupe, entre les deux guerres, d'offrir à sa clientèle de voyageurs des voitures un peu plus sûres et plus confortables que celles constituant alors la quasi-totalité d'un parc hérité du XIXe siècle et des premières années du XXe siècle. En effet, ces voitures des années 1880 à 1910 ont un grave défaut : leur caisse est entièrement en bois, ce qui les rend très fragiles en cas d'accident ; de plus, elles n'offrent qu'un confort très médiocre, caractérisé par le manque d'espace dans les compartiments, l'absence de couloir permettant de se rendre aux toilettes (s'il y en a) et de circulation d'une voiture à l'autre. Bref, on voyage collé à son siège, sans pouvoir bouger de sa petite place tant que le train roule.

Concevoir des caisses à la hauteur des châssis

Les contraintes mécaniques propres au chemin de fer, qui met en mouvement des centaines de tonnes à la fois, font que les châssis sont en général très robustes, afin de pouvoir supporter les efforts de traction transmis par les attelages, mais aussi et surtout afin d'absorber les chocs et les pressions engendrés lors des ralentissements et des arrêts transmis par les organes de tamponnement.

Dotés de lourds longerons en acier bien entretoisés et rigidifiés par des tirants de caisse, équipés de traverses de tamponnement très résistantes, posés sur des bogies tout acier et bien suspendus, ces châssis ne sont pas dépassés techniquement. Bien des réseaux entreprennent alors un processus de reconstruction consistant à démonter entièrement l'ancienne caisse en bois, à récupérer le châssis et à construire sur ce dernier une caisse à ossature métallique comportant soit des panneaux en bois tôlé, soit, dans certains cas plus rares et plus récents, un revêtement entièrement métallique. Cette pratique, imposée aussi par le scandale de ces innombrables victimes occasionnées par le moindre accident, gagne peu à peu, entre les deux guerres, l'ensemble des réseaux européens, dont le réseau italien.

La politique ferroviaire italienne des années 1930

Sous l'impulsion du gouvernement fasciste, les chemins de fer italiens se voient assigner une double mission interne : l'élimination radicale du gaspillage et le recours aux ressources et produits nationaux à la place de tout ce qui est importé.

La première mission est menée à bien par une vaste campagne d'éducation du personnel cheminot de tous grades et la création de primes proportionnelles aux économies réalisées. Par exemple, la consommation de lubrifiants (huiles, graisses) pour les locomotives, qui est, en 1922, de 82 g par locomotive et par kilomètre, tombe, en 1935, à 15,8 g seulement. De même, la réduction de la consommation des lubrifiants pour les boîtes d'essieux du matériel remorqué permet une économie de plus de huit millions de lires. La nécessité faisant loi, la période fasciste est, pour beaucoup d'entreprises et de services publics italiens, une période d'apprentissage de la gestion rigoureuse et de la prise sur soi d'intérêts jusque-là perçus comme trop généraux et collectifs pour engager une responsabilité personnelle.

La seconde mission est accomplie avec l'électrification intensive du réseau. L'expérience de la Première Guerre mondiale a confirmé ce que les Italiens savaient déjà : la dépendance envers l'étranger, pour ce qui est du charbon, rendait l'Italie vulnérable. En 1932, le gouvernement planifie l'électrification de 9000 km de lignes sur les 17 000 km du réseau. Plus de 5000 km sont électrifiés en 1938, de nombreuses centrales électriques ayant été construites, notamment dans les Apennins : plus de 1,3 million de tonnes de charbon sont ainsi économisées chaque année.

Signalons aussi que le recours aux ressources et aux produits nationaux pratiqué dans l'industrie et les transports aura pour résultat, quant à la construction du matériel roulant et des équipements électriques ferroviaires, une utilisation de l'aluminium à la place du cuivre – ce qui donnera une certaine avance technique aux chemins de fer italiens dans le domaine du matériel roulant léger.

Une classique Centoporte en version troisième classe.

Une Centoporte à dix compartiments de troisième classe, dans la couleur marron appliquée à l'origine.

CARACTÉRISTIQUES TECHNIQUES

Type : **voiture à bogies**	Masse : **34 t**
Date de construction : **1928**	Longueur : **17,83 m**
Diamètre des roues : **1010 mm**	

Un exemple du confort très poussé des voitures grandes lignes à compartiments.

La naissance de la Centoporte

Découlant directement de cette politique économique que nous venons d'évoquer, la Centoporte est le résultat de la reconstruction de voitures datant de 1906 (réseau Nord) et 1907 (réseau Sud), formant deux séries initiales : la série 36000 (type 1928R) et la série 66500 (type 1933R). Aux 190 voitures qui forment le parc de ces deux premières séries – mixtes première et troisième classe ou mixtes réunissant les trois classes – s'ajoutent 57 unités construites en 1935-1936 (d'une seule classe ou mixtes à deux ou trois classes).

Ces voitures reçoivent de nombreuses modifications de disposition intérieure, les dernières survenant en 1958 pour donner trois compartiments de première classe au centre, deux de deuxième classe à une extrémité et trois de troisième classe à l'autre ; chaque voiture forme en quelque sorte un train complet à elle seule, solution facilitant l'exploitation sur les petites lignes et, surtout, sur les lignes à embranchements où circulent des « trains à tranches » formés de groupes de voitures qui sont séparés du convoi en cours de route pour emprunter des lignes d'embranchement.

Les autres voitures métalliques de l'époque

La Centoporte n'est pas seule, on s'en doute, à participer au renouvellement du matériel voyageurs italien de l'entre-deux-guerres. En 1931, les Ferrovie dello Stato commandent à divers grands constructeurs italiens, dont Fiat, de magnifiques voitures métalliques à bogies, de troisième classe, pesant 42 tonnes et offrant 80 places dans dix compartiments de huit places. Ces voitures sont à couloir latéral, chaque compartiment ayant deux fenêtres jumelées. Elles sont équipées de deux toilettes dont le luxe est remarquable, avec un miroir octogonal et un lavabo en faïence massive disposant de l'eau chaude et froide.

Une belle voiture de première classe des années 1930 à fenêtres jumelées.

En 1937, des voitures métalliques à bogies des classes supérieures apparaissent ; elles pèsent de 42 à 43 tonnes selon les dispositions intérieures. Elle sont soit uniquement de première classe avec sept compartiments de six places, soit de deuxième classe avec huit compartiments de huit places, soit encore mixtes, offrant 18 places en première classe dans trois compartiments et 36 places en deuxième classe dans quatre compartiments et un demi-compartiment coupé. Bien entendu, ce sont aussi des voitures à couloir latéral et à deux toilettes, l'une à chaque extrémité de la voiture.

Une voiture grandes lignes de troisième classe.

Très élégantes, avec leurs portes d'extrémité à redans, leurs fenêtres jumelées, leur caisse lisse peinte en brun, ces voitures entrent dans la composition des grands trains rapides des années 1930, soit en traction électrique derrière de belles locomotives type E-428, soit derrière des Pacific. Ces voitures sont toujours accompagnées de fourgons à la livrée parfaitement assortie. On peut réellement parler d'une apogée du chemin de fer italien quand ces très beaux trains roulent, mettant le réseau des Ferrovie dello Stato au même niveau que les meilleurs réseaux mondiaux de l'époque.

LA PACIFIC 691

La « reine des locomotives à vapeur italiennes » : belle, mais timide…

Elle fut « la reine des locomotives à vapeur italiennes » selon l'auteur transalpin Luciano Greggio et, pour beaucoup, elle l'est encore. C'est vrai qu'elle a belle allure, cette machine qui allie une rare élégance à une finesse de lignes digne de la « maestria » la plus accomplie, comme seuls les créateurs, les ingénieurs et les designers italiens savent le faire. Aujourd'hui encore, le souvenir nostalgique de la 691 est bien présent dans les « stazioni centrali » des nombreuses villes où elle a passé naguère.

Une Pacific 691 en service courant.

La traction vapeur, en Italie, n'aura eu de carrière que dans la mesure où d'autres modes de traction n'étaient pas encore au point. Ce ne fut donc pas, à vrai dire, un pays ayant connu une traction vapeur aussi éclatante que celles du Royaume-Uni, de l'Allemagne, de la France ou, mieux encore, des États-Unis, car ces pays-là, eux, avaient du charbon, contrairement à l'Italie – qui était obligée d'importer cette matière première, à un prix d'autant plus élevé que son développement économique n'était pas des plus florissant.

Quelle traction sur les parcours de prolongement hors caténaire ?

L'Italie compte et recompte les zéros de ses factures de charbon et elle les paie à contrecœur, cela d'autant plus qu'elle dispose de très bonnes ressources hydrauliques. Elle ne manque pas, du reste, de faire des recherches en vue d'une électrification très intense de son réseau dès le début du XXe siècle.

Une 691 photographiée en apprêt peinture à sa sortie d'usine.

Si, avant 1910, la traction électrique semble être encore un mode mineur tout juste bon pour les usages urbains ou les trains à crémaillère en montagne, les ingénieurs doivent bien se rendre à l'évidence : la locomotive électrique est devenue puissante et rapide et fait mieux que la locomotive à vapeur, tout en étant plus souple d'utilisation et plus facile à conduire. Les ingénieurs italiens électrifient de nombreuses lignes comme celles de Monza à Milan, de Milan à Varese et à Ceresio, et entreprennent, avant la Première Guerre mondiale déjà, une électrification à large échelle entre Gênes et Novi puis dans l'ensemble du Piémont, de la Lombardie et de l'Italie centrale. Avant la Seconde Guerre mondiale, le réseau dispose d'environ 6200 km de lignes électrifiées, soit près du tiers de la longueur totale du réseau, mettant l'Italie en tête des réseaux européens pour le kilométrage total électrifié, même devant la Suisse et ses quelque 5000 kilomètres.

Mais, pendant ces années 1920 et 1930 très favorables à la traction électrique, celle-ci n'a pas, pour autant, envahi la totalité du réseau : il reste de nombreuses lignes importantes toujours en traction vapeur. Le problème posé est celui de la cohérence dans les performances sur les parcours de prolongement hors caténaire : à quoi sert-il, en effet, d'aller très vite en traction électrique si le parcours se prolonge à une vitesse moindre en traction vapeur ? Voilà pourquoi les chemins de fer italiens souhaitent, durant les années 1920, disposer de locomotives à vapeur aussi performantes que les machines électriques.

Les 690 ouvrent le bal

Entre 1911 et 1914, les Ferrovie dello Stato construisent leur première série de Pacific, les 690, qui sont, à l'époque, parmi les plus novatrices et les plus performantes en Europe. Elles sont engagées pour la remorque des trains rapides lourds entre Milan et Bologne, mais il faut bien se rendre à l'évidence : la production des chaudières autorise une vitesse de 90 km/h avec une puissance estimée à 1400 chevaux, ces valeurs étant tout justes suffisantes pour faire face à ces trains. Or, leur poids a précisément tendance à augmenter.

Le grand tender à bogies d'une 691.

Les ingénieurs constatent que cette production insuffisante de vapeur est essentiellement due à la forme du foyer. Pour conserver un centre de gravité assez bas, de même qu'une répartition des poids par essieu suffisamment équilibrée pour épargner les voies, il a donc été nécessaire, lors de la conception des 690, de loger le foyer dans une position assez avancée, ce qui a donné lieu à la création d'une grille coincée entre les roues motrices arrière et, de ce fait, assez étroite. Les Ferrovie dello Stato ayant reconstruit leurs lignes au lendemain de la Première Guerre mondiale, celles-ci autorisent des poids par essieu plus élevés : il était donc possible de mieux dimensionner les foyers et d'imaginer des locomotives plus lourdes et plus puissantes.

Les ingénieurs conçoivent ensuite une nouvelle locomotive à quatre essieux moteurs, la série 746, qui est une 141 compound à quatre cylindres. Dotée d'une chaudière plus généreusement dimensionnée, cette machine a une production de vapeur de l'ordre de 12,5 tonnes par heure, dépassant largement la production de la Pacific précédente. Les têtes pensantes des FS songent même un instant à une locomotive standardisée comprenant la chaudière de la 746 sur le châssis de la 960.

Et pourquoi pas une 695 ?

Ensuite, il est décidé de mettre au point une locomotive Pacific totalement nouvelle, la 695, beaucoup plus grande et plus puissante encore, à trois cylindres haute pression de 540 mm de diamètre et de 680 mm de course, attaquant tous les trois le deuxième essieu moteur. La surface de grille serait portée à 4,75 m^2 et la pression de la chaudière à 14 kg/cm^2. Le cylindre intérieur serait donc incliné de manière à passer par-dessus le premier essieu. Il y aurait trois distributions Walschaërts indépendantes. Les roues motrices seraient d'un diamètre plus fort avec 2050 mm ; les roues avant porteuses seraient du même diamètre que celles de la 690, mais le bogie serait plus long, avec un entraxe augmenté de 100 mm. Les roues du bissel arrière seraient plus grandes avec un diamètre porté à 1380 mm.

Une 691 en état d'origine, couleur grise et roues rouges.

CARACTÉRISTIQUES TECHNIQUES

Type : **231**	Contenance du tender en eau : **32 t**
Date de construction : **1929**	Contenance du tender en charbon : **7 t**
Moteur : **4 cylindres simple expansion**	Longueur du tender : **9,215 m**
Cylindres : **450 x 680 mm**	Masse du tender : **67 t**
Diamètre des roues motrices : **2030 mm**	Masse totale : **164 t**
Pression de la chaudière : **14 kg/cm²**	Longueur totale : **23,850 m**
Masse de la locomotive : **97 t**	Vitesse : **130 km/h**
Longueur de la locomotive : **14,45 m**	

Finalement, pour diverses raisons dont certaines d'ordre économique, les ingénieurs des Ferrovie dello Stato choisissent de partir de la Pacific type 690 de 1911, dont ils allongent le châssis pour y loger une chaudière de 746 plus puissante, le timbre étant porté à 14 kg/cm^2. La grille, qui a posé tant de problèmes sur les 690, est large et bien dessinée, passant de 3,5 m^2 à 4 m^2. La pompe est dimensionnée en fonction d'une consommation d'eau accrue ; le volume d'eau dans la chaudière est en effet passé de 8,3 m^3 à 7,6 m^3, mais sa circulation sera plus rapide, le volume de vapeur dans la chaudière augmentant de 3,68 m^3 à 4 m^3. L'installation d'un système de préchauffage de l'eau augmentera aussi le rendement. A part ces modifications, le reste est inchangé, notamment le moteur, qui reste à quatre cylindres et à simple expansion.

Un très rare cliché montrant un essai de carénage sur une 691.

Voici enfin la 691, élégante mais fragile

Très réussie esthétiquement, la première 691 quitte les ateliers de Florence à la fin de 1928, munie d'un tender à bogies de 22 m^3 permettant des trajets de l'ordre de 2 h 30, soit environ 350 km, ce qui est nettement plus qu'avec les 690, mais pas encore suffisant : il faudra passer à un plus gros tender (de 32 m^3). La locomotive affiche des résultats tout à fait honnêtes et fait preuve d'un comportement très satisfaisant.

Mais il y a comme un arrière-goût de déception car, sur le plan des performances, la révolution escomptée n'a pas abouti. Il aurait fallu créer une locomotive nouvelle plutôt que de se contenter de retouches d'un type existant. Roulant certes à 130 km/h, ces machines ne sont pourtant pas plus rapides que les 690 dont elles sont issues et, même, elles se révèlent moins puissantes. Leur moteur est excellent, mais il manque de vapeur : la chaudière n'en fournit pas assez, une fois encore. Les 33 locomotives construites entre 1929 et 1931 par les grandes firmes italiennes que sont Breda, Ansaldo et les Officine Meccaniche de Milan assurent néanmoins un très bon service et durent jusque durant les années 1960. Une de ces locomotives est, heureusement, conservée au musée des Sciences et des Techniques de Milan.

Une 691, la quatrième de la série, munie d'un déflecteur de fumée placé sur la boîte à fumée.

LES SECONDAIRES ITALIENS

Un réseau aussi florissant que celui de la Suisse

Les réseaux secondaires font partie du paysage italien depuis des décennies, que cela soit sous la forme d'innombrables tramways urbains se prolongeant en banlieue, de lignes rurales perdues sous le soleil brûlant des grandes îles du sud ou encore de téléphériques et de funiculaires. Une motorisation individuelle encore très rare, avant l'époque des scooters et des petites Fiat 500, les nécessités de la vie quotidienne, mais aussi l'essor du tourisme ont permis à ces chemins de fer modestes de survivre d'une manière étonnante, jusque dans les années 1970, quand survient la « taille des branches mortes ».

Lors de la nationalisation de 1905, le réseau italien totalise environ 17 000 km de lignes, dont quelque 3000 km de lignes secondaires appartenant à des compagnies privées et environ 3000 km de lignes de tramway gérées par des municipalités ou des régions. Les réseaux de transports à courte distance, en ville, en banlieue, dans les campagnes, ont connu un fort développement en Italie et, contrairement aux cas de la France et du Royaume-Uni, ces lignes ont le plus souvent été desservies par un matériel moderne et rapide, toujours renouvelé, offrant des horaires à passages fréquents, en tout cas jusque dans les années 1970.

L'âge d'or des secondaires

Les années 1950 représentent l'âge d'or de ce vaste système. L'ensemble des grandes villes comme Rome, Milan, Naples, Turin et Gênes ont des réseaux de tramways qui ont été prolongés jusque dans les lointaines banlieues rurales, et qui ont été modernisés et complétés par des lignes de trolleybus ou d'autobus. Électrifiés très tôt, ces réseaux ont donc pu survivre à la Seconde Guerre mondiale et résister à la rareté et à la cherté de l'énergie. Il existe aussi de longs réseaux à Bologne, Florence, Trieste et Palerme, qui vont très loin du cœur des villes. Bien d'autres villes de moindre importance comme Pise, Livourne, La Spezia, Savone, San Remo, Alexandrie, Brescia, Vérone, Cagliari, etc., possèdent des réseaux urbains et suburbains de trolleybus ou de tramways.

Les secondaires italiens (en rouge) à l'époque de leur apogée, à la veille de la Seconde Guerre mondiale.

Diversité et multitude

Un maillage important de tramways à vapeur existait avant la Première Guerre mondiale sur les routes de la plaine du Pô. Si beaucoup ont disparu, les plus importants ont été électrifiés et ont été intégrés comme tramways suburbains ou interurbains. Plusieurs vallées des Alpes sont desservies par des lignes à voie étroite semblables aux lignes suisses de même nature à qui, souvent, elles sont reliées.

On trouve encore, jusque dans les années 1950, de longues lignes secondaires à voie normale ou étroite dans les Apennins centraux et méridionaux ; dans les Pouilles, le réseau à voie normale du Sud-Est couvre la presqu'île Salentine, tandis que le long réseau à voie étroite des Chemins de fer de la Méditerranée complète, dans tout le sud de la Péninsule, principalement en Calabre, le réseau à voie normale des Ferrovie dello Stato.

Partant de Naples, les Chemins de fer secondaires méridionaux, à traction électrique, font partiellement le tour du Vésuve en longeant la mer, passent à Pompéi et aboutissent à l'extrémité de la presqu'île de Sorrente : cette magnifique ligne est sauvée par un important trafic touristique. En Sicile, le Chemin de fer Circumetnea, comme son nom l'indique, fait presque le tour de l'Etna. De longs réseaux secondaires au tracé tourmenté complètent, en Sardaigne, l'artère principale des Ferrovie dello Stato.

Sans être à proprement parler des chemins de fer classiques, il est à noter que quelques funiculaires et quelques chemins de fer à crémaillère sont exploités en Italie. Enfin, depuis 1930, les transports de montagne se sont très rapidement développés, surtout dans les Alpes, avec la construction d'un grand nombre de téléphériques. Dès les années 1950, il en existait une trentaine, faisant de l'Italie le premier pays du monde pour le développement de ce type de transport. Les téléphériques du mont Blanc et du Cervin ont été de remarquables chefs-d'œuvre, pionniers dans ce type de transport.

Des « complémentaires » aux « secondaires » : un peu d'histoire

En 1879, la loi Baccarini, du nom du ministre des Travaux publics, est promulguée. Équivalant très exactement au plan Freycinet en France, elle définit les quatre catégories des « chemins de fer complémentaires » à construire pour parachever le réseau italien. La quatrième et dernière catégorie regroupe les « chemins de fer secondaires », soit 1530 km de lignes à construire, sous réserve que les provinces et les municipalités intéressées en prouvent l'utilité, qu'elles veuillent bien participer aux frais et qu'elles fassent la preuve de leurs possibilités de financement. Il ne s'agit pas de faire des promesses électorales…

La plupart de ces « chemins de fer secondaires », au sens italien du terme, réalisés entre la fin du XIXe siècle et le début du XXe siècle, sont concédés à des entreprises locales et municipales. Après les réformes administratives générales de 1865 et de 1885, certains chemins de fer moins importants restent entre les mains de petites sociétés privées qui gèrent, à la date du 31 décembre 1887, un réseau totalisant environ 1300 km. Plus de 400 km sont attribués à la Compagnie royale sarde, 189 km à la Compagnie Palerme-Marsala-Trapani en Sicile et 134 km à la Société vénitienne, dont les lignes Vicenza-Schio, Vicenza-Treviso et Padoue-Bassano. Par ailleurs, 63 km sont gérés par les Chemins de fer du Nord-Milan et forment un important réseau de banlieue. Enfin, 134 km sont gérés par le Chemin de fer des Apennins du Centre. Si on y ajoute un certain

Une automotrice diesel-électrique de 180 chevaux, exemple du matériel construit par FIAT pour les lignes secondaires électrifiées des Ferrovie dello Stato à la fin des années 1930.

nombre de lignes en direction des Alpes et des Apennins, on arrive, en 1905 déjà, au lendemain de la nationalisation, à un réseau secondaire totalisant près de 3500 km dont 2000 à voie normale et le reste à voie étroite. Le réseau secondaire italien, entre les deux guerres, est comparable à celui de la Suisse, pourtant reconnu comme exemplaire.

La « taille des branches mortes »

C'est le nom donné par les Italiens, selon l'historien Stefano Maggi, à la triste période des années 1930 quand la décision est prise de fermer des lignes secondaires. Leur élimination a des raisons

En gare de Palmas-Suergio, sur le réseau sarde. Les Littorine de Siliqua, d'Iglesias et de Calasette sont prêtes au départ, sur leurs voies de 950 mm.

tant économiques que psychologiques, mais elle relève aussi de l'opportunisme politique : on pense en effet que les rails posés sur les routes sont une entrave à l'essor de l'automobile, qui doit faire le bonheur et la liberté du peuple. Il faut donc, comme l'affirmait le ministre des Communications Costanzo Ciano, « prendre son courage à deux mains et arracher les rails ».

Le réseau des tramways extra-urbains, qui totalisait 4217 km en 1930, tombe à 2230 km en 1939. Paradoxalement, pendant ces dix années, le nombre des voyageurs transportés augmente de 179 à 192 millions tandis que le tonnage des marchandises passe de 4,3 millions à 1,9 millions.

Le réseau des chemins de fer secondaires totalise, en 1955, exactement 21 923 km, mais cette année est aussi celle du lancement commercial de la Fiat 600, la voiture qui inaugure véritablement la motorisation de masse en Italie. On recommence donc à supprimer les « branches mortes » qui restaient : on ferme 2100 km de lignes, dont 600 km appartenant aux Ferrovie dello Stato.

La « taille des branches mortes » sévit dans des régions en voie de dépeuplement, comme la Sicile, qui se voit amputée de son réseau à voie étroite. Mais elle touche aussi des régions à fort développement économique et démographique, comme c'est le cas avec la suppression en 1961 de la ligne Pise-Tirrenia-Livorno, pour ne pas nuire au développement de l'automobile. La ligne secondaire touristique de Calalzo à Dobbiaco, qui dessert Cortina d'Ampezzo, est également fermée alors qu'elle aurait pu transporter des milliers de touristes aujourd'hui bloqués dans les embouteillages.

Les difficiles années 1960 à 1990

Pourtant, pendant plus de vingt ans, de 1960 à 1985 environ, les chemins de fer secondaires italiens survivent, exploités souvent d'une manière anachronique, « avec les mêmes trains, avec les mêmes installations, et souvent avec... les mêmes cheminots » dit-on couramment à l'époque. Les secondaires perdent leur trafic de marchandises et de voyageurs, mais restent en exploitation, en phase avec l'immobilisme administratif, et aussi pour protéger les emplois des cheminots. On voit des gares au personnel plus que nombreux par rapport aux voyageurs, des passages à niveau toujours gardés pour deux ou trois trains quotidiens : on est là à la limite de la caricature, ce qui détériore l'image de marque de ces petits trains qui sont la cible de la presse.

Le magnifique matériel construit par FIAT peu avant la Seconde Guerre mondiale pour la ligne de Pignerol à Perosa.

Cette situation change brusquement au début des années 1990 lors de la réorganisation des Chemins de fer de l'État et des chemins de fer privés concédés : d'un seul coup, la situation économiquement non rentable de ces petites lignes apparaît clairement dans les bilans comptables, qui sont révélés à l'opinion publique. La solution sera non pas une politique de redressement et de dynamisation, mais des suppressions en cascade d'emplois de cheminots, avec des gares devenues vides et taguées, des trains de plus en plus rares et l'abandon du service des marchandises.

Beaucoup de tramways urbains italiens ont pris, sur leurs extensions de lignes, un statut comparable aux « suburbans » américains, comme ici sur la ligne de Turin à Pianezza dans les années 1940.

La récente régionalisation du transport ferroviaire italien s'est produite avec, en arrière-plan, cette situation d'abandon des réseaux secondaires : dorénavant, ce sont les régions qui décident si elles financeront ou non les chemins de fer de leur territoire. La situation actuelle est caractérisée par des disparités étonnantes, avec des régions capables de maintenir leurs chemins de fer et d'autres ayant choisi la suppression pure et simple de ce qui leur restait comme réseau ferré, dans un pur but d'économies à court terme. Il reste à souhaiter que le souci de la préservation de l'environnement et la saturation du réseau routier permettent de remettre en service ces secondaires, notamment dans les régions touristiques très encombrées en été.

LA LIGNE GENES-CASELLA

Un petit musée sur rails, entre mer et montagne

Seuls quelques amateurs de chemins de fer avertis savent que l'Italie possède de passionnantes lignes à voie métrique situées ailleurs que dans les Alpes. Ainsi, le voyage à partir de Gênes dans l'arrière-pays de la Riviera italienne, dans ce qu'on appelle les Apennins ligures, permet de découvrir une superbe ligne, toujours active, desservant Casella, dans la partie haute de la vallée de la Scrivia.

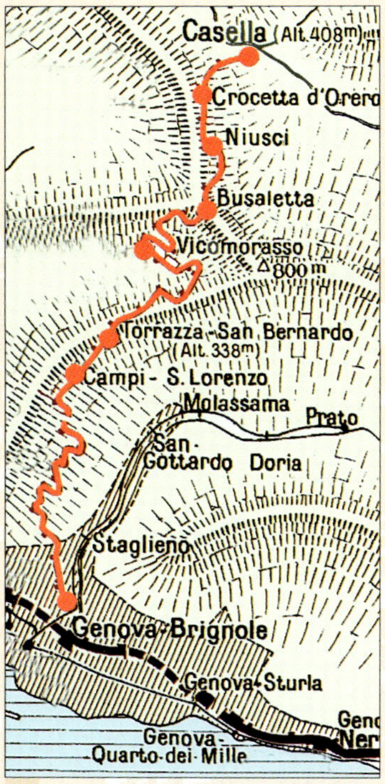

Le plan de la ligne dans les années 1950, en rouge. Les relations en voie normale des Ferrovie dello Stato sont en noir.

Gênes, le premier port italien, éternelle rivale de Marseille, est située en Ligurie, une région côtière striée de vallées étroites et profondes, débouchant perpendiculairement sur la côte. Si Marseille, par la vallée du Rhône, artère large et facile occupée par trois lignes de chemin de fer, une autoroute et deux grandes routes nationales, est ouverte vers le nord de la France et l'Europe, Gênes est moins avantagée géographiquement, et cela ne rend que plus surprenants son succès et son dynamisme.

Coincée entre mer et montagne

Les vallées débouchant sur le golfe de Gênes présentent des pentes raides qui obligent, pour ce qui est des voies de communication, à monter immédiatement à l'assaut de l'arrière-pays dès que l'on quitte le bord de mer, pour atteindre des villes et villages perchés en des lieux escarpés. La côte, quant à elle, est découpée, rocheuse et difficile d'accès. Ses villes principales, Savone, Imperia, Gênes surtout, ou encore La Spezia (grand port militaire) sont des ports actifs. Mais Gênes l'emporte par son importance de port pétrolier, ses chantiers navals, sa sidérurgie et ses centrales thermo-électriques.

Le problème est que Gênes est prise entre la mer et la montagne, la chaîne dite des Apennins ligures, et que la sortie du port ne peut se faire facilement qu'en longeant la mer. Si l'on veut gagner l'arrière-pays, et notamment l'importante et très industrialisée plaine du Pô et Turin, il faut affronter directement la montagne, c'est-à-dire installer des lignes à très fortes rampes. C'est pourquoi, devant la puissance insuffisante des locomotives à vapeur de l'époque, les ingénieurs italiens étudient dès le début du XXe siècle, particulièrement en Ligurie, les possibilités de la traction électrique et équipent de nombreuses lignes, dont celle, bien connue, des Giovi.

Le transport des marchandises n'étant pas la vocation du Gênes-Casella, il est difficile de voir le rare matériel de ce type que possède la compagnie – ici, un wagon plat chargé de rails et servant pour les travaux attend sur une voie de garage.

Une ligne à vocation régionale, à ses débuts tout au moins

La ligne Gênes-Casella fait partie d'un vaste projet, datant du début du siècle dernier, celui d'un grand réseau en voie métrique englobant les régions de Gênes et de Piacenza. L'Italie se dote en effet, dans l'enthousiasme, d'un ensemble de réseaux en voie métrique qui sera exceptionnel. La ligne de Gênes à Casella doit se prolonger par Busella jusque dans la plaine du Pô, et s'y ramifier pour former un véritable réseau régional desservant de nombreuses localités. En 1915, une concession est accordée à la Società delle Ferrovie Elettriche Liguri. Mais, on s'en doute, la période n'est pas propice à des travaux accélérés… Toutefois, la ligne est ouverte le 24 juin 1929 jusqu'à Casella, mais elle ne sera jamais poursuivie au-delà. Elle est d'abord exploitée provisoirement en traction vapeur, en attendant que les sous-stations et la caténaire en courant continu 2400 V soient installées.

A droite, le matériel ancien de 1929 et, à gauche, celui de 1926 reconstruit en 1993.

Un matériel roulant venu d'ailleurs

L'inauguration officielle a lieu le 28 octobre 1929 avec trois automotrices électriques Breda-Somaini, quatre voitures de troisième classe, trois voitures mixtes première et deuxième classe, et seize wagons à marchandises dont huit couverts. En 1935, le parc moteur s'enrichit avec l'arrivée de trois automotrices électriques MAN rachetées à la ligne Montebelluna-Valdobbiadene, fermée en 1931, automotrices dont on transforme l'équipement électrique qui fonctionnait en 975 V continu jusque-là. Pendant la Seconde Guerre mondiale, une motrice en voie de 950 mm de l'ancien réseau de la Ferrovia Sangritana est transformée pour pouvoir rouler sur la ligne.

En 1963, la ligne reçoit pratiquement tout le matériel roulant de la ligne du Val di Fiemme (de Ora à Predazzo), soit deux locomotives, trois automotrices, six voitures et un parc très complet de wagons à marchandises, plus de quoi équiper deux sous-stations en convertisseurs statiques permettant le freinage par récupération d'énergie sur le matériel nouvellement arrivé.

La fermeture de la ligne en voie de 950 mm de Spoleto à Norcia, en 1968, apporte en 1971 encore quatre automotrices, qui doivent être adaptées à l'écartement métrique. En 1980, tout le matériel, à l'origine blanc et bleu, est repeint en crème et amarante. Il est également rénové, tandis qu'en 1987 arrive une locomotive diesel allemande du Mosbach-Mudau, qui sera sûrement utile au cas où… Enfin, en 1993, on reçoit encore deux automotrices du Val di Fiemme. La ligne est actuellement sous tension de 3000 V continu, au standard italien.

L'automotrice A8, ex-fourgon automoteur B51 transformé, en gare de Casella.

La compagnie actuelle du FGC

Les Ferrovie Genova Casella (FGC) possèdent une ligne en voie métrique longue de 24,318 km partant de Gênes et devant gravir une dénivellation de 400 m pour atteindre Casella, point de desserte terminal. Ce parcours se fait au prix de rampes de 45 pour mille, très sévères et maximales pour la traction par simple adhérence. Les courbes sont au rayon minimal de 60 m, valeur très restreinte souvent atteinte. On comprend aisément qu'avec une ligne au profil et au tracé aussi difficiles le temps de trajet soit d'une heure pour seulement 24 km. Mais l'amateur de beaux paysages et d'émotions ferroviaires ne s'en plaindra pas, car le trajet, avec sept grands viaducs, treize tunnels et sept passages à niveau, est exceptionnel.

Question confort, ce n'est certes pas l'Orient-Express. Le parc de matériel roulant du FGC est le produit d'une politique d'achats de matériel d'occasion auprès d'autres compagnies à voie métrique, ce qui donne, pour le moins, une moyenne d'âge respectable. Mais, ici aussi, l'amateur de trains s'en réjouit, car cette situation lui vaut, notamment lors des pointes d'été, de voyager à bord d'un matériel aussi varié qu'historique, et toujours du plus haut intérêt technique, sans compter l'attrait offert par le wagon-bar restauré dans son style Belle Époque.

La cabine de conduite de l'automotrice A8.

La ligne à voie métrique du FGC commence au cœur même de la ville, sur la place Manin, dans le quartier de Brignole, à quelques minutes à pied de la grande gare des Ferrovie dello Stato. Assez rapidement, le train se trouve en dehors de toute zone habitée, ferraillant en direction des montagnes couvertes d'oliviers et de vignes bordant Gênes et la côte, d'où l'on a une ample vision sur la Méditerranée. Rien ne rappelle plus que l'immense et très actif port de Gênes est tout proche, les collines au premier plan venant souvent masquer la ville qui est blottie le long de la mer. Une fois à Casella, de très nombreuses excursions sont offertes dans d'admirables petits villages médiévaux des environs avec leurs églises très anciennes et aussi leurs restaurants typiques proposant l'excellente cuisine ligure.

La très jolie gare de Casella.

La vue sur Gênes, depuis le train qui monte à Casella.

Le matériel roulant de la ligne de Gênes-Casella

Type	Places	Longueur (m)	Date de construction	Date de reconstruction	Date de mise en service FGC	Origine
Automotrice A1	48	15,48	1929	-	1963	Val di Fiemme
Automotrice A2	48	15,48	1929	-	1963	Val di Fiemme
Automotrice A3	36	15,36	1929	1981	1963	Val di Fiemme, reconstruite en 1981
Automotrice A4	44	16,62	1926	1957	1971	Spoleto-Norcia
Automotrice A5	44	16,62	1926	1957	1971	Spoleto-Norcia
Automotrice A6	44	16,62	1926	1957	1971	Spoleto-Norcia
Automotrice A7	44	16,62	1926	1957	1971	Spoleto-Norcia
Automotrice A8	36	15,85	1993	-	-	Fourgon automoteur B51 transformé
Automotrice A9	36	15,85	1993	-	-	Fourgon automoteur B52 transformé
Automotrice A10	36	15,85	1996	-	-	Caisse provenant de la A3
Automotrice A11	36	15,85	1998	-	-	-
Automotrice A12	36	15,85	1998	-	-	-
Fourgon automoteur B52	-	10,96	1929	-	1963	Val di Fiemme
Automotrice 29	16	10,90	1929	-	1949	Sangritana, utilisation trains historiques
Locomotive D1	-	9,78	1964	-	1987	Diesel
Locotracteur CM	-	7,05	?	-	-	Véhicule de service

LA LIGNE SIENNE-GROSSETO

Gloire et décadence, heurs et malheurs d'un secondaire

La Toscane est une magnifique région, très fréquentée par des touristes en général attachés à tout ce qui est culturel, donc sensibles en principe à la protection de l'environnement et à la qualité de la vie. Mais, perdus dans l'admiration des villes fortifiées, des édifices et des peintures, ils ignorent sans doute qu'il y eut, en Toscane aussi, un beau réseau secondaire – qu'ils auraient probablement aimé prendre, plutôt que de cuire sous le soleil sur une route embouteillée.

En rouge, le réseau secondaire de Sienne-Grosseto, dont le tronçon de Montepescali à Grosseto a été intégré à la grande ligne à double voie de Livourne à Rome par la côte. En vert, les autres lignes secondaires.

L'histoire des petites lignes reliant Sienne à Grosseto, en Toscane, illustre parfaitement les vicissitudes des chemins de fer secondaires italiens. Ces lignes ont été réalisées pour relier une zone sous-développée (à cause du paludisme endémique de la Maremme entourant Grosseto) à la grande ville active qu'est Sienne.

Peu de rendement financier, malgré une grande activité

La première ligne, étudiée dès 1860, est rapidement construite pour être ouverte à la circulation en mai 1872. Elle est avant tout une réponse aux demandes pressantes des communes concernées qui veulent accélérer et amplifier le transport des marchandises, alors plus important que celui des voyageurs, resté très modeste et sans espoir d'augmentation dans ces régions pauvres.

Les résultats économiques de cette ligne sont en permanence médiocres : le déficit est même considérable à la fin du XIXe siècle. Pourtant, la ligne ne manque pas de clients ; elle assure notamment le transport du mercure venu de Monte Amiata – qui correspond, en 1910, à un quart de la production mondiale du cinabre, et celui des produits agricoles, ainsi que celui des produits des premières manufactures qui s'installent à proximité des gares après l'implantation du chemin de fer. On transporte aussi du lignite, que l'Italie utilise comme combustible pour éviter d'importer chèrement du charbon, ce qui vaut à la région la construction d'un petit chemin de fer industriel d'environ 20 km entre Monte Antico, une des gares de la ligne, et Murlo, lieu de chargement du lignite.

Tout semble donc bien aller autour de la petite ligne. Dans les années 1920 et 1930, les agglomérations créent de nouveaux quartiers autour des gares, où sont construits des entrepôts, des hangars, puis des logements pour les cheminots. Même pour de très anciennes villes aux origines médiévales comme Asciano ou San Giovanni d'Asso, la présence d'une gare représente désormais un pôle d'attraction et un motif d'immigration depuis les campagnes environnantes.

La gare d'Asciano : un beau et vaste bâtiment à l'italienne, très imposant pour une petite gare !

Premières extensions, premiers espoirs

La ligne de Sienne en direction de la région de la Maremme est sans doute suffisante, car elle reste, par son importance, un chemin de fer secondaire, même si elle a d'abord été gérée par des grandes compagnies privées, puis par les Ferrovie dello Stato à partir de 1905. Cependant, vers 1890, un certain nombre de villages ou de bourgs éloignés de la ligne se sentent, à ce titre, éloignés aussi de la prospérité et du développement. Ils demandent donc la construction d'une nouvelle ligne et, en 1899, une commission technique et juridique sollicite des investisseurs étrangers pour apporter les capitaux qui font défaut en Italie.

La demande de concession est présentée au ministère des Travaux publics italiens par les pouvoirs publics de Buonconvento et de Murlo pour une ligne allant de Murlo jusqu'à Monte Antico en suivant le tracé du chemin de fer industriel réalisé en 1877. Les demandeurs font état, avec lyrisme, de toutes les richesses que le train pourra transporter. Dans leur rapport, il est question de vignes, d'oliviers et de blé, des « bois nombreux et touffus (qui) sont une nouvelle source de gains si l'on nous donne des moyens de transport », des très nombreuses fêtes et marchés de la région... mais aussi des mines de lignite de Murlo, des mines de manganèse de Montalcino, des minerais pétrolifères de Buonconvento, de l'albâtre de Montalcino et de Grosseto, du travertin de Murlo, Montalcino et Grosseto. Aucun financier ne pourrait résister... Le rapporteur conclut : « L'initiative industrielle ne s'est pas encore adressée, dans nos provinces, à tous les trésors prodigués par la nature. Mais les entreprises qui seront fondées après la construction du chemin de fer deviendront un facteur de prospérité et de progrès économique... »

En gare d'Asciano : traction diesel et rames mixtes marchandises-voyageurs.

Le projet de la ligne Sienne-Buonconvento-Monte Antico est définitivement adopté, avec quelques modifications, le 15 mai 1905. Le ministère du Trésor lui accorde en 1907 une contribution annuelle de 5000 lires par kilomètre pour une durée de 70 ans. Cette nouvelle ligne est donc réalisée grâce à des capitaux garantis par l'État et par les organismes locaux, tandis que sa construction et sa gestion sont confiées à une société privée, comme cela se faisait alors beaucoup en Europe à l'époque.

Un contrat de construction est passé avec une certaine Société française de Chemin de Fer en Toscane en décembre 1910. Les travaux commencent en 1912 mais tardent à se poursuivre, car il faut modifier le tracé aux approches de Sienne, à cause d'un relief ingrat, tandis que l'emplacement de la gare de Buonconvento, jugé trop éloigné de l'agglomération par le maire, impose aussi une sérieuse modification. La Première Guerre mondiale arrête tout mais, une fois la paix revenue, les installations fixes et les bâtiments sont en place vers 1920. La Société italienne des Entreprises publiques et des Chemins de Fer (SIF) reprend le tout à la société française alors en déconfiture, et la ligne est achevée en 1926 : le retard n'est que de quatre années par rapport aux prévisions. Le 30 mai 1927, la ligne entre officiellement en service et, désormais, les deux lignes Sienne-Asciano-Monte Antico-Grosseto (exploitée par les FS) et Sienne-Buonconvento-Monte Antico (exploitée par la SIF) répondent d'une manière parfaitement complémentaire à l'ensemble des besoins de la région.

Sur la ligne d'Asciano à Arezzo, de nombreuses stations à voie unique et à signalisation simplifiée permettent une exploitation économique, comme ici à Rapolano Terme.

Le temps des « branches mortes »

Mais, au lendemain de la Seconde Guerre mondiale, les nuages noirs s'amoncellent. La ligne de Buonconvento est rachetée par les FS en mars 1956, la SIF étant en difficulté financière. En 1966, le dernier train de voyageurs circule entre Sienne et Buonconvento, la ligne étant sur la liste noire des « branches mortes » : les voyageurs prendront désormais les autocars, et ce jusqu'en 1980, année où la ligne est rouverte sous la pression des élus. Notons que le tronçon Buonconvento-Monte Antico a échappé au désastre et reste en service, faute d'itinéraire routier satisfaisant.

Mais la ligne d'Asciano à Grosseto, longue de 129 km, est concurrencée par une route qui fait le trajet en 80 km ; de plus, elle ne passe pas là où se trouvent les clients potentiels, car le relief lui a imposé un tracé à l'écart des grandes agglomérations. Après une période d'augmentation du trafic de 1910 à 1930, la crise économique des années 1929 et 1930 provoque une forte régression, accentuée encore au lendemain de la Seconde Guerre mondiale, qui a mis les lignes secondaires italiennes à mal, les laissant à peu près vides de tout trafic vers 1990. C'est le cas pour nos deux petites lignes.

L'agonie de la ligne, selon les termes de l'historien spécialisé Stefano Maggi, commence sur le tronçon Asciano-Monte Antico, à la fin des années 1980, quand on supprime non seulement le transport des marchandises mais aussi, les uns après les autres, les six allers et retours quotidiens du service voyageurs. Le tronçon au sud de Monte Antico est, par contre, sauvé par son intégration à la nouvelle ligne régionale Florence-Sienne-Grosseto, mise en service en mai 1980, au moment de la réouverture de la ligne Sienne-Buonconvento, ligne qui est reconstruite, modernisée, et rendue apte à des vitesses et des charges plus performantes.

Le dernier combat de San Giovanni d'Asso

Au printemps 1994, les habitants de San Giovanni d'Asso apprennent l'existence d'un projet de suppression de tout service voyageurs sur la ligne : ils se mobilisent avec l'énergie du désespoir, car cette ville, faute de route satisfaisante, a besoin de la ligne de chemin de fer. Mais San Giovanni d'Asso est la plus petite commune de la région. Elle compte moins de 1000 habitants, ce qui n'empêche pas que, dans le cadre d'une certaine tradition bien italienne, on va entendre parler d'elle ! Les habitants parviennent à empêcher l'élagage de cette nouvelle « branche morte », qui est bien prévue pour la fin de l'été de 1994, et à faire maintenir deux allers-retours quotidiens les jours ouvrables (rien pour les jours fériés). Mais dès l'hiver suivant, la ligne est fermée.

Les habitants ne baissent pas les bras. En 1996, le projet « Train Nature », financé par l'administration de la province de Sienne avec la collaboration d'une association de bénévoles, parvient à faire rouler des trains à vapeur et des autorails anciens les jours fériés, du printemps à l'automne, sur l'ancien tracé de 1872. Cette action s'intègre dans une perspective de promotion touristique des crêtes siennoises et de la vallée de l'Orcia, où l'on boit le fameux vin « Brunello ». Quelque chose de nouveau s'est mis en marche, peut-être…

Un Elettrotreno en 1987 près de Populonia-Grosseto.

LA GARE DU VATICAN

La dernière station du Saint-Siège

Suite à la constitution de l'unité italienne et à l'annexion des États de l'Église en 1870, le souverain pontife se considérait comme un prisonnier du Vatican. Il fallut attendre le 11 février 1929 et les Accords du Latran pour que soit reconnue sa souveraineté temporelle sur son minuscule territoire. Par ce même traité, l'Italie offrait au Vatican un embranchement ferroviaire et prit même en charge la construction de la splendide gare qui, aujourd'hui, ne sert, hélas, que très rarement.

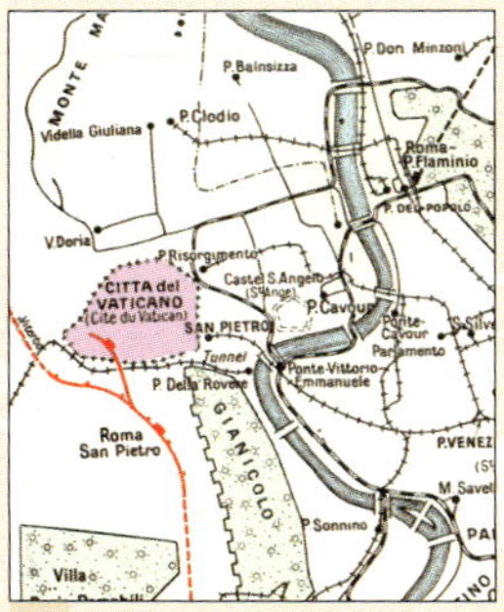

Le site du Vatican, qui a nécessité la construction d'un embranchement à partir de la gare de Roma San Pietro.

Le 27 février 1929, peu après la signature du traité, le pape Pie XI charge la Commission pour les Travaux publics de transformer en Cité les 42 hectares que les Accords du Latran avaient reconnus comme territoire de l'État du Vatican. Il est tout de suite entendu que les frais de construction de la gare seront assumés par l'État italien. L'ampleur des travaux est surprenante pour un territoire aussi restreint, et avec des espérances de trafic des plus aléatoires ! Il faut transformer la vieille colline vaticane, notamment l'aplanir pour permettre aux trains de passer. Il faut aussi ouvrir un tunnel dans le terrain schisteux et argileux de la colline. En plus de la partie réservée aux voyageurs, c'est-à-dire le Saint-Père ou les souverains étrangers en visite, la gare doit offrir un quai réservé aux marchandises. C'est d'ailleurs bien ce dernier trafic, même sous sa forme la plus maigre, qui formera l'essentiel des activités de la gare.

Le passage du mur d'enceinte, par l'immense porte métallique qui ne s'ouvre que pour laisser passer le train du pape.

Le 22 mars 1932, le premier bloc de pierre arrive par voie ferrée à la Cité du Vatican, car la jonction avec la gare de Rome San Pietro fonctionne déjà, en particulier pour le transport du matériel de construction. Le 3 octobre 1934, c'est la cérémonie officielle d'ouverture de la gare et de ses annexes.

Une Signorina rend visite au pape en 1935.

« La plus belle gare du monde », selon Pie XI

Si le percement du tunnel pose encore des problèmes de tracé, en revanche le chantier du bâtiment voyageurs se déroule normalement. En 1930, le pape Pie XI visite le site et s'arrête longuement au milieu de la grande salle de la gare, d'où l'on peut contempler, par une très haute verrière, la coupole de la basilique Saint-Pierre toute proche. Et le pape ne se lasse pas de regarder la splendeur des marbres. Enfin, se tournant vers ceux qui sont présents, il dit : « C'est sans aucun doute la plus belle gare du monde.» Pie XI connaissait les plus grandes capitales d'Europe, et cette affirmation péremptoire fait donc sensation, pour ne pas dire qu'elle crée la surprise car, malgré tout, le bâtiment est de dimensions très modestes… Mais on n'ose pas le contredire. Un de ses accompagnateurs essaie alors de sauver la situation et se lance dans des considérations compliquées, pour arriver à cette conclusion que le Saint-Père a parfaitement raison, certes, et que dans le monde entier, il n'y a pas de gare plus belle que celle qu'on était en train de construire, puisque… heu… Mais le Pape lui sauve la mise en disant : « C'est la plus belle du monde parce qu'il n'y a que de cette salle que l'on puisse jouir d'une vue aussi merveilleuse sur la coupole. » Il se met à rire de tout son cœur, et tout le monde en fait autant.

Le Saint-Père veut faire les choses en grand

La volonté de Pie XI est de faire les choses en grand à la Cité du Vatican, non seulement pour perpétuer une tradition millénaire, mais aussi pour donner du travail à ceux qui vivent de leurs bras. Il faut aussi, bien sûr, que la gare et ses annexes s'intègrent parfaitement à la splendeur architecturale du Vatican et qu'elles soient dignes d'être à l'ombre de la coupole de Saint-Pierre.

Le projet architectural du bâtiment des voyageurs de la gare du Vatican.

En 1934, les Ferrovie dello Stato éditent une plaquette répertoriant les travaux déjà accomplis et décrivant quelles difficultés il faudra surmonter pour construire la voie ferrée et, surtout, pour creuser un tunnel dans un terrain riche en veines d'eau. Le problème, en effet, consiste à relier la gare de Roma San Pietro avec la nouvelle gare vaticane, dont l'emplacement n'était pas encore fixé au moment des Accords du Latran –, cette liaison nécessitant le franchissement de la vallée située entre le Vatican et le Janicule, où se trouve justement la gare San Pietro. Certains ingénieurs veulent faire passer le chemin de fer par le tunnel de la ligne de Rome à Viterbe, occasionnant à la voie ferrée un grand détour à l'ouest de la Cité du Vatican, par le val d'Enfer. D'autres hasardent l'idée d'ouvrir dans la colline vaticane un tunnel unissant les deux niveaux.

Mais la solution la plus simple, la plus pratique et la plus économique, c'est finalement Pie XI qui va la trouver, indiquant lui-même aux ingénieurs le parcours de la voie ferrée : une passerelle reliant la gare de Roma San Pietro à l'extrême limite sud de la Cité du Vatican. C'est ainsi que l'architecte Jacazio construit, par-dessus la via Aurelia, un viaduc plus que largement suffisant pour le trafic ferroviaire. Dans les murs d'enceinte du Vatican, l'architecte Castelli ouvre un très grand passage, pouvant être fermé à volonté au moyen d'une double herse horizontale semblable à celles des bassins de carénage des grands ports maritimes.

La grande porte percée dans le mur d'enceinte ouvre la voie à une 140 des Ferrovie dello Stato. Sous la voûte, on devine le bâtiment de la gare en construction.

Dans la Cité même, à l'intérieur des murs d'enceinte, le travail confié à l'architecte Castelli n'est pas moins gigantesque. On doit abattre quelques maisonnettes abritant les gardes des jardins et des vignes le long du chemin Scaccia. On abaisse le niveau du terrain, on creuse une tranchée en pente, on comble avec la terre de déblaiement une excavation, on perce enfin un tunnel de 90 m de long.

La première «papamobile», qui permettait au Saint-Père de bénir les fidèles venus le voir passer dans les gares.

Le bâtiment des voyageurs comprend un vaste salon d'honneur, deux ailes d'égale importance et un certain nombre de dépendances. Le bâtiment se singularise par une très riche profusion de marbres et huit colonnes monolithes de cipolin vert de la Versilia qui se détachent d'un ensemble dont les murs et le pavement ne sont rien moins qu'une marqueterie de marbre vert de Prato, de Châtillon, du Val d'Aoste, de marbre dit « fleur de pêcher, » de carrare blanc, de marbre jaune de Sienne, de Portoro, du marbre rouge…

L'extérieur est intégralement constitué de travertin romain, matériau dans lequel ont été taillés les deux bas-reliefs « La Pêche miraculeuse » et « Le prophète Élie sur son char de feu », qui embellissent la façade et sont l'œuvre de Rubino. Le dessin architectural est de Giuseppe Momo qui décore aussi somptueusement l'énorme mur soutenant le talus.

Toujours garée au Vatican, l'ancienne voiture-lit papale – faisant aussi office de chapelle – avec, au centre de chaque face, un grand balcon permettant de bénir les foules.

Une ligne très courte et une gare oubliée

Ouverte le 2 octobre 1929, cette courte ligne du Vatican part de la gare FS de Roma San Pietro sur la ligne de Viterbe, puis franchit le viaduc de Gelsomino, long de plus de 120 m et composé de huit arches de 15,3 m d'ouverture. En raison de l'instabilité du terrain, sa construction a nécessité des fondations de plus de 25 m de profondeur.

Peu après, la voie se dédouble, puis franchit le mur d'enceinte, où une brèche a été spécialement ouverte, protégée par un portail métallique de 16,7 m, à deux énormes battants coulissants. Les installations terminales comportent un vaste bâtiment voyageurs, une unique voie à quai, une voie d'évitement et un faisceau de deux voies pour les marchandises. Depuis la gare de Roma San Pietro, la longueur de la ligne du Vatican est de 626 m, dont une centaine seulement sur le territoire pontifical. D'après le Traité du Latran, le Gouvernement italien s'engage à fournir la totalité du matériel moteur et remorqué. En contrepartie, le Saint-Siège doit régler les frais de mise à disposition du matériel et du personnel.

Exception faite de son trafic marchandises, la gare du Vatican n'a vu circuler que de rares convois lors de voyages pontificaux. En fait, elle a servi pour la première fois pour un voyage papal le 4 octobre 1962, lorsque Jean XXIII se rendit en pèlerinage à Assise (Ombrie) et à Lorette (Calabre). Puis, en février 1986, Jean-Paul II dut être « rapatrié » de Naples au Vatican par le train, des tempêtes de neige ayant cloué au sol l'avion officiel et l'autoroute Naples-Rome étant fermée. En 2002, Jean-Paul II s'est également rendu en train aux journées de prière interconfessionnelles d'Assise, depuis le Vatican, pour faire de son voyage un « long » pèlerinage aux côtés de ses frères chrétiens et des autres religions.

On doit tout de même admettre que la Stazione Vaticana rend beaucoup moins de services que ne l'avait escompté Pie XI. Actuellement, un ou deux wagons par semaine y pénètrent, apportant papier, denrées à l'usage des quelques familles employées par l'État du Vatican, etc. ; bref, un volume de marchandises fortement disproportionné eu égard à la taille du bâtiment. Depuis 2003, la gare est occupée par un centre commercial et ce sont désormais les affaires qui vont bon train !

LE TRAFIC MARCHANDISES

50 000 wagons au service de l'économie nationale

Le trafic marchandises en Italie a toujours été très important et est essentiellement tourné vers le Nord: qu'on pense à l'importance des grandes lignes à travers les Alpes ou à celles, transversales, le long de la Méditerranée et à travers la plaine du Pô. Le wagon couvert italien, avec sa toiture à deux pans, est très caractéristique du matériel marchandises de ce pays depuis des décennies, mais, s'il circule encore aujourd'hui, sa note pittoresque ajoutée aux trains européens se fait de plus en plus rare.

Le réseau ferroviaire italien a existé avant la nation italienne proprement dite, puisque l'unité du pays date de 1861 alors qu'en 1839 déjà, une ligne avait été inaugurée entre Naples et Portici et qu'en 1854 était mise en service la première ligne reliant deux grandes villes – Turin et Gênes –, construite par la volonté du roi Victor-Emmanuel et de son premier ministre Cavour. Le réseau se développe ensuite rapidement, surtout par concessions accordées par l'État à de nombreuses compagnies privées. Lorsqu'elle devient la capitale de l'Italie en 1871, Rome est reliée à l'ensemble des grandes villes du pays.

Un wagon plat à ranchers, sur bogies, construit dans les années 1930.

Le réseau italien: état des lieux

C'est en 1905 qu'est constituée la grande compagnie nationalisée des Ferrovie dello Stato, dont les initiales FS sont très connues des amateurs de chemins de fer du monde entier. Le réseau national des grandes lignes – 11 000 km à cette époque – maintient une politique de trains confortables, bon marché, rapides, les petites lignes restant entre les mains de compagnies privées locales. Le réseau des FS est intensément électrifié dès le début du siècle – il a utilisé jusqu'en 1928 le système triphasé à double caténaire aérienne, système très performant pour la simplicité extrême des locomotives, mais cher pour la complexité des installations fixes. A partir de 1928, la conversion au courant continu 3000 V devient la règle et s'achève en 1971. En 1939, la pays compte plus de 8000 km de lignes électrifiées, le plaçant, toutes proportions gardées, parmi les pays les mieux équipés en la matière.

Au début des années 2000, le réseau italien des FS comprend 16 288 km de lignes, dont 6298 km à double voie et 10 966 km électrifiés en 3000 V continu – plus 287 km en Sardaigne, électrifiés en 25 000 V monophasé 50 Hz. Le réseau exploite 3352 locomotives électriques et diesel, 1400 automotrices, 9114 voitures et remorques d'automotrices ainsi que 50 000 wagons environ (à deux essieux indépendants pour la plupart). Quelque 100 000 cheminots assurent 45 milliards de voyageurs-kilomètres et 20 milliards de tonnes-kilomètres pour les marchandises. (Ces unités, rappelons-le, correspondent au transport d'un voyageur – ou d'une tonne de marchandises – sur une distance d'un kilomètre.)

Le transport des marchandises

L'économie italienne, surtout dans le nord du pays, a su passer d'un type agricole traditionnel à un type industriel très développé en dépit de l'absence de ressources naturelles appropriées (manque de charbon et de fer). Mais elle recourt relativement peu au chemin de fer pour le transport des marchandises; le parc de matériel roulant s'est donc moins développé que dans les autres pays européens et il comprend encore un pourcentage non négligeable de wagons de type ancien.

L'importance et le type du trafic marchandises avec le reste de l'Europe, surtout avec les pays voisins comme l'Allemagne, la France et la Suisse, donnent, sur le sol italien, des trains de marchandises d'une grande variété. Le transport des automobiles, la grande industrie nationale italienne, occupe le premier plan, avec celui des machines-outils, des produits électroménagers et des vêtements. Les très nombreux wagons couverts, jadis avec le fameux toit à deux pans typique du réseau italien, servent au transport des fruits et légumes provenant des plaines du Pô et du Mezzogiorno.

Tout, ou presque, passe et passera par les Alpes

Si la construction de la ligne de Lyon à Turin avance à grands pas et reliera bientôt la France à l'Italie d'une manière exceptionnellement rapide, les anciennes liaisons historiques avec la Suisse ne sont pas oubliées. Aujourd'hui, l'Italie et la Suisse sont d'accord sur le volume de trafic de marchandises ferroviaire à atteindre pour les prochaines années, ce volume étant très déterminant pour l'exploitation quotidienne des réseaux ferrés des deux pays qui sont souvent proches de la saturation. Des études menées de part et d'autre ont montré que les infrastructures actuelles peuvent garantir les capacités nécessaires jusque vers 2015. Un groupe binational travaille aux futurs aménagements des lignes transfrontalières pour la période après 2020: l'axe principal reste le Saint-Gothard, tandis que le Lötschberg est un axe complémentaire important. Le passage de la frontière pour le trafic du Saint-Gothard se fera toujours à Luino et à Chiasso, mais cette dernière gare absorbera plus de trafic.

Un wagon-citerne italien, avec guérite de serre-frein, datant des années 1930 et construit par FIAT.

Dans la zone proche de la frontière, la stratégie italienne du trafic ferroviaire – définie par le « Schema Funzionale FS 2000 » – vise avant tout à séparer les courants de trafic marchandises et de trafic des voyageurs et à désenchevêtrer le nœud de Milan en aménageant, à l'ouest, la ligne Cadenazzo-Luino-Laveno-Gallarate et, à l'est, la ligne Chiasso-Monza-Seregno-Treviglio (ou Bergame). L'aménagement des liaisons entre le réseau ferroviaire suisse et le réseau ferroviaire italien hautes performances (« Rete ad alta capacità ») est fondé sur une convention signée entre les deux pays le 5 novembre 1999, convention qui prévoit une intense coopération ferroviaire italo-helvétique.

Un train de wagons à trémie à déchargement automatique, circulant sous une caténaire en triphasé.

Traverser les Alpes encore plus vite

Le réseau italien prépare une autre ligne hautes performances de Lugano à Milan, intéressant certes les trains de voyageurs, mais visant aussi à raccourcir le temps de transport des marchandises de Zurich ou Berne vers Milan. Mais cette nouvelle ligne de plaine rapide prolongeant au sud

Un wagon-citerne de la société Montecatini pour le transport d'eau oxygénée.

la traversée des Alpes ne pourra être efficace que si les accès au sud et au nord de la Suisse disposent des capacités nécessaires.

Bien évidemment, il ne suffira pas d'améliorer uniquement les infrastructures : il faudra aussi, selon la vieille loi ferroviaire, agir en améliorant l'offre et l'exploitation, notamment par les techniques de régulation des mouvements de trains et de signalisation pour assurer la fluidité des circulations.

La construction de tunnels de base au Lötschberg, au Saint-Gothard et au Ceneri ainsi que les aménagements ponctuels des lignes d'accès en Suisse joueront un rôle déterminant sur l'amélioration des liaisons ferroviaires entre l'Italie et la Suisse. De plus, avec la mise en service, le 11 juin 2001, de la chaussée roulante au Lötschberg-Simplon pour les camions d'une hauteur aux angles de 4 m (corridor ferroutier), l'offre ferroviaire destinée au trafic marchandises transalpin a déjà été améliorée.

Les réseaux suisse et italien projettent d'augmenter les capacités de l'axe du Simplon, dit Piattaforma Sempione, et de la ligne de Luino, dite Piattaforma Luino. Ces deux projets de grande envergure devraient aboutir à une augmentation de trafic en 2007, au moment de la mise en exploitation du tunnel de base du Lötschberg. La Suisse étudie aussi quatre variantes du nouveau tronçon entre

Un couvert typiquement italien avec son toit à deux pans.

Lugano et Chiasso. Enfin, l'Italie fait de même avec trois variantes du nouveau tronçon de Luino à Novare, qui servirait exclusivement au trafic marchandises.

D'après la presse italienne, 4,5 milliards d'euros sont d'ores et déjà affectés au chantier de la nouvelle ligne de Turin à Novare, qui prolongera la ligne Lyon-Turin sur laquelle la France fonde de grands espoirs. Ensuite, 1,5 milliard d'euros devrait être affecté à la liaison de Novare à Milan. Du côté oriental, l'étude d'une ligne au-delà de Trieste, en étroite concertation avec la Slovénie, la Hongrie et l'Ukraine, est lancée. Et le Sud de l'Italie, dans tout cela ?

Un couvert avec une guérite de serre-freins et un toit à deux pans.

L'ITALIE INVENTE LA GRANDE VITESSE

Marquée par l'abandon du triphasé et l'avènement du continu 3000 V, cette période est aussi celle de la splendeur du chemin de fer italien avec ses gares monumentales en marbre, ses *Direttissime* transperçant les Apennins, ses puissantes locomotives électriques rivetées à souhait, ainsi que ses élégantes *Littorine* dont les variations à l'infini sont les signes prémonitoires d'une importante et durable domination de l'autorail et de la rame automotrice diesel, puis électriques. Véritables anticipations du train à grande vitesse de la fin du XXe siècle, les *Automotrice, Autotreni* et autres *Elettrotreni* se déclinent en versions à une ou plusieurs caisses, aménagées sommairement pour les lignes secondaires, avec un luxe inouï pour les grandes relations. Surtout, dans les années de l'entre-deux-guerres, ces engins atteignent des vitesses quotidiennes – 150 voire 200 km/h – que bien des réseaux européens du XXIe siècle aimeraient pouvoir égaler.

La naissance des BBB

La locomotive à disposition d'essieux type BBB est très répandue en Italie, au point de devenir la machine emblématique du réseau de la deuxième moitié du XIXe siècle. Un choix technique curieux, mais qui a sa raison d'être.

p.82

La Gr 743 Franco-Crosti

Le système Franco-Crosti ampute les belles italiennes de leur cheminée à l'avant, mais leur confère des performances exceptionnelles. Le jeu en valait-il la cheminée ?

p.80

L'ére des Littorine

La Littorina est, par excellence, un concentré du savoir-faire italien, jamais égalé, dans le domaine de l'autorail. L'aventure mènera jusqu'aux trains à grande vitesse.

p.68

Milano Centrale

La gare de tous les superlatifs, celle dont le Duce voulait faire le symbole architectural – un de plus – de la grandeur du régime, est bien une réussite.

p.76

La E-428

Cette belle locomotive, longue, aéro-dynamique, racée, marque un grand tournant dans l'histoire passionnante des électrifications italiennes : l'avènement du 3000 V continu.

p.78

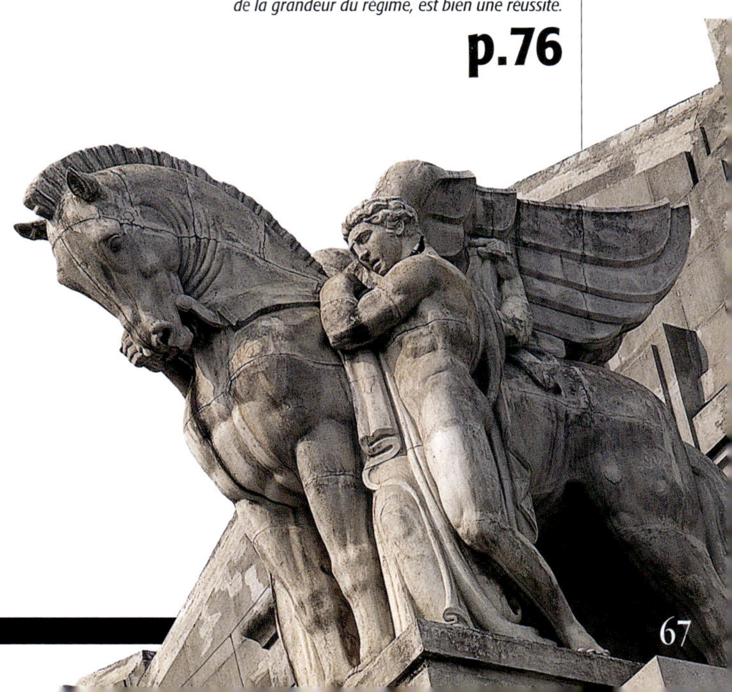

L'ERE DES LITTORINE

Les chemins de fer italiens se mettent à l'autorail

Au lendemain de la Première Guerre mondiale, le chemin de fer italien veut retrouver son rôle de grand transporteur national. Dans un contexte mondial de crise économique qui n'épargne pas l'Italie, il faudra beaucoup d'inventivité et de souplesse aux ingénieurs de la Péninsule pour que les lignes puissent continuer à fonctionner ou soient remises en service, si possible à moindre coût. L'autorail, surtout sous sa forme très populaire de la Littorina, un engin à la fois léger et performant, sera une des solutions le mieux adaptées et connaîtra un grand succès au cours des années 1930, âge d'or du chemin de fer italien.

Désireuse d'électrifier un nombre maximal de lignes de son réseau – le pays, en effet, manque de charbon et de pétrole mais il a de la houille blanche –, l'Italie ne peut toutefois assumer les frais qu'impliquerait une électrification intégrale; de plus, beaucoup de lignes, notamment dans le sud, ont un trafic voyageurs assez faible. Il faut donc soit développer des services de substitution sur route, soit maintenir les lignes de chemin de fer en activité grâce à des engins nouveaux et plus économiques qui remplaceront la traction vapeur.

Les premiers autorails

Les chemins de fer italiens lancent leurs premiers services par autorails en 1932, ce qui leur permet, dans les premières années de la guerre, de disposer déjà d'un parc de 895 engins, chiffre comparable à celui du réseau français, qui pratique lui aussi l'autorail à grande échelle. Toutefois, au lendemain du conflit, le nombre d'autorails italiens tombe à 125, ce qui témoigne des destructions catastrophiques occasionnées par la guerre en Italie.

Les premiers types sont des autorails légers, sans intercommunication, à un ou deux moteurs d'abord à essence, puis diesel, d'une puissance allant de 80 à 160 chevaux selon les modèles, avec une transmission mécanique de type purement automobile à embrayage à disques et boîte de vitesses à plusieurs rapports, cela surtout pour les modèles produits par Fiat ou Breda, dont les moteurs à cylindres verticaux sont situés sur le bogie. Les transmissions sont hydrauliques pour les modèles produits par OM (Officine Meccaniche Milano), les moteurs étant logés dans la caisse. Les derniers types d'autorails construits juste avant la guerre sont par ailleurs jumelables.

Dans les années 1950, après plus de dix ans d'expérience, les FS décident de commander des types nouveaux d'autorails pour les réseaux aussi bien à voie normale qu'étroite. Pour ces deux écartements, les ingénieurs choisissent des moteurs à cylindres horizontaux situés sous le plancher de la caisse afin de gagner le plus de place possible sur ledit plancher, au bénéfice des voyageurs et des services. Pour la voie normale, on conçoit un type d'autorails de grande capacité aptes à l'intercommunication, afin de pouvoir composer des convois de trois ou quatre caisses avec deux motrices encadrant deux remorques (M. + R + R + M) et utilisant au maximum le gabarit.

Fiat et les premières Littorine

L'autorail Littorina, une création de Fiat, doit son surnom au fait que le premier engin de ce type a circulé entre Rome et Littoria, la ville bâtie sur les marais Pontins par volonté du Duce. L'entreprise Fiat est créée en 1899, à une époque où l'automobile commence à se développer. Installée dans une petite usine sur les bords du Pô, elle démarre avec une cinquantaine d'ouvriers. La construction automobile sera, comme on le sait et de très loin, son activité principale, mais l'entreprise ne négligera jamais tous les autres marchés pouvant s'offrir à elle, comme l'aviation, les bateaux à moteur et le chemin de fer, fidèle en cela à sa devise: « Fiat: terra, mare, cielo ».

Les Littorine de la première heure, ici en jumelage, redonnent de l'espoir aux lignes secondaires italiennes de l'entre-deux-guerres.

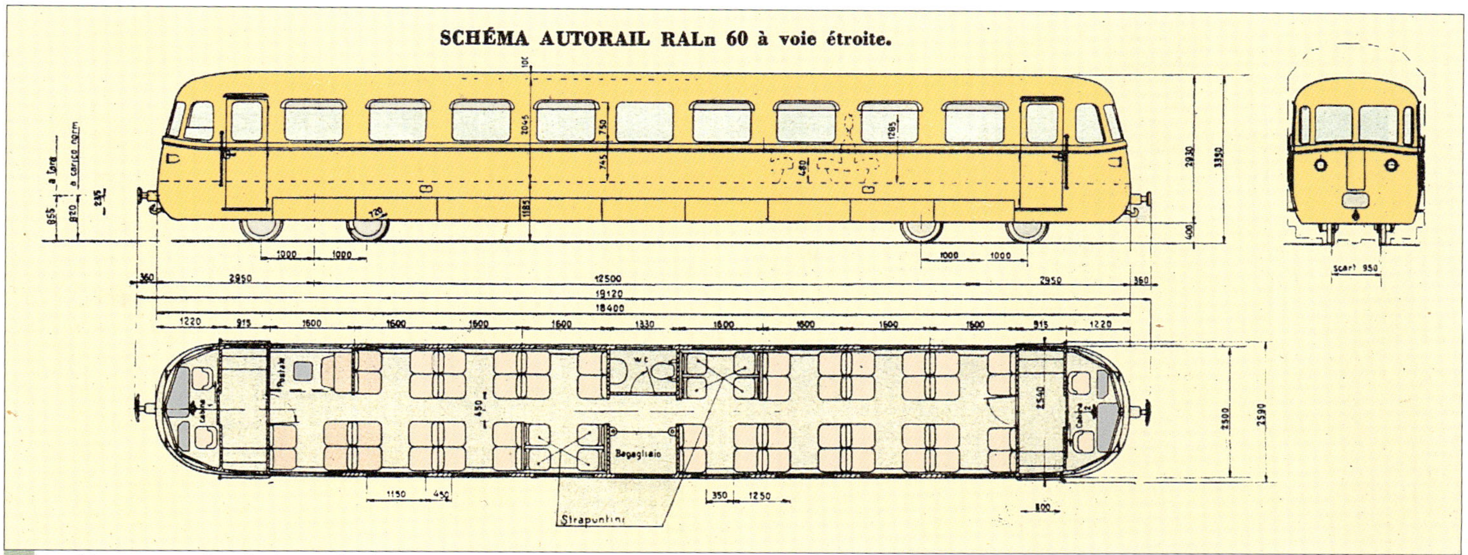

Le schéma avec cotes d'une Littorina pour la voie étroite italienne de 950 mm, principalement utilisée en Sardaigne.

Dans le domaine ferroviaire, Fiat excellera dans toute la gamme des produits, en voie normale ou en voie étroite. Ainsi, elle construira des locomotives électriques de tous types, même très importantes comme les performantes 2BB2 de la série E-428, des automotrices électriques, des autorails, des voitures à voyageurs et des wagons à marchandises, sans oublier des tramways et des rames de métro, bref tout l'éventail du matériel roulant dont le lecteur reconnaîtra, sans aucun doute, de nombreux modèles illustrés dans cet ouvrage.

Lorsque la célèbre *Sezione Materiale Ferroviario* de Fiat lance les Littorine au début des années 1930, l'entreprise compte plus de 80 000 personnes, 15 usines ou établissements divers à Turin. Montés à la main, avec un soin extrême, dans les grands ateliers de la firme, ces autorails sont une évolution très directe de la mécanique automobile, comme l'attestent leur bogie moteur (qui ressemble fortement au châssis complet d'un petit camion ou d'une grosse automobile), leur moteur, leur transmission et leur boîte de vitesses disposés entre les longerons d'un châssis à deux essieux – cette dernière solution montrant vite ses limites en matière de traction ferroviaire. Toutefois, le constructeur ne se contente pas de poser directement sur le châssis la carrosserie d'un véhicule léger de type entièrement automobile – erreur trop souvent commise par d'autres fabricants européens, en France et en Allemagne notamment. En

Le montage des Littorine chez FIAT dans les années 1940.

fait, les Littorine n'ont d'automobile que leurs bogies moteurs formant un ensemble mécanique complet indépendant. Par contre, leur caisse avec tous ses équipements est bien de construction lourde, très ferroviaire, parfaitement dimensionnée pour résister aux contraintes mécaniques importantes propres au chemins de fer et capable, même pour les plus petits modèles, de transporter un grand nombre de voyageurs.

Un modèle de base décliné en plusieurs variantes

Les plus petits modèles – comme le type à 56 places et deux moteurs de 115 ch ou comme le type à 72 places, avec deux moteurs de 120 ch – pèsent une trentaine de tonnes en charge. Ils ont une caisse entièrement métallique, qui offre toute la sécurité nécessaire pour rouler à 130 km/h. Des modèles avec restaurant existent dès le milieu des années 1930, mus par deux

Le bogie moteur d'une Littorina : en fait, un châssis de type automobile, avec son moteur, sa boîte de vitesses et sa transmission. Cette solution peu ferroviaire sera abandonnée au profit du moteur logé sous la caisse.

moteurs de 145 ch, offrant 17 places en première classe et 23 en deuxième classe ; ils sont destinés aux hommes d'affaires qui ont besoin de relations rapides complémentaires pour prolonger les trains des grandes lignes. Des caisses contenant 92 places apparaissent ultérieurement, et les possibilités de jumelage ou d'adjonction de remorques finissent par créer de véritables trains rapides dont l'exploitation est particulièrement souple : la rame, en effet, peut repartir immédiatement en sens inverse une fois parvenue en fin de ligne, notamment dans les gares de rebroussement qui sont assez nombreuses en Italie.

Les modèles de base existent dans de nombreuses variantes de toutes dimensions, y compris dans des formes spéciales pour les réseaux privés et les grands réseaux des îles du sud de l'Italie, ainsi que pour les réseaux coloniaux comme ceux de l'Érythrée ou de la Cyrénaïque – non seulement italiens, d'ailleurs, puisque ces autorails seront également vendus dans les colonies d'autres puissances européennes. Les réseaux des pays neufs comme ceux d'Amérique du Sud utiliseront un certain nombre de Littorine spécialement adaptées.

Peu avant la Seconde Guerre mondiale, l'autorail italien évolue vers des modèles très luxueux, à plusieurs caisses, capables d'atteindre de très grandes vitesses. Il s'agit de rames articulées

L'impressionnant pupitre de conduite d'un puissant autotreno articulé.

(baptisées *autotreni*) à deux ou trois caisses, certaines très luxueuses avec cuisine et voiture-restaurant, capables de rouler à 170 km/h. On retrouve ainsi, en Italie, une politique ferroviaire comparable à celle de l'Allemagne ou de la France, ces *autotreni* devenant, en quelque sorte, l'équivalent des rames Fliegender Hamburger allemandes ou des Bugatti triples françaises. Certains modèles iront plus loin dans le luxe, offrant même des salles de réunion avec secrétariat et téléphone, et de véritables chambres à coucher avec un service d'hôtellerie digne des plus grands palaces italiens.

La descendance technique de ces rames se fera sous la forme de la rame électrique dite *elettromotrice*, qui évoluera, quant à elle, vers la formule de la rame à grande vitesse et de luxe dite *elettrotreno* ou *elettrotreno salone*, plus luxueuse, annonçant par ses performances et sa conception les rames à grande vitesse ETR italiennes des années 1990.

En Cyrénaïque, alors italienne, durant les premières années 1930.

Le train automoteur léger italien à l'Exposition universelle de 1937 à Paris

La percée médiatique, dirait-on aujourd'hui, de l'autorail italien se fait en 1937 à Paris. Cette grande exposition est une vitrine de l'ensemble des techniques de pointe des pays participants. Le chemin de fer en est un thème fort, par la volonté d'un certain nombre de régimes politiques européens, pour lesquels les transports doivent servir leur image de marque en termes de puissance industrielle et de politique sociale.

Une façade spécialement construite, en style moderne, transforme complètement l'ancienne gare des Invalides à l'angle de la rue de Constantine et du quai d'Orsay. De très nombreux pays sont présents, dont les plus importants : l'Allemagne, la Belgique, le Danemark, l'Italie, la France, la Pologne, la Suède, l'URSS. La Compagnie internationale des Wagons-Lits est là aussi. Tous présentent leur matériel dernier cri : locomotives à vapeur, électriques et diesel, automotrices, voitures et wagons. L'Italie, dans le domaine de l'automotrice, est présente avec quatre types d'engins Fiat et Breda qui ne laissent pas indifférents les spectateurs, le pays se positionnant comme un des leaders de la grande vitesse ferroviaire sous la forme du train rapide automoteur léger.

L'entreprise Ernesto Breda présente deux types d'automotrices remarquables à l'Exposition de Paris. Les premières offrent 94 places assises et roulent à 160 km/h (et même à 192 km/h lors des essais). Elles ont trois caisses reposant sur quatre bogies, avec des extrémités très aérodynamiques dans un style proche des autorails Bugatti français. Ces engins offrent un très haut niveau de confort, avec une cuisine et des repas à la place, des compartiments postaux et à bagages. Les automotrices du second type, pesant seulement 37 tonnes et roulant à 120 km/h, sont à caisse unique; elles sont destinées au service des lignes électrifiées à trafic moyen.

Le voyage d'essai d'un autorail ALn Breda 556 en 1933.

De son côté, la firme Fiat expose aussi à Paris, en 1937, deux types d'engins : une rame triple articulée de 1000 ch, très impressionnante et spectaculaire, actionnée par deux moteurs de 12 cylindres donnant chacun 500 ch, et un autorail couplable reposant sur deux bogies équipés de moteurs de 75 ch chacun. Ces engins ont une transmission mécanique de type automobile, solution assez difficile à transposer dans le monde ferroviaire et qui, l'expérience aidant, sera supplantée par la transmission électrique ou hydraulique.

Les nouveaux autorails pour la voie étroite

Au lendemain de la Seconde Guerre mondiale, tout est à repenser, à reconstruire. La Sicile, par exemple, commande 25 autorails et 5 remorques à Fiat pour son réseau qui, à l'époque de la libération, totalise 560 km de lignes, en écartement typiquement italien de 950 mm. Ces autorails sont de deux types : le Fiat 072 M construit à 10 exemplaires et immatriculé RALn 60 2/4 ; et le Fiat 072 B construit à 15 exemplaires et immatriculé RALn 60 4/4. La différence principale entre les deux modèles est la suivante : les autorails type 072 B ont deux bogies moteurs, deux moteurs Fiat 700 et quatre essieux moteurs, tandis que les autorails 072 M ont un seul bogie moteur avec un seul moteur Fiat 700, l'autre bogie étant seulement porteur. Le moteur Fiat type 700 est à six cylindres horizontaux, 4 temps, diesel à injection directe, avec une cylindrée de 20 litres et une puissance continue de 210 chevaux à 1550 tr/min ; il a été réglé pour ces autorails pour donner une puissance de 185 chevaux.

Les autorails monomoteurs sont employés sur des lignes avec pentes jusqu'à 40 pour mille, tandis que les bimoteurs peuvent absorber des déclivités allant jusqu'à 75 pour mille, une valeur exceptionnellement atteinte en simple adhérence dans le monde des chemins de fer. Il est intéressant de noter que, jadis, le service sur des lignes ayant de telles rampes était assuré par des locomotives à vapeur mixtes pour lignes à adhérence et à crémaillère, et que la marche sur la crémaillère était très lente. Avec ces autorails, la vitesse commerciale sur de telles lignes se trouve ainsi augmentée de 60 %.

Une rame automotrice Breda présentée à l'Exposition universelle de Paris en 1937.

CARACTÉRISTIQUES TECHNIQUES

Caractéristiques techniques (ALn 880)	Caractéristiques techniques (ALn 990)
Type : **autorail à bogies**	Type : **autorail à bogies**
Moteur : **diesel 4 temps 12 cylindres à plat**	Moteur : **diesel 4 temps 12 cylindres à plat**
Cylindrée : **32,600 litres**	Cylindrée : **48,252 litres**
Puissance : **460 ch à 1500 tr/min**	Puissance : **480 ch à 1500 tr/min**
Entraxe des bogies : **18,50 m**	Entraxe des bogies : **20 m**
Empattement des essieux : **2,80 m**	Empattement des essieux : **3 m**
Diamètre des roues : **0,910 m**	Diamètre des roues : **0,910 m**
Poids en ordre de marche : **43 t**	Poids en ordre de marche : **48 t**
Hauteur au-dessus des rails : **3,80 m**	Hauteur au-dessus des rails : **3,76 m**
Largeur de la caisse : **2,80 m**	Largeur de la caisse : **2,80 m**
Longueur hors tout : **27 m**	Longueur hors tout : **28 m**
Vitesse maximale : **130 km/h**	Vitesse maximale : **130 km/h**

Un autorail dans la vallée d'Aoste.

Ces autorails pour voie étroite ont les caractéristiques principales suivantes : une longueur hors tout de 19,12 m, une largeur de la caisse de 2,5 m, une hauteur au-dessus des rails de 3,33 m, une hauteur libre de 2,045 m dans le compartiment voyageurs. Les poids en ordre de marche sont de 30 tonnes pour l'autorail bimoteur et de 25 tonnes pour le monomoteur, avec des puissances respectives de 370 et 185 chevaux. La remorque est de dimensions semblables à celles de l'autorail ; elle comporte 68 places assises et son poids est de 19 tonnes environ. L'autorail est muni d'une transmission mécanique à boîte de vitesses à cinq rapports synchronisés et présélectionnés et d'un pont sur chaque essieu moteur. Le frein à air est réglable et automatique et il y a un frein moteur. Les freins à sabots agissent sur le bandage de chaque roue et sont à commande pneumatique. Un frein à main agit pour sa part sur le bogie adjacent au poste de manœuvre.

Les pupitres de commande sont munis de tous les appareils de commande et de contrôle. L'éclairage est électrique. On trouve également des essuie-glace, un dégivreur de pare-brise, des signaux d'alarme, un dispositif sableur et un chasse-pierre.

Châssis, caisse, train roulant : revue de détail

Le châssis et la charpente de la caisse sont constitués par des éléments en tôle emboutis et soudés électriquement. La caisse, à structure tubulaire, comprend deux compartiments voyageurs, deux plates-formes, une toilette, un compartiment bagages, un compartiment postal, deux cabines de conduite. Les panneaux extérieurs des côtés et des extrémités sont en tôle d'acier soudée électriquement à la charpente. Une couche pour l'isolation thermique et acoustique est appliquée sous le plancher, particulièrement dans la zone située au-dessus des moteurs. L'isolation thermique des parois et du toit est réalisée à l'aide de produits spéciaux. Les glaces des fenêtres peuvent s'abaisser et sont munies de stores enroulables. Les sièges sont rembourrés et recouverts de similicuir. Les compartiments voyageurs sont munis de filets porte-bagages commodément disposés le long des côtés de la voiture.

Les bogies moteurs sont à pleine adhérence, c'est-à-dire à deux essieux moteurs. La suspension est réalisée par deux groupes de ressorts : des ressorts hélicoïdaux placés latéralement par rapport aux boîtes d'essieux et des ressorts à lames disposés parallèlement à l'axe longitudinal du bogie pour la suspension de la traverse danseuse. Les bogies porteurs de l'autorail monomoteur ainsi que ceux de la remorque sont identiques aux bogies moteurs, puisqu'ils ont pour seule différence l'absence des organes de transmission du moteur.

L'embrayage, qui travaille à sec avec des garnitures à friction, est du type bi-disque et semi-automatique par force centrifuge. La boîte de vitesses est à cinq rapports, avec des couples de pignons toujours en prise et un graissage sous pression. Chaque vitesse est munie d'un synchroniseur à cône et d'un dispositif présélectif. La commande de la boîte est électro-pneumatique.

Une magnifique photographie et une fort belle gare, celle de Benghazi en Cyrénaïque, avec une Littorina de 60 places à deux moteurs de 115 chevaux.

Les ponts des bogies moteurs sont commandés par deux arbres : le premier arbre est placé entre la boîte de vitesses et le premier pont, le second est placé entre le premier et le deuxième pont. Le premier pont comprend les engrenages pour l'inverseur de marche. L'arbre de transmission situé entre l'embrayage et la boîte de vitesses est muni pour sa part d'accouplements élastiques.

Le radiateur d'eau pour le refroidissement du moteur, à ventilation forcée, est placé sous le plancher de la caisse. Le frein est du type continu direct Breda et continu direct Westinghouse. L'éclairage des voitures, à incandescence, est assuré par une batterie au plomb rechargée par une dynamo de 1000-1400 W commandée par le moteur. Le chauffage de l'autorail est assuré par de l'eau chaude fournie par le moteur.

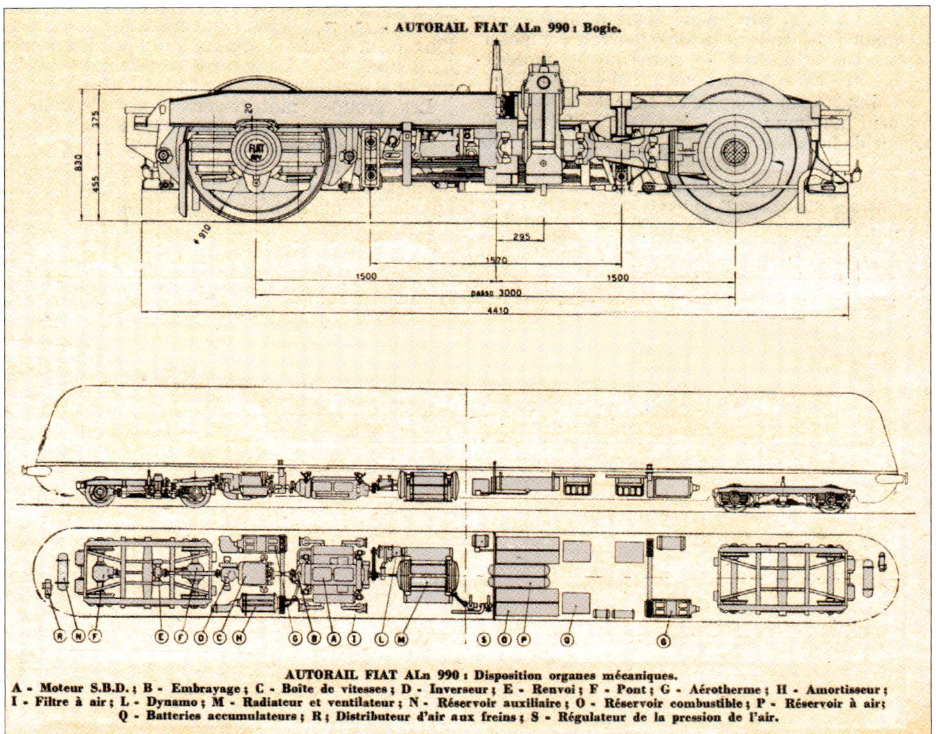

La disposition mécanique du bogie et la répartition des organes sous le plancher d'un autorail ALn 990.

est obtenue à l'aide d'un accouplement fluide type Vulcan-Sinclair, avec une boîte de vitesses à cinq rapports et engrenages épicycloïdaux, système Wilson. La transmission de l'effort moteur entre la boîte de vitesses et les bogies est réalisée au moyen d'arbres à cardans télescopiques.

La charpente de la caisse, entièrement métallique, est revêtue de tôle d'acier soudée électriquement. Les portes sont à commande pneumatique. La partie voyageurs, d'une capacité de 80 places assises, est divisé en deux compartiments à l'aide d'une petite paroi, dans le but d'obtenir soit une autre classe indépendante, soit un compartiment fumeurs. Les parois internes sont revêtues de linoléum vert strié et les sièges de velours vert et similicuir marron. Le rembourrage des sièges est en Dunlopillo. Les autorails sont munis de passages d'intercommunication à soufflets. L'éclairage est fluorescent.

Les freins sont à air comprimé, du type modérable automatique Westinghouse, à commande directe avec deux robinets de manœuvre dans chaque cabine de conduite. Deux compresseurs mécaniques commandés par le moteur fournissent l'air nécessaire. Le chauffage est à air chaud, avec circulation d'air de haut en bas. La vitesse maximum de l'autorail est de 130 km/h. La remorque est semblable à l'autorail, mais n'a, évidemment, pas de moteur.

Les nouveaux autorails ALn 880 pour la voie normale

Ces engins sont commandés après la Seconde Guerre mondiale à la société Breda de Milan à raison de 40 motrices et 10 remorques. Ils peuvent circuler en unités multiples, de façon à composer des convois de trois voitures avec deux motrices et une remorque. La numérotation ALn 880 signifie : Autorail Léger (AL) à gasoil (n) offrant 80 places, jumelable, cette qualité étant indiquée par le dédoublement du premier chiffre indiquant le nombre de places, ici le 8.

Une rame automotrice triple Fiat articulée de 1937, équipée de deux moteurs de 400 chevaux chacun, lui autorisant une vitesse de 170 km/h.

L'autorail est muni du moteur Breda D 19, diesel à 4 temps, à 12 cylindres à plat opposés six à six, suralimenté avec chambre de précombustion. Sa cylindrée est de 32,600 litres et sa puissance maximale, avec une suralimentation, est de 460 chevaux à 1500 tr/min. Son poids approximatif est de 2,8 tonnes.

Un des bogies est moteur, avec deux essieux moteurs, tandis que l'autre est seulement porteur. La suspension est assurée, pour la traverse danseuse, par des ressorts à lames et, pour les essieux, par des ressorts à cloches de caoutchouc. Les boîtes d'essieux sont à l'intérieur et à rouleaux. Le châssis du bogie est donc interne aux roues. Le bogie porteur est semblable au bogie moteur, mais il n'a pas, bien sûr, d'organes de transmission. Le poids du bogie moteur est de 6360 kg et celui du bogie porteur de 5100 kg. La transmission du moteur aux roues motrices

Les nouveaux autorails ALn 990 pour la voie normale

Ces nouveaux autorails sont commandés à la *Sezione Materiale Ferroviario* de la Fiat (la commande est de 20 autorails et 5 remorques). Ces engins pour voie normale sont à commande multiple, de façon à pouvoir composer des convois formés de deux motrices encadrant une remorque (M. + R + M) ou, exceptionnellement, deux motrices encadrant deux remorques (M. + R + R + M). La numérotation ALn 990 a la même signification que celle de l'ALn décrit précédemment : Autorail Léger (AL) à gasoil (n), offrant 90 places, jumelable, cette qualité étant indiquée par le dédoublement du premier chiffre du nombre de places, ici le 9. L'autorail est muni d'un moteur OM série SBD type quatre temps diesel à 12 cylindres à plat opposés six

Une Littorina sur le réseau en voie étroite de la Sardaigne, peu avant la Seconde Guerre mondiale.

à six, avec une cylindrée de 48,252 litres donnant une puissance de 480 chevaux à 1400 tr/min. Un bogie a deux essieux moteurs, avec roues montées et calées sous presse, l'autre est porteur et à roues démontables.

La suspension est double : la traverse danseuse appuie sur un ressort à doubles lames longitudinales et les boîtes d'essieux sur des doubles ressorts hélicoïdaux situés sur un balancier fixé à la boîte d'essieu. La transmission est mécanique ; l'embrayage, automatique à commande centrifuge, possède trois disques qui travaillent à sec et avec des garnitures à friction.

Un autorail ALn 990 lors d'un de ses premiers parcours en Italie du Nord.

La boîte de vitesses est à cinq rapports tous synchronisés. La commande de la boîte de vitesses et de l'embrayage est électropneumatique, tout comme l'inverseur de marche accolé directement à ladite boîte de vitesses. Les groupes moteur + embrayage et boîte de vitesses + inverseur sont reliés à la caisse avec interposition de plots et de blocs de caoutchouc. La boîte est fixée au bogie moteur. Elle est équipée avec des engrenages cylindriques qui transmettent le mouvement aux deux ponts du bogie moteur. Les arbres de transmission entre embrayage et boîte de vitesses, boîte de vitesses et ponts sont munis de joints élastiques. Le radiateur de l'eau, à ventilation forcée, est situé au-dessous du plancher de la caisse. Le frein est du type continu direct Breda et continu direct Westinghouse.

Inauguration d'une ligne reconstruite après la Seconde Guerre mondiale : un ALn 990 est à l'honneur.

La structure de l'autorail, entièrement métallique, du type tubulaire, est constituée par des éléments en tôle d'acier pliés et reliés par soudure électrique à points et continue. Les extrémités, de forme aérodynamique, sont munies de portes centrales escamotables permettant l'intercommunication dans le cas d'attelage entre eux d'autorails ou de remorques. Il y a quatre portes d'entrée, soit deux de chaque côté de l'autorail, qui s'ouvrent vers l'extérieur. Le plancher, constitué de tôle ondulée, est recouvert de plusieurs couches de matériel isolant : contreplaqué, laine de verre, liège, etc. Une épaisseur supérieure de linoléum est posée sur les couches isolantes afin d'avoir une très bonne isolation thermique et acoustique contre le bruit et la chaleur du moteur. Les parois intérieures sont revêtues de panneaux en bois reconstitué ignifugé.

Le compartiment voyageurs offre 90 places assises. Les sièges sont rembourrés et revêtus de velours couleur tabac et de similicuir vert. L'éclairage est assuré par des lampes à incandescence sous une tension de 4 V ; une dynamo de 4500 W, entraînée par le moteur, recharge la batterie. Pendant l'hiver, l'eau de refroidissement du moteur réchauffe l'air. Pendant l'été, l'autorail peut être ventilé. Sa vitesse maximale est de 130 km/h. Les remorques de commande, de 36 tonnes, sont semblables aux autorails, mais sont, évidemment, dépourvues de moteur et de transmission.

Il est à noter que 40 motrices et 10 remorques ALn 990 ont aussi été commandées à la société OM de Milan. Ces autorails sont également jumelables entre eux pour composer des convois formés de deux motrices encadrant une remorque (M. + R + M). Ils sont semblables aux autorails construits par Fiat, mais ont un empattement d'essieux porté à 3 m, une transmission hydraulique type Ljungström au lieu de la transmission mécanique classique. Les doubles portes sont à commande pneumatique. Les remorques sont semblables aux autorails, à l'exception de la partie motrice.

Un ALn 556 Breda de 1933.

Une automotrice électrique Ale 540 de 1955 en Italie du Nord, près de Bolzano.

MILANO CENTRALE

La gare centrale de Milan : un monument imposant

Elle ne peut laisser indifférent, cette immense et magnifique gare centrale de Milan, qui a heureusement été préservée et qui, aujourd'hui encore, témoigne de ce style académique massif dans lequel le Duce pensait trouver l'expression de son génie et de la puissance de son régime fasciste. On peut aimer ou non, mais incontestablement, le bâtiment mérite d'être vu et admiré, même si on n'est pas amateur de chemins de fer.

Le style massif et imposant de la gare centrale de Milan, avec sa profusion de colonnes.

Inaugurée en grande pompe en 1931, la nouvelle gare centrale des voyageurs de Milan fait partie d'un ensemble d'ouvrages exécutés par les Chemins de fer de l'État italien pour assurer aux voies ferrées donnant accès à ce centre très important la dimension et la commodité qu'exigeait un trafic toujours plus grand pendant ces très actives années de l'entre-deux guerres.

Milan se tourne vers l'Europe

L'histoire ferroviaire de Milan commence en 1840 avec l'inauguration de la ligne Milan-Monza et la construction de deux têtes de stations situées hors de la ville : Porta Nuova et Porta Tosa. En 1864, une première gare principale est mise en service, mais elle se révèle très vite insuffisante et inadaptée. Dans les dernières années du XIXe siècle, les deux compagnies de la Rete Mediterranea et de la Rete Adriatica, qui exploitent les chemins de fer de l'Italie continentale, tirent la sonnette d'alarme. Suite à l'accroissement notable des industries et du commerce dans la région lombarde, les accès à Milan présentent des insuffisances et même des lacunes incompatibles avec la régularité d'un service appelé à s'étendre avec l'ouverture prochaine du tunnel du Simplon – dont la construction avait en effet déjà commencé et qui laissait envisager, pour l'avenir, un accroissement de trafic très important avec l'Europe.

Née du Simplon, mais chi va piano va sano...

C'est donc le percement de ce tunnel (dont les travaux commencent en 1898) qui décide l'Italie à se doter d'une nouvelle gare ; celle-ci, toutefois, verra le jour bien après l'ouverture de la grande traversée alpine. En effet, les techniciens des deux compagnies ferroviaires privées concernées et les pouvoirs publics piétinent, se disputent et, en 1898, le ministre italien des Travaux publics décide... de ne rien décider et confie le projet à une commission de techniciens et de représentants des organismes locaux. Celle-ci présente en 1902 un rapport demandant le report vers la périphérie de Milan de toutes les lignes de chemin de fer existantes, car elles gênent l'expansion de la ville et les communications entre les anciens et les nouveaux quartiers ; il demande aussi la démolition de l'ancienne gare centrale des voyageurs (celle de 1864), qui serait remplacée par un nouveau complexe situé plus au nord. Mais la perspective de la nationalisation du réseau ferré fait que l'on l'attend encore et que l'on a bien de la peine à sortir du... tunnel !

En 1906 – année de mise en service du tunnel (le vrai !) du Simplon –, la première pierre de la future gare est posée par le roi Victor Emmanuel III alors qu'aucun projet n'a encore été arrêté. Les études sont reprises et on envisage tout d'abord le report des anciennes lignes de ceinture vers les limites Nord, Est et Ouest de l'agglomération et, par conséquent, la suppression des gares situées sur l'ancien tracé de ces lignes. On décide toutefois de conserver l'ancienne ligne de ceinture le long de la limite Sud, l'expansion de la ville dans cette zone ayant toujours été très limitée.

En 1912, enfin, les travaux commencent...

...mais ils sont interrompus par le déclenchement de la Première Guerre mondiale et ne reprennent véritablement qu'en 1924, sur la base d'un ultime projet enfin approuvé. La construction débute avec la partie de la future gare située au niveau des rues, destinée aux services des messageries et colis postaux, aux bureaux de tri et de distribution. On passe ensuite aux deux étages supérieurs, reliés entre eux par deux voies longitudinales en rampe et par quatre ascenseurs à wagons. L'étage inférieur est partiellement affecté à une centaine de magasins loués à des particuliers, auxquels on accède directement depuis les rues Aporti et Sammartini. Ces deux étages sont reliés aux lignes marchandises par les voies de liaison de deux plates-formes et par quelques voies transversales, reliées aux premières par plaques tournantes.

Le hall des pas perdus de la gare centrale, à l'époque de sa construction.

Les voies pour les trains de voyageurs sont au nombre de 22, dont 18 de 320 m et 4 de 180 m. Chacune est desservie par un trottoir de 7,40 m de large réservé aux voyageurs et par un trottoir de 4 m de large pour les bagages et la poste. Le bâtiment voyageurs se compose d'un corps principal dont la façade donne sur la place Andrea Doria et de deux ailes en bordure des rues Aporti et Sammartini. Le corps principal, qui s'étend sur 200 m en largeur et 96 m en profondeur, comprend, au niveau des rues, pour la circulation des véhicules communs, une galerie de 185 x 24 m. De cette galerie, on accède à une salle des pas perdus, un immense hall de 68 x 35 m divisé en quatre parties, affecté au service des bagages à l'arrivée et au départ.

A l'étage des voies, une autre immense salle des pas perdus (de 210 x 24 m, excusez du peu !), parallèle et contiguë au trottoir de tête, donne accès à quatre grandes salles de 37 x 15 m, dont deux sont des salles d'attente où l'on trouve un restaurant de première classe et un de troisième, des cafés, des bars, un bureau de poste, une banque et un bureau de change, un bureau de renseignements, une consigne pour bagages à main, etc. Les bureaux de la gare et différents locaux de service sont installés dans deux bâtiments secondaires parallèles aux voies. Signalons, enfin, la présence d'un pavillon spécial, donnant sur la rue Aporti, à l'usage de la famille royale italienne.

Une débauche de marbre et d'ornements de toutes sortes

La façade principale du bâtiment des voyageurs donnant sur la place Andrea Doria, ouverte en son centre par trois grandes baies à architraves mesurant 9 m de largeur sur 17 m de hauteur, est construite en grande partie en pierre calcaire de Nabresina, comme le pavillon royal. Pour les façades donnant sur les deux rues latérales, l'emploi de la pierre de Nabresina a été limité au rez-de-chaussée.

Pour le revêtement des parois intérieures des locaux principaux, on a recours non seulement à la pierre de Nabresina, mais encore au granit et à des marbres de provenances et couleurs diverses dont la juxtaposition, certes très voyante, donne du charme au bâtiment. De larges verrières éclairent abondamment les locaux et mettent en valeur ces couleurs, mais aussi les fresques, les bas-reliefs et les groupes sculptés. Pour les toitures, le système des fermes métalliques avec matériel de couverture en cuivre et en béton armé permet de laisser passer la lumière, qui inonde les lieux.

Du côté des trains

Le nouveau dépôt des locomotives a été construit dans les environs de Greco. Relié à la gare par deux voies indépendantes, il comprend 6000 m de voies, deux ponts tournants de 21 et de 12,10 m, deux chariots transbordeurs, deux remises de 6000 m² de surface couverte, un atelier de 5900 m² pour la réparation des locomotives et divers bâtiments pour recevoir les logements, les bureaux, les dortoirs, les vestiaires, les réfectoires, les bains et douches, ainsi que pour le service des lubrifiants, des matières inflammables, du sable, des tubes de chaudières, etc. Une centrale d'alimentation pouvant fournir 4800 m³ d'eau par 24 heures et une centrale thermique pour le chauffage des locaux sont mises en place.

Les ascenseurs à wagons sont une des curiosités techniques de la gare. Ils sont constitués par un pont mobile de 11 m de longueur, dont le soulèvement s'effectue, comme pour les ponts des garagistes, au moyen de quatre vis fixes et de quatre écrous mobiles portés par les poutres longitudinales du pont et commandés par l'appareil moteur.

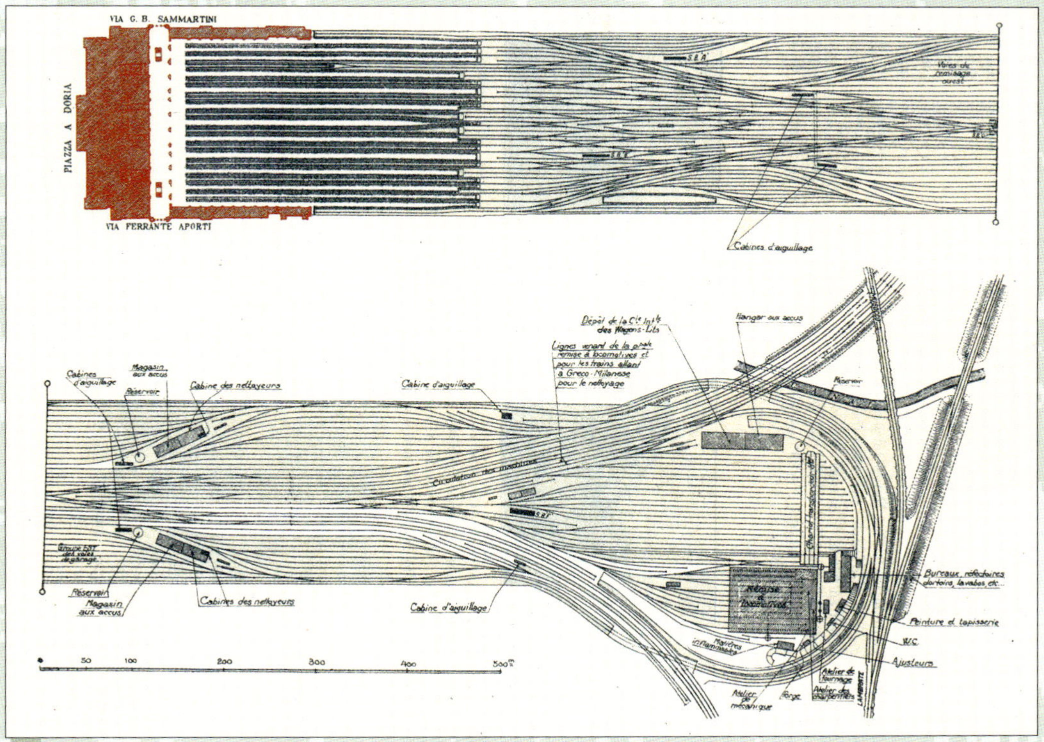

Le plan de voies de la gare de Milan. Le gigantisme et la complexité ne sont pas que dans les bâtiments… Le dépôt et les ateliers sont au centre d'une boucle permettant le retournement commode des rames.

Du côté des quais

Pour la couverture des quais, on avait, au début, projeté d'adopter le type à parapluies indépendants, mais une telle construction aurait exigé un nombre excessif de supports et n'aurait pas été en harmonie avec l'esthétique générale de l'installation. On préféra donc le type à grandes verrières pour lesquelles, tenant compte de l'existence d'ouvrages en place depuis fort longtemps, on a adopté la division en cinq travées.

Une vue actuelle du bâtiment des voyageurs.

La travée centrale a 72 m d'ouverture pour une hauteur de 33,50 m à la clé. Deux travées de 44,90 m d'ouverture et 22 m de hauteur, et deux autres, plus petites avec une ouverture de 21,15 m et une hauteur de 11,80 m seulement lui sont accolées de part et d'autre. La longueur totale de ces verrières est de 34 m, les fermes étant distantes de 12,10 m. Afin de bien éclairer les voies et les quais, près de la moitié de la surface de couverture est vitrée. L'utilisation de fers spéciaux a permis de faire tenir les vitres sans utiliser de mastic.

La gare est en outre dotée d'un chariot transbordeur de 10,50 m situé à l'étage des voies, de deux chariots dont un à fosse, également de 10,50 m, situés à l'étage inférieur, et enfin d'un chariot de 21 m à fosse placé à l'extrémité du faisceau central au nord de la gare. Les trois premiers servent à la manœuvre des wagons de messageries et le quatrième au dégagement des locomotives de manœuvre employées à remorquer les trains entre la gare et le faisceau de garage situé dans l'avant-gare.

Toutes les aiguilles et tous les signaux de la gare sont électriques; ils sont commandés depuis sept cabines comportant neuf tables, lesquelles regroupent 1140 leviers actionnant 586 appareils de voie et 332 signaux. La cabine centrale, placée en passerelle sur le nœud principal de croisement des voies de circulation, est affectée au sous-chef de gare attaché au mouvement, qui transmet les ordres aux autres cabines, dont dépendent respectivement les 22 voies de réception et de départ des trains.

Détail de l'ornementation architecturale très chargée et très… virile.

LA E-428

L'apogée de la locomotive électrique italienne classique

Les amateurs de chemin de fer connaissent bien cette locomotive à l'esthétique typique des années 1930; en matière de traction électrique, c'est même la préférée des Italiens. Il faut bien reconnaître que cette machine, qui s'inscrit dans la grande tradition de la traction électrique italienne, est très impressionnante, notamment par la fiabilité dont elle a fait preuve tout le temps qu'elle a servi.

La E-428, deuxième version carénée.

L'électrification en courant continu 3000 V du réseau italien est menée à un rythme si rapide qu'il ne manque pas, à l'époque, d'étonner les ingénieurs du monde entier. Rappelons que le charbon fait totalement défaut en Italie et que son importation pose de graves problèmes en raison de l'envolée de son prix sur le marché mondial. C'est pourquoi, une fois la décision prise d'abandonner le triphasé et de passer au continu, les nouvelles électrifications commencées à partir de 1928 atteignent 3000 km en 1933 et qu'elles avancent au rythme stupéfiant de 500 km par an pendant toute la décennie. En 1940, l'Italie aura ainsi électrifié 5200 km de lignes, ce qui fait une moyenne de 200 km par an pendant les vingt dernières années. Ce total représente 32,5 % du réseau des Ferrovie dello Stato, avec environ 2000 km pour le triphasé et déjà 3200 km pour le continu. Il est à noter qu'en dehors du réseau des FS, il existe un nombre important de réseaux privés ayant électrifié la quasi-totalité de leurs lignes en courant continu, sous des tensions allant de 600 à 3000 V.

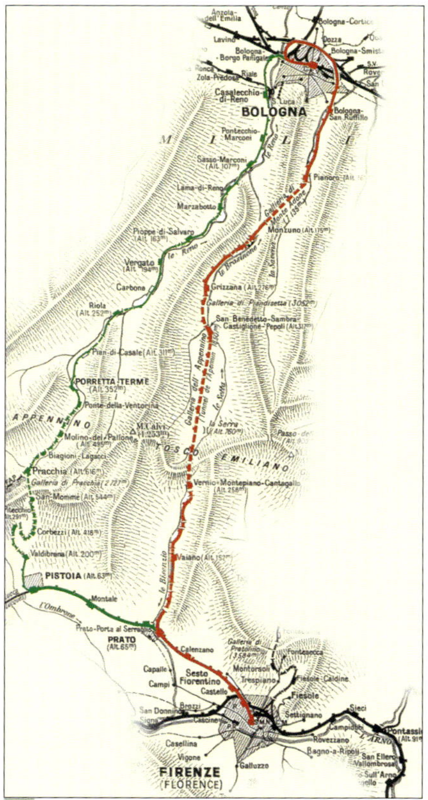

En rouge, la nouvelle Direttissima *entre Bologne et Florence : c'est là que l'on attend les E-428…*
En vert, l'ancienne ligne, sinueuse et accidentée.

Des essais prometteurs, mais…

Lors des essais menés au lendemain de la Seconde Guerre mondiale pour départager le courant triphasé et le courant continu, les Ferrovie dello Stato ont à leur disposition, pour le continu, des locomotives type BBB pour les trains de marchandises, qui deviendront d'ailleurs un type standard pour l'Italie, et des locomotives type 2C2 pour les trains de voyageurs.

Ces 2C2 sont les E-626, desquelles seront dérivées les 2BB2 qui nous intéressent ici. Construites à douze exemplaires par la firme Ernesto Breda, ces locomotives pèsent 112 tonnes et peuvent fournir un effort de 2100 kW. La vitesse initialement annoncée est de 150 km/h, mais, après les essais, les ingénieurs s'en tiennent à un bon 120 km/h, à la fois plus réaliste et plus prudent – ce que l'avenir confirmera, puisque ces locomotives devront finalement être cantonnées à 90 ou 100 km/h, des vitesses ne répondant pas aux attentes des FS et encore moins à celles des voyageurs de leurs trains rapides, qui passent de plus en plus de temps à regarder leur montre ! Telle est la situation, en matière de traction électrique, lorsque la *Direttissima* est totalement électrifiée entre Milan et Rome. Ces locomotives seront-elles suffisantes pour rentabiliser cette nouvelle ligne rapide ? Il est à parier que non…

Le défi posé aux locomotives pour trains de voyageurs rapides et lourds

Commencée à la fin des années 1920 et inaugurée en 1934, l'électrification en courant continu 3000 V de la grande ligne centrale reliant Bologne à Rome, en prolongement de celle de Milan à Bologne, est la grande affaire de l'époque. Cet immense chantier fait l'objet d'une grande publicité, notamment avec l'ouverture du tunnel des Apennins, qui raccourcit le trajet par un tracé plus direct sous les montagnes. Pour remorquer de lourds trains de voyageurs sur cette ligne, il faut des locomotives capables de performances irréprochables et ce sont ces remarquables 2BB2 de la série E-428 qui se voient confier cette tâche délicate.

La E-428, première version, classique.

Il existe deux itinéraires pour le parcours de Bologne à Florence, qui est le tronçon central de cette importante ligne. L'ancien itinéraire ne comprend pas moins de 47 tunnels ; au départ de Bologne, il emprunte la très étroite et sinueuse vallée de la rivière Reno, monte jusqu'au tunnel de faîte de la Porrettana (au km 59) situé à une altitude de 352 m, avant de redescendre jusqu'à Pistoia. Florence est atteinte après 133 km d'un parcours au tracé sinueux et au profil sévère qui handicape, par sa lenteur, l'exploitation de la ligne en formant un goulot d'étranglement qui coupe le souffle des locomotives les plus courageuses.

Le second itinéraire, nouveau, porte pour la première fois le nom de « Direttissima » dans l'histoire des chemins de fer italiens. Il contourne Bologne par le nord pour s'engager résolument en direction du sud-est et de Florence, en empruntant la vallée de la Savena. La ligne remonte cette vallée assez large et au profil plus facile pour atteindre le tunnel du mont Adone, long de 7135 m, puis elle s'engage sous le tunnel des Apennins (à 317 m d'altitude). Ce chef-d'œuvre est, à son époque, le tunnel à double voie le plus long du monde : ses 18 507 m le placent juste derrière le Simplon, qui est un peu plus long, mais est formé de deux tunnels à voie unique. La ligne rejoint ensuite, à Prato, par une longue descente facile, l'ancienne ligne ; elle est alors dans la plaine de Florence, qu'elle atteint après un parcours de 97 km.

Sur la nouvelle ligne de la *Direttissima,* les trains lourds et rapides qui se succèdent entre Milan et Rome – les deux plus grandes villes italiennes qui ont, toutes deux, dans les faits un véritable

La E-428, deuxième version, dans ses couleurs d'origine.

statut de capitale – peuvent maintenir leur vitesse élevée de 130-140 km/h, en tout cas sur les parties faciles de la ligne. Mais, pour cela, il faut des locomotives plus puissantes. C'est pourquoi on choisit, pour les nouvelles machines mises en chantier en 1934 tout spécialement pour cette *Direttissima,* le type à quatre essieux moteurs.

Les E-428 : 8 moteurs et une puissance de 2800 kW

Les superbes E-428, évolution du type 2C2 qui les précède, ne sont pas des 2D2, contrairement à ce que leur apparence pourrait laisser croire. En effet, les quatre essieux moteurs ne sont pas solidaires d'un châssis unique : ils sont regroupés sous deux bogies moteurs, ce qui donne la disposition 2BB2, laquelle permet une meilleure inscription en courbe. Les moteurs sont au nombre de huit, selon la formule de quatre moteurs doubles montés chacun sur chaque essieu. Cette solution permet d'alimenter les moteurs en 1500 V individuellement, chaque moteur double étant formé de deux moteurs câblés en série et se partageant le courant traction de 3000 V.

Les moteurs doubles sont à arbres parallèles; ils bénéficient d'une suspension entière, puisque les transmissions sont du type Bianchi, modifiées par Negri, avec des ressorts à lames disposées en position radiale dans les roues. Ce sont, en fait, des variantes de transmissions élastiques, avec interposition d'arbres creux pour l'entraînement des roues motrices.

Des performances revues à la baisse

Donnant 2800 kW, ces machines sont annoncées avec une vitesse maximale de 150 km/h, mais il faut se résoudre, comme pour les 2C2 qui les ont précédées, à revoir leurs performances à la baisse pour des questions de tenue de voie. Les Ferrovie dello Stato rencontrent, à la même époque et avec les mêmes dispositions d'essieux, les mêmes problèmes que les réseaux français, notamment celui du Midi. Les E-428 sont donc limitées à un bon 100 km/h, mais comme la puissance est au rendez-vous, les performances de ces belles locomotives restent très honorables, le gain de vitesse étant notoire en tête de trains très lourds sur les rampes de la *Direttissima.* En outre, leur tenue en service est exempte de toute critique, ces locomotives ne connaissant pratiquement aucun incident ou panne.

Construites à 199 exemplaires sous une forme classique avec caisse rectangulaire et capots d'extrémité, les E-428 font l'objet, à partir de 1939, d'une seconde tranche de 38 unités caractérisées par des extrémités de caisse très élégamment profilées. Quelques autres différences marquent cette sous-série, notamment les diamètres de leurs roues motrices qui sont réduits de 2050 à 1880 mm, pour assurer des démarrages et des montées en vitesse plus énergiques. Elles pourront rouler à 130 km/h en service, mais, sur certaines lignes, elles devront elles aussi être limitées à 100 km/h. Ces machines de la deuxième génération des E-428 sont certainement les plus belles locomotives électriques italiennes de toute la période classique.

CARACTÉRISTIQUES TECHNIQUES

Caractéristiques techniques (type 1934)	Caractéristiques techniques (type 1939)
Type : **2BB2**	Type : **2BB2**
Date de construction : **1934**	Date de construction : **1939**
Courant traction : **3000 V continu**	Courant traction : **3000 V continu**
Moteurs : **350 x 8 kW**	Moteurs : **350 x 8 kW**
Puissance : **2800 kW**	Puissance : **2800 kW**
Diamètre des roues motrices : **2050 mm**	Diamètre des roues motrices : **1880 mm**
Masse : **130 t**	Masse : **135 t**
Longueur : **19 m**	Longueur : **19 m**
Vitesse : **100 km/h**	Vitesse : **130 km/h**

Une E-428, en présentation au musée de Naples, faisant partie de la seconde tranche, qui se distingue par son extrémité de caisse profilée.

LA GR 743 FRANCO-CROSTI

Elle économise du charbon et… une cheminée

Cette locomotive est une curiosité de l'histoire des chemins de fer, car elle ne possède pas de cheminée, ce qui n'est pas du meilleur effet quant à l'esthétique, en tout cas pour les inconditionnels de la vapeur. D'un point de vue technique, cette machine met en exergue et tente de résoudre un problème important, celui des pertes de rendement à l'échappement, pertes qui relèvent d'un principe de base de la thermodynamique.

Le principe de Carnot intervient dans toute l'histoire de la locomotive à vapeur et, soit dit en passant, dans d'autres techniques et réalisations, y compris les plus récentes comme les centrales nucléaires. Mais c'est bien dans le domaine de la traction ferroviaire, qui nécessite des appareils de production de vapeur et des moteurs à rendements très élevés sous un volume réduit, que ledit principe a de tout temps obsédé les ingénieurs.

La perte de calories, faiblesse endémique de la locomotive à vapeur

L'histoire de la thermodynamique, appliquée notamment aux locomotives à vapeur, nous rappelle constamment l'existence du principe de Carnot : « La chaleur peut être transformée en travail mécanique et réciproquement ; il existe un rapport constant entre la quantité de chaleur dépensée et la quantité de travail produite et inversement. » Énoncé par Sadi Carnot vers 1830 et exposé dans ses célèbres *Réflexions sur la Puissance motrice du Feu*, ce principe permet au physicien anglais Joule de déterminer la valeur de l'équivalent mécanique de la calorie, soit, selon les unités de mesure de l'époque, 425 kilogrammètres.

En matière de machines à vapeur, le principe montre que la déperdition de calories, notamment avec les gaz chauds se perdant à l'échappement dans l'atmosphère, se traduit par une déperdition importante au niveau du travail – ou, disons, du rendement de la machine. La locomotive à vapeur est particulièrement sujette à cette déperdition : une place réduite pour loger la machine à vapeur impose en effet un dimensionnement peu favorable à la conservation de la chaleur, matérialisé notamment par de grandes surfaces (foyer, corps cylindrique, cylindres eux-mêmes) en contact avec l'atmosphère et refroidies par le vent généré par la locomotive en mouvement. C'est pourquoi le rendement mesuré au crochet de traction des locomotives les plus perfectionnées n'atteint, tout au plus, que 7 à 10 % des calories brûlées dans le foyer.

C'est ce très bas rendement qui a condamné la locomotive à vapeur dès qu'elle a été mise en concurrence avec les deux autres modes de traction que sont l'électrique et le diesel – surtout lorsque le prix du charbon, bas avant la Première Guerre mondiale, est devenu, à partir des années 1920, très élevé sur le marché mondial. Dès la création de leur réseau ferré, les Italiens, on le sait, qui ne possèdent pas de charbon sur leur territoire national, sont obligés, pendant la totalité du XIXe siècle, d'en importer. Au lendemain de la Première Guerre mondiale, ils comprennent, certes, que leur avenir réside dans l'abandon de la traction vapeur, mais, en attendant, il leur faut bien apprendre à faire des économies dans ce domaine.

Franco et Crosti inventent le récupérateur de chaleur

Les deux ingénieurs italiens Attilio Franco et Piero Crosti mettent au point, en 1937, une méthode de préchauffage de l'eau des locomotives à vapeur. Ce système à haut rendement utilise la vapeur d'échappement et les gaz très chauds que cette dernière emporte avec elle par les effets du tirage forcé et qu'elle évacue dans l'atmosphère par la cheminée. Ces gaz sont renvoyés, après avoir été captés à la sortie du

Une 140 Franco-Crosti vue à Crémone en 1972 : il s'agit de la 473-146. L'amputation de la cheminée est effectivement très désagréable esthétiquement, mais ce n'était pas le but recherché.

L'importance du volume des échangeurs de chaleur est bien mise en évidence par le dessin de cette Franco-Crosti.

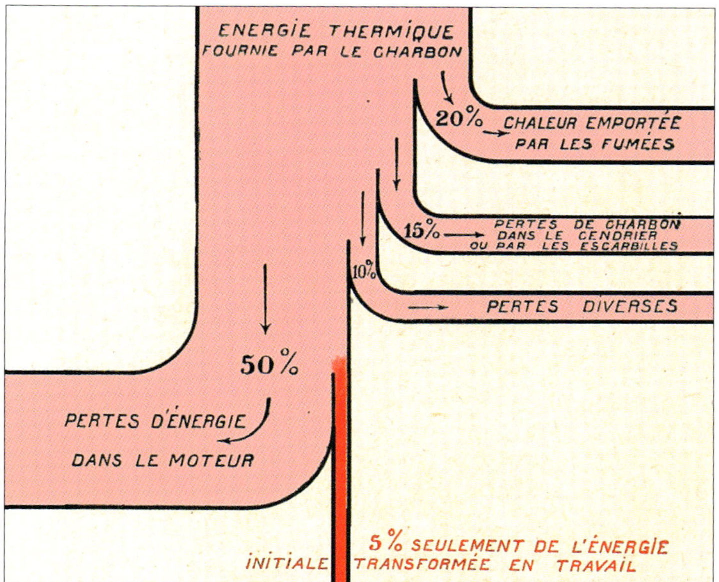

Le problème que tentent de résoudre Franco et Crosti : la déperdition considérable qui ne laisse que 5 % d'énergie utilisée. Ils agissent à l'intérieur des 20 % de « chaleur emportée par les fumées » en récupérant de la température utilisée pour réchauffer l'eau.

faisceau tubulaire, dans un échangeur, qui est une sorte de radiateur dans lequel circule l'eau froide provenant du tender.

Arrivés dans la boîte à fumée située à l'avant du corps cylindrique, les gaz sont dirigés vers l'arrière de celui-ci, par des tubulures longitudinales placées de part et d'autre de la chaudière, vers un récupérateur situé à l'entrée du faisceau tubulaire, près du foyer. Ces gaz, très chauds, viennent donc s'ajouter à ceux du foyer pour réchauffer l'eau et abandonner ainsi, dans un échangeur, un supplément de chaleur. Chassés par la vapeur d'échappement qui suit le même chemin, les gaz font donc ce long parcours avant de s'échapper par deux cheminées latérales disposées à l'arrière de la locomotive, devant la cabine de conduite.

Des économies de charbon appréciables grâce au système Franco-Crosti

Les essais effectués sur cinq locomotives du type 131 de la série 685 sont concluants, l'économie de combustible s'élevant jusqu'à 18,93 %. Malgré ces résultats, ce réchauffeur d'eau n'est pas appliqué à l'ensemble de la série, les dirigeants des Ferrovie dello Stato ayant, sans doute, d'autres préoccupations à la fin des années 1930.

Toutefois, pendant la Seconde Guerre mondiale, le manque total de charbon dû au blocage des routes maritimes rappelle à ces mêmes dirigeants qu'ils ont, sous le coude, de quoi répondre aux injonctions du Duce qui traque le moindre gaspillage de cette matière noire qu'il exècre. Les FS transforment donc, en 1942-1943, pas moins de 83 machines mixtes de type 140 de la série 740 : elles formeront le Gr 743, avec des économies de charbon qui dépasseront toujours 10 %.

Les dures conditions engendrées par la guerre font que ces locomotives seront mises en tête de toutes sortes de trains de marchandises ou de messageries, même de trains omnibus en renfort, sur l'ensemble du réseau italien. Elles finiront leur carrière pendant les années 1960. Le système Franco-Crosti est encore adapté en 1954 à quelques locomotives du type 130 de la série 623, construites après la Seconde Guerre mondiale et circulant sur la ligne de Friuli à Mestre.

CARACTÉRISTIQUES TECHNIQUES

Type : **140**	Diamètre des roues motrices : **1372 mm**
Années de transformation : **1940 à 1942**	Pression de la chaudière : **12 kg/cm²**
Moteur : **2 cylindres simple expansion**	Vitesse maximale : **65 km/h**
Cylindres : **540 x 700 mm**	

Le système Franco-Crosti : suite et fin

Les alliés Germains sont toujours à l'affût de ce que l'inventivité italienne peut leur apporter en cette période où l'on manque de tout, y compris de charbon, même en Allemagne. Ils s'intéressent aux travaux de Franco et de Crosti, mais n'auront guère le loisir d'en équiper leurs locomotives, la débâcle étant proche. Toutefois, pendant les années d'après la guerre, quelques locomotives allemandes, des BR 150, sont tout de même équipées du système Franco-Crosti. Le réchauffeur d'eau fait une fois encore ses preuves, mais il arrive sans doute trop tard : le réseau allemand, en effet, se convertit massivement à la traction diesel et poursuit l'électrification de ses grandes lignes.

Au Royaume-Uni, des locomotives de la série Evening Star, un type 150 construit de 1954 à 1960, reçoivent également une chaudière Franco-Crosti : il s'agit des machines portant les numéros 92020 à 92029. Arrivant aussi trop tard dans l'histoire de la locomotive à vapeur britannique, monté sur la toute dernière série produite dans ce pays qui a inventé la locomotive à vapeur, le système Franco-Crosti ne trouve pas non plus d'avenir outre-Manche, puisqu'il est même démonté avant la fin du service de ces neuf locomotives.

Ce perfectionnement technique, sans nul doute, a manqué son rendez-vous avec l'histoire de la locomotive à vapeur, à une époque où l'on sait très bien que l'avenir appartient à la traction électrique. En outre, on reproche au système Franco-Crosti d'être plus cher à l'installation, vu le coût de la construction des équipements et de la transformation des locomotives. Et il faut encore compter avec des dépenses supplémentaires d'entretien : le décrassage et le nettoyage des éléments latéraux prend beaucoup de temps, car tout ce qui s'accumule dans la boîte à fumée – suies, goudrons, etc. – s'y retrouve aussi. Le réchauffeur, en effet, se trouve précisément sur la partie la plus encrassée de la locomotive, le circuit d'échappement, celle qui donne le plus de soucis dans les ateliers de maintenance. Enfin, beaucoup d'ingénieurs d'autres pays ont mis au point entre-temps des solutions de surchauffe et de resurchauffe, tout aussi intéressantes en matière de rendement et infiniment moins contraignantes sur le plan de l'entretien.

La 743-465 en tête d'un train dans la gare de Mondavi, sous les caténaires doubles du triphasé. La curieuse vision de deux panaches de fumée est caractéristique de ce type de locomotive.

LA NAISSANCE DES BBB

Le pari des six essieux moteurs sans faire une CC

Précurseur en matière d'électrification, l'Italie le sera aussi en matière de conceptions originales avec, en particulier, la disposition d'essieux BBB sous deux demi-caisses donnant une locomotive articulée. En 1940, à une époque où l'on s'y attend le moins, l'Italie vient de définir le type standard pour sa locomotive marchandises électrique à six essieux moteurs de l'après-guerre. Ce type de machine, esthétique et performante, est sans nul doute le plus connu et le plus caractéristique de la conception italienne en matière de traction électrique.

Une E-636 sur la ligne du Brenner en tête d'une rame UIC.

La disposition d'essieux BBB est peu connue en dehors de l'Italie et de la Suisse. Si elle a été essayée en France en 1948 puis en 1952 – sans lendemain –, si elle est redécouverte à la fin du XXe siècle en France et au Royaume-Uni avec les locomotives BBB assurant la traction des trains navettes du tunnel sous la Manche, elle est ancienne et elle a ses raisons d'être sur les réseaux aux lignes difficiles et sinueuses.

Les six essieux moteurs et l'inscription en courbe

Les premières BBB italiennes sont en fait d'anciennes 2B2 dont les deux bogies porteurs extrêmes ont reçu des moteurs. Cela donne une locomotive à six essieux moteurs – et une grande puissance de traction –, qui est plus souple qu'une CC à deux bogies de trois essieux : en effet, des bogies à trois essieux sont plus longs, donc plus « raides » pour s'inscrire en courbe serrée ; longs et lourds, ils fatiguent les voies des lignes comportant beaucoup de courbes à petit rayon. Cette disposition d'essieux, à une époque où nombre de pays étudient déjà des locomotives type CC, est excellente sur les lignes à parcours sinueux. La machine s'inscrit en courbe à faible rayon avec souplesse, elle ne détruit pas la voie, et l'adhérence de ses six essieux moteurs est mieux utilisée.

Le réseau italien de l'époque des BBB

Le réseau italien de 1940 comporte de nombreuses lignes de montagne avec des rampes assez longues et des tunnels nombreux, ce qui est déjà une première raison d'électrifier. La deuxième raison est la présence de la houille blanche et l'absence de charbon – qui doit être importé à prix d'or. Dès le début du XXe siècle, les ingénieurs italiens électrifient de nombreuses lignes comme celles de Monza à Milan, de Milan à Varese et Ceresio. En 1902, une très originale électrification en triphasé est tentée sur la ligne dite de la Valteline, qui relie Lecco à Chiavenna : la réussite du triphasé, malgré la complication d'une double caténaire au-dessus des voies (la voie assurant la troisième phase), incite les chemins de fer italiens à une électrification étendue entre Gênes et Novi, puis dans l'ensemble du Piémont, de la Lombardie et de l'Italie centrale.

Depuis 1928, comme nous l'avons déjà dit, l'Italie a opté pour le courant continu 3000 V, une option définitive puisqu'elle est toujours en vigueur, et qui entraîne l'arrêt des électrifications en triphasé et la reconversion des lignes. En 1940, les FS disposent d'environ 5200 km de lignes électrifiées, soit près du tiers de la longueur totale du réseau. Il faut ajouter encore 1000 km de lignes électrifiées sur les 6000 km relevant des réseaux privés, ce qui met alors l'Italie en tête des réseaux européens, même devant la Suisse qui en a environ 5000 km (mais dont le réseau est en proportion de sa longueur totale bien mieux électrifié).

Au lendemain de la Seconde Guerre mondiale, le réseau italien – celui qui va donner naissance au type BBB – a beaucoup souffert. Les bombardements ont certes épargné quelque peu les lignes de chemin de fer, mais les Allemands, lors de leur retraite, ont emporté de nombreuses installations électriques de traction, comme les caténaires, ainsi que des équipements des locomotives électriques elles-mêmes, car le cuivre ainsi récupéré leur est extrêmement précieux. C'est donc bien la traction électrique qui, en Italie, fait les frais de la guerre. En 1945, il n'y a plus que 512 locomotives électriques aptes à rouler sur un parc comprenant 1529 engins et 57 automotrices sur un parc total de 293. Il faudra trois bonnes années pour remettre en état le réseau électrifié et, surtout,

La E-636/396 à Arona.

Les E-645 prennent la relève des 636 à la fin des années 1950.

pour terminer la construction des locomotives électriques non livrées à cause de la guerre. C'est le cas de la série des E-636, mises au point dès 1940, dont la livraison avait été commencée, puis interrompue.

La situation respective du triphasé (en rouge) et du continu (en vert) au lendemain de la Seconde Guerre mondiale. Le dernier réduit du triphasé est principalement ligure.

Le type BBB : les raisons d'un choix

Dans les dix premières années de l'extension de l'électrification en courant continu 3000 V, le parc de locomotives est constitué par des commandes successives de deux types unifiés : la série E-626, que sa disposition d'essieux type BBB destine plus spécialement au service des trains de marchandises, et la série E-428, de type 2BB2, la présence de bogies directeurs indiquant bien qu'il s'agit d'une locomotive rapide pour les trains de voyageurs.

Cependant, les ingénieurs des Ferrovie dello Stato tentent d'améliorer le comportement en marche des locomotives à six essieux de type BBB, car elles occasionnent des mouvements parasites de lacet. Leurs recherches donnent naissance à la série E-636, semblable à la série E-626 pour la partie électrique, ainsi que pour le nombre et la disposition des essieux. La nouveauté, car il y en a une, réside dans la disposition générale de la partie mécanique, notablement différente de tout ce qui avait été réalisé jusque-là en Italie et à l'étranger.

Une E-636 à Stresa, au bord du lac Majeur.

La caractéristique principale de ces locomotives est d'être constituées par deux demi-unités, chacune d'elles prenant appui sur le pivot d'un des bogies extrêmes et sur deux pattes reposant sur la traverse danseuse du bogie central intermédiaire, réalisant ainsi un appui en trois points, garant de stabilité y compris sur les gauches des voies en entrée ou en sortie de courbe. Cet appui en trois points assure aussi la répartition statique des poids d'une façon rationnelle et rigoureuse.

Pour éviter les mouvements parasites, les ingénieurs essaient d'abord d'installer des amortisseurs hydrauliques reliant entre elles les demi-unités et les trois bogies, mais cet équipement, dans la pratique, se révèle superfétatoire ; en effet, les essais prouvent que le comportement de la locomotive, particulièrement brillant, même à grande vitesse, n'a nullement besoin d'être assisté. Des amortisseurs hydrauliques sont cependant nécessaires pour freiner les oscillations latérales de la traverse danseuse des bogies. Il est à noter que la répartition automatique du poids sur les différents essieux évite, d'une manière très efficace, toute amorce de patinage de ces derniers.

Une première série de machines de 1400 kW à six essieux moteurs et trois bogies est livrée peu avant 1940. Cette disposition d'essieux, à une époque où l'on songe déjà aux locomotives type CC, montre sa pertinence sur les lignes à parcours sinueux et courbes de faible rayon. La machine s'inscrit en courbe avec souplesse, épargnant la voie et usant au mieux de son adhérence.

La carrière de la BBB 636

Entre 1940 et 1962, soit pendant 22 ans, les ingénieurs des FS construisent cette série de 469 locomotives, dont 243 sont livrées entre 1940 et 1957. Capable de donner 1890 kW avec ses six moteurs et de rouler à 120 km/h, cette série sera amenée à être beaucoup plus qu'une locomotive pour trains de marchandises : la situation difficile de l'économie et du réseau italiens lui vaudra d'être la locomotive universelle de ligne de l'après-guerre. La BBB 636 est d'ailleurs prévue avec trois types de réduction d'engrenages donnant des vitesses limites se situant entre 110 et 130 km/h, ce qui permet une adaptation plus fine aux différents types de lignes. C'est pourquoi on la verra circuler absolument partout en Italie, s'adaptant sans difficultés à toutes les tâches et à toutes les lignes.

Une E-636 à Domodossola vers 1990.

Une BB fille d'une BBB

Il est à noter, toutefois, que le type BBB n'a pas sa place partout sur le réseau italien et que les BB sont encore utiles, elles aussi, sur des lignes moins dures et en tête de trains moins lourds. La nécessité de doter le parc moteur italien d'un assez grand nombre d'unités à quatre essieux moteurs seulement est la conséquence de l'extension de l'électrification de longues lignes en palier sur lesquelles, à cause des installations de gare et des caractéristiques du trafic, la puissance d'une locomotive à six essieux pour trains de marchandises ne peut être pleinement utilisée. C'est pourquoi les ingénieurs des Ferrovie dello Stato, à partir de la série E-636, extrapolent une série de petites BB, la série E-424, dont le prototype avait été mis au point avant la guerre et qui commence à être livrée après la fin de celle-ci. Cette locomotive à caisse unique, à disposition de roues BB, est munie de deux bogies moteurs identiques à ceux de la série 636.

La locomotive BB série 424 est munie d'un appareillage électrique à démarrage automatique et commande multiple, à protection par disjoncteur à air comprimé ; elle est équipée du nouveau moteur 92-250, tandis que toutes les séries précédentes disposaient du moteur 32-250. Or, le 92-250 est plus rapide que ce dernier et, par suite, à poids pratiquement égal, il a une puissance supérieure d'environ 25 % (375 kW au lieu de 300 en régime continu) ; il est, en outre, muni de bobinages compensateurs de la réaction de l'induit.

En remerciement, la BB donne son moteur à la BBB

Pendant les années 1950, les ingénieurs italiens étudient une nouvelle série de locomotives E-636 identiques pour l'essentiel, à celles qui les ont précédées, mais munies du nouveau moteur 92-250 de la BB E-424. La première série de E-636 est destinée principalement à des services marchandises sur les lignes accidentées et à des services mixtes voyageurs et marchandises sur les lignes en palier.

La locomotive E-636 a une puissance accrue, pratiquement égale à celle de la série 428, et un poids adhérent élevé : elle peut remorquer des trains lourds et rapides de voyageurs sur des sections accidentées à profil et tracé sévères. Faisant preuve d'un comportement brillant à vitesse élevée, ces nouvelles BBB E-636 sont bien le premier exemple d'une locomotive sans essieux porteurs ou directeurs, dite à adhérence totale, destinée à rouler en service courant à 120 km/h. Jusque-là, les locomotives à adhérence totale ne dépassaient pas les 90 ou 100 km/h.

La suprématie italienne dans le monde des BBB

Après les 460 locomotives E-636 produites entre 1940 et 1962 – dont nous avons parlé précédemment –, les FS, à partir de 1958, construisent la série des très brillantes E-646 (dont nous parlons plus en détail à la fin de cet article), qui peuvent fournir 4320 kW et rouler à 140 km/h. Puis, en 1964, c'est l'apparition des BBB série 645 ; ces 295 locomotives développent un effort de traction de 3780 kW à 120 km/h. En 1975, enfin, il y aura encore les BBB E-656. Le tout constitue une véritable dynastie de BBB à deux demi-caisses, qui est pratiquement une exclusivité italienne. D'autres propriétaires de réseaux mondiaux ont parfois choisi des BBB à une seule caisse, comme l'état du Japon ou la société du tunnel sous la Manche, mais le principe de la locomotive articulée – reposant sur deux demi-caisses et un bogie médian commun – a toujours inspiré de la méfiance aux ingénieurs, pour lesquels cette solution peut générer des mouvements parasites de lacet.

Notons que les BBB à une caisse doivent offrir la possibilité d'un débattement latéral pour le bogie central, alors que, pour les BBB à deux demi-caisses, l'articulation centrale de la locomotive évite ce problème technique. Il semble que le réseau italien ne soit pas près d'abandonner cette disposition d'essieux et cette articulation centrale qui fait, encore aujourd'hui, ses preuves sur les lignes sinueuses qui exigent six essieux moteurs – ces lignes que les CC auraient endommagées.

La locomotive E-646

Cette locomotive, destinée plus particulièrement au service des trains de voyageurs rapides et lourds, se présente comme une nouvelle locomotive électrique en courant continu 3000 V. Elle doit remplacer, pour ce trafic exigeant, les E-428 de 1934, mais en offrant deux avantages fondamentaux par rapport à ces anciennes 2BB2 : une vitesse maximale plus élevée, c'est-à-dire de 145 km/h au lieu de 120 km/h, et une puissance unihoraire accrue, portée à la valeur de 5200 ch à la jante, quand elle est sur le couplage dit « super-parallèle ».

Fondamentalement, cette E-646 est bel et bien une E-636, comme on peut le voir dans la réalité ou à l'examen des plans. Comme la E-636, il s'agit encore d'une BBB constituée par deux caisses articulées sur le bogie médian, un peu moins chargé que les deux autres, accusant 16,4 tonnes par essieu au lieu de 18,8 tonnes. Elle est nettement plus légère que la E-428 puisque, en ordre de marche, elle ne pèse que 108 tonnes contre 135 tonnes, pour 50 % de puissance en plus.

Une E-646 à Baveno, sur les rives du lac Majeur, vers 1995.

Sa charge par essieu plus faible, mais surtout ses excellentes conditions d'inscription en courbe et sa grande faculté d'adhérence lui permettront de franchir à des vitesses plus élevées les courbes de petit rayon – par exemple entre Florence et Rome. Ses roues de diamètre peu élevé, soit 1250 mm, ont permis une construction classique pour une locomotive de vitesse et doivent garantir un long service de cette nature sans aléas.

Le premier spécimen d'une série de 36 locomotives est livré à la fin de l'année 1958. Il en existe deux versions qui ne diffèrent que par le taux de réduction des engrenages de la transmission, avec un régime maximal à 85 km/h pour les trains de marchandises et de 145 km/h pour les trains de voyageurs. Dès leur engagement sur la difficile ligne centrale Milan-Bologne-Florence-Rome, ces locomotives font gagner un temps considérable, souvent plus d'une demi-heure, aux trains rapides lourds.

La E-636 en couleur d'origine, c'est-à-dire le beige du matériel moteur électrique des Ferrovie dello Stato.

Une E-636 montre son très joli minois à trois pans, pour la dernière fois peut-être, vers 2000.

CARACTÉRISTIQUES TECHNIQUES	
Type : **BBB 636**	Type : **BBB 646**
Date de construction : **1940**	Date de construction : **1958**
Courant : **3000 V continu**	Courant : **3000 V continu**
Moteurs de traction : **6**	Moteurs de traction : **6**
Puissance : **1890 kW**	Puissance : **4320 kW**
Masse : **101 t**	Masse : **108 t**
Vitesse : **120 km/h**	Vitesse : **145 km/h**

La E-646 sous la loupe

Ses trois bogies, indépendants, comportent tous les trois une traverse danseuse, celle du bogie médian recevant les appuis des deux demi-caisses. La suspension est assurée uniquement par des ressorts à lames permettant un bon autoamortissement des oscillations par le frottement des lames entre elles. Suivant la tradition italienne, les boîtes d'essieux sont munies de roulements à rouleaux.

Chaque essieu est moteur et dépend d'un moteur à double induit complètement suspendu. La transmission comprend deux pignons moteurs actionnant une roue dentée, monolatérale, calée sur un arbre creux tournant sur deux paliers montés dans la carcasse du moteur double. La transmission est du type dit « à anneau dansant » avec biellettes de liaison symétriques entre le plateau solidaire de la roue et le plateau solidaire de l'arbre. Ces biellettes sont équipées de silentblocs disposés d'une façon analogue à ceux des transmissions Alstom des CC 7100 françaises de la même époque. Chaque moteur double est ainsi suspendu dans le châssis de bogie, son axe se plaçant dans le plan vertical de l'essieu qu'il conduit.

La partie électrique montre que, d'une manière générale, une locomotive alimentée en courant continu 3000 V présente des difficultés d'isolement. La tension peut s'élever jusqu'à 3500 V, comme cela se produit sur les systèmes d'alimentation en courant continu à tension élevée, et, compte tenu des difficultés d'isolement, il est difficile, avec de telles tensions, d'avoir à la fois de la puissance et de la souplesse de conduite.

Cette difficulté a été résolue par l'utilisation d'un moteur à double induit pour chaque essieu. Chaque inducteur comporte six pôles principaux et les deux inducteurs sont montés dans une carcasse commune. Il y a six pôles auxiliaires et ces moteurs comportent en outre des enroulements de compensation. Ce sont des moteurs dits « à excitation série ». Leur puissance unihoraire par induit est de 270 kW sous 750 V en couplage parallèle et de 360 kW sous 1000 V en couplage dit « super-parallèle », soit alors 4320 kW pour l'engin. Ces puissances seront en réalité plus élevées parce que la tension à la caténaire est beaucoup plus souvent voisine de 3500 V que de 3000 V.

Le schéma de puissance comporte quatre couplages. En « série », les douze inducteurs des six moteurs sont en une série, chacun sous 250 V. En « série parallèle », les deux inducteurs sont groupés en deux séries de six alimentés ainsi sous 500 V. En « parallèle », ils sont groupés en trois branches de quatre induits en série, chacun sous 750 V. En « super-parallèle », enfin, ils sont groupés en quatre branches de trois induits en série, chacun sous 1000 V.

Le rhéostat est du type classique en fonte grise. L'appareillage de commande comporte, pour réaliser les couplage, 36 contacteurs électropneumatiques : cinq contacteurs électromagnétiques doubles pour l'élimination des résistances, quatre interrupteurs rapides, un inverseur, un combinateur d'isolement. Les auxiliaires principaux comportent deux groupes de compresseurs et de ventilateurs – qui assurent la ventilation des moteurs de traction –, fonctionnant directement sous 3000 V, ainsi qu'une dynamo 24 V et un groupe moteur sous 24 V pour la ventilation du rhéostat.

Une E-636 : un dernier adieu aux BBB italiennes des années 1940.

TOUJOURS PLUS VITE, VERS L'EUROPE

Après la Seconde Guerre mondiale qui a pratiquement détruit son réseau ferré, l'Italie le reconstruit et fait rouler des trains encore plus rapides, comme le somptueux Settebello. Elle fait alors le pari, coûteux, des lignes à grande vitesse, allant jusqu'à envisager de percer d'autres tunnels sous les Alpes pour se raccorder à la grande vitesse européenne. Quant aux lignes classiques, elles reçoivent un matériel moteur qui leur est adapté de façon très ingénieuse, telle cette locomotive-chenille qu'est la BBB, qui se glisse partout en puissance et en vitesse. C'est aussi le triomphe du Pendolino que, décidément, les ingénieurs italiens sont les seuls à avoir su concevoir pour qu'il fonctionne sans faire parler de lui. Ces deux grands succès techniques ne doivent pourtant pas faire oublier les rames électriques ETR 500 qui forment l'essentiel du parc à grande vitesse italien en service et qui rouleront à 300 km/h partout où le réseau, en continuelle mutation, le leur permettra.

Le Pendolino Cisalpino

On a trop parlé des trains pendulaires quand ils ne marchaient pas… Avec le Pendolino, le silence s'est enfin fait sur les heurs et malheurs de ce système. Les Italiens en auraient-ils percé le secret ?

p.118

La E-656

Elle parachève le type BBB qui a fait le succès de la traction électrique en Italie, mais il semble que cette locomotive marque le chant du cygne de cette disposition d'essieux originale.

p.100

Le temps des *Elettromotrici* et des *Elettrotreni*

Ces superbes rames électriques italiennes ont tenu la vedette pendant des décennies, assurant, dans le luxe et le confort, les débuts de la grande vitesse italienne.

p.92

L'ETR 500

Trop peu connu, ce TGV italien pourra rouler à la même vitesse que son confrère français, mais quand le réseau de son pays – et sur de longues distances – lui sera enfin adapté.

p.116

L'autorail ALn 663

C'est l'autorail pratique et performant par excellence, mis en service dans les années 1980, lorsque le réseau italien a grandement besoin de renouveler son matériel ferroviaire et d'affirmer une image de marque positive du transport par le train.

p.106

LE RESEAU ITALIEN ET LA SECONDE GUERRE MONDIALE

L'Italie, à la veille de la Seconde Guerre mondiale, est dotée d'un outil ferroviaire qui, pour la vitesse, la régularité et les services offerts, n'est pas en reste par rapport aux plus importants réseaux européens, voire même à celui des États-Unis – lesquels, pourtant, n'hésitent pas à se proclamer comme étant les meilleurs du monde. Malheureusement, en quelques mois seulement, ce réseau florissant subit des dommages qui semblent irréparables...

En juin 1943, date des premiers bombardements alliés sur l'Italie, le réseau italien totalise 17 177 km de lignes, dont 16 582 km à écartement normal et 595 km à écartement réduit. Plus de 5500 km de lignes sont déjà électrifiés. De grandes gares de triage ont été construites, l'équipement des lignes principales a été renouvelé avec du matériel lourd, les commandes des appareils de sécurité et de signalisation des lignes et des gares principales sont centralisées grâce aux dispositifs les plus modernes, les services d'autorails sont très développés, la grande vitesse, enfin, est une réalité.

Le réseau détruit par les anciens et les nouveaux alliés

La guerre frappe durement les chemins de fer italiens. Les raids aériens alliés sont aussi massifs que meurtriers sur l'ensemble des installations, gares, triages et grands nœuds ferroviaires. Le raid de juillet 1943 détruit les dépôts et la gare de Rome-Triage, incendiant 3000 wagons, tandis que d'autres bombardements réduisent en miettes tous les ponts sur le Pô. Le front s'est en effet déplacé depuis la Sicile pour remonter progressivement toute la péninsule jusqu'au Pô. L'armée allemande en retraite progresse en enlevant les rails, en faisant sauter les tunnels et les ponts encore utilisables pour freiner l'avance alliée. Le réseau est alors méconnaissable.

Les voies d'une ligne secondaire longeant une route et le pont franchissant la rivière Oglio, près de Brescia, après les combats.

Mais la logique de la guerre étant ce qu'elle est, les armées victorieuses ont besoin des chemins de fer et les lignes principales, malgré la pénurie, sont rapidement reconstruites par nécessité stratégique, l'administration ferroviaire italienne s'associant tant bien que mal à cette reconstruction, qu'elle poursuit après la guerre. Le résultat ne se fait pas attendre : le 31 décembre 1948, trois années à peine après la libération, il reste seulement à reconstruire 276 km de lignes endommagées et 506 km de seconde voie sur les lignes à double voie. Les lignes internationales sont toutes en activité, sauf celle de Coni (Cuneo) à Nice dont le rétablissement sera très long pour des raisons tout autres que militaires.

L'état des voies de l'avant-gare de Naples en 1943, après un bombardement des Alliés.

Les ponts

Ce sont eux, toujours, les premières victimes, pour des raisons stratégiques, bien sûr, mais aussi parce qu'il est si facile de les faire sauter ! On dénombre 811 ponts en fer (44 % du total existant) détruits ou endommagés par des opérations de guerre, représentant une longueur de quelque 34 km, et 3943 ponts en maçonnerie (28 % du total existant), représentant une longueur de plus de 68 km. Beaucoup de reconstructions sont provisoires. Elles sont menées à bien grâce à l'utilisation du matériel abandonné par les Allemands, comme les poutrelles Differdingen pour les ouvertures jusqu'à 20 m, ou mis à disposition par les Alliés pour les ouvertures jusqu'à 30 m ; enfin, on se sert aussi du matériel de l'armée italienne, comme les travées démontables Roth, Wagner et Kohn (d'origine autrichienne), pour les grandes ouvertures jusqu'à 74 m.

Le fer faisant défaut, les établissements industriels travaillant déjà en surrégime, une centaine de travées de ponts métalliques sont remplacées par des voûtes en maçonnerie et des ossatures en béton armé. La nécessité de remplacer les travées en fer généralise l'emploi du béton armé au-delà des limites autrefois admises par les Ferrovie dello Stato – avant la guerre, cette compagnie n'avait jamais adopté ces techniques pour des ouvertures supérieures à 15 m. C'est ainsi qu'au 31 décembre 1948, un total de 576 ponts en fer sont reconstruits, ce qui représente une longueur de 17,46 km, ainsi que 3285 ponts en maçonnerie et en ciment armé, soit un total de 46,76 km.

Les voies

Depuis 1934, le type de rail standard italien est celui de 46,3 kg au mètre. En 1940, pour les lignes à grand trafic, on a choisi un nouveau rail de 49,05 kg au mètre, long de 36 m avec fixation indirecte aux éclisses et aux traverses – un rail de type lourd qui sera employé, autant que possible, pour la reconstruction des lignes.

Les GI's à l'œuvre, avec les moyens du bord et beaucoup d'huile de coude, pour réparer des heures durant ce qui a été détruit en quelques minutes. A l'arrière-plan, Naples en ruines.

Toutefois, il est impossible de demander à l'industrie italienne de fournir, en un temps record, tous les rails nécessaires. C'est la raison pour laquelle quelque 1200 km de voies sont reconstruits avec des rails commandés aux États-Unis, rails de 49,6 kg au mètre. Les nouveaux appareils de voie prévus pour la reconstruction sont à éléments «courbables» et à lames flexibles, de façon à pouvoir être insérés dans les courbes sans modifier le tracé de ces dernières et sans imposer des limitations permanentes de vitesse sur les branches principales – ce qui impliquera des modifications dans la disposition des gares.

Les gares

Les Italiens aiment leurs gares et sont très attachés à leur style architectural. Ils les reconstruisent donc telles qu'elles étaient avant la guerre: excellents maçons, ils mènent rapidement à bien cette tâche. Les destructions de la guerre sont aussi l'occasion, pour les ingénieurs italiens, de repartir de zéro et de concevoir de très grandes gares entièrement nouvelles, comme c'est le cas à Rome et à Gênes. C'est ainsi que, contrairement à ce que pensent les voyageurs de l'immédiat après-guerre, les grands chantiers dans ces deux villes n'ont rien à voir avec la guerre!

A Gênes, par exemple, la nouvelle gare de Genoa-Principe en cours de travaux laisse penser qu'elle a été détruite par un bombardement, alors que c'est Genoa-Brignole qui a été sérieusement endommagée. L'expansion de Gênes demandait, depuis longtemps, la reconstruction de toute son installation ferroviaire et, déjà avant la guerre, un plan qui avait obtenu l'approbation des élus avait été étudié en ce sens.

Ce plan réalisé après la guerre, un peu grâce à elle, implique l'élargissement des esplanades des deux gares à voyageurs de Genoa-Principe et de Brignole, le quadruplement des voies qui les relient et la liaison directe de la gare de Principe avec la grande ligne du Piémont et de la Lombardie (la fameuse ligne des Giovi), ce qui doit permettre d'alléger le trafic trop intense sur le tronçon reliant les gares de Principe et de Sampierdarena. Le site très encaissé de Gênes ne facilite pas, on s'en doute, les travaux d'agrandissement des gares et la création des liaisons nouvelles, qui passent en grande partie sous terre et sous les lieux habités.

Produire de l'énergie électrique pour faire rouler les trains

Si les locomotives à vapeur ou diesel sont relativement autonomes et utilisent des sources d'énergie qu'on peut stocker, la locomotive électrique, elle, fonctionne « en temps réel », c'est-à-dire en utilisant une électricité qui doit être produite sur le moment et sur le territoire national ou régional. La pauvreté de l'Italie en charbon et en hydrocarbures a poussé le pays à de grandes réalisations hydroélectriques, qui ont été très exposées pendant la guerre, au même titre que les installations électriques des voies. Ainsi, des 8000 km de caténaires, plus de la moitié sont détruites et la plupart des centrales électriques sont à reconstruire intégralement. De plus, l'armée allemande a emporté pratiquement tout le cuivre disponible, comme les redresseurs des installations en 3000 V, et elle a détruit toutes les installations lourdes et intransportables comme les transformateurs; 53 % des sous-stations sont rendues totalement inutilisables. Pourtant, les lignes électriques du Sud commencent à retrouver leur courant alors que l'Italie du Nord est encore occupé par les Allemands: le Military Railways Service des Alliés réussit en effet à rétablir les installations et le courant, de façon très précaire certes, juste derrière l'avancée de leurs armées en direction du nord. La première ligne remise sous tension, grâce à des installations récupérées sur d'autres lignes, est celle d'Ancône à Orte, et la première ligne d'importance réhabilitée est celle qui va de Milan à Bologne et à Florence. En 1948, l'ensemble ou presque des lignes électriques est remis en service, souvent avec des sous-stations mobiles.

Les chemins de fer italiens, qui ont construit beaucoup de centrales, sont propriétaires de l'ensemble de leurs installations de production. Celles-ci comprennent des barrages de tous types. L'investissement massif des FS dans ce domaine se traduit dans les chiffres, avec une puissance totale estimée au début de la Seconde Guerre mondiale à un milliard de kWh. Cependant, pour l'Italie septentrionale seulement, la consommation dépassera le milliard de kWh annuels et, pour y faire face, l'administration ferroviaire projette alors de nouvelles installations hydroélectriques dans le Piémont, dans le Haut-Adige, en amont de Bressanone, et dans l'Apennin toscano-émilien. Avec les nouvelles centrales du moyen Tanaro et du Haut-Adige mises en service lors de la reconstruction d'après guerre, on obtient rapidement une production annuelle de 650 millions de kWh qui s'ajoute à celle des anciennes centrales.

ROMA TERMINI

L'histoire presque éternelle de la gare de Rome

Très curieuse, très contestée lors de sa construction dans les années qui suivent immédiatement la fin de la Seconde Guerre mondiale, la gare de Roma Termini est l'une des dernières créations de cette architecture futuriste qui a tant enlaidi les villes à partir de la fin des années 1930 et jusqu'au lendemain de la Seconde Guerre mondiale. Située quelque peu à l'écart du centre antique de la capitale italienne (heureusement, disent certains…), elle n'est pas sans rappeler les constructions de l'époque mussolinienne, avec ses grandes voûtes, ses arches et sa blancheur.

Une gravure d'époque montrant la première gare de Rome en état d'origine (1873).

La première gare pouvant être qualifiée de romaine est celle des États pontificaux, construite en 1856, en dehors de la ville, à Porta Maggiore, terminus de la ligne Rome-Frascati. Lorsque les États pontificaux sont annexés, en 1870, au royaume d'Italie, les lignes d'Ancône et de Naples sont déjà construites, mais elles ne sont pas raccordées à la gare romaine : il faut attendre 1871 pour que Rome soit réellement placée sur le réseau ferré national italien et pour qu'une véritable grande gare romaine soit considérée comme nécessaire.

La première véritable gare

Le projet de cette première gare vraiment romaine est dû à l'architecte Salvatore Bianchi : il consiste en une gare composée de deux ailes encadrant une verrière centrale, les deux ailes étant du plus pur style classique italien, avec des colonnades et un fronton qu'une église de style jésuite

La gare de Rome photographiée en 1911 – elle a donc déjà fait l'objet de modifications.

ne renierait pas. Un auvent à colonnades réunit les deux ailes en passant devant la verrière. Cela plaît énormément aux élus de l'époque, et la gare est rapidement construite, puisqu'elle peut être inaugurée en 1873. Elle est située sur la colline de l'Esquilin et prend le nom des thermes antiques de Dioclétien, tout proches.

La nouvelle gare monumentale, emblème du régime

Le développement du chemin de fer étant ce qu'il est, en Italie et dans tous les pays industriels d'ailleurs, la gare de Termini se révèle très vite insuffisante. Commence alors, au début des années 1930, un long débat pour savoir si Rome doit avoir deux gares ou une seule. Les partisans de deux gares en voient une à Flaminia, au nord de la ville, et l'autre à Casilina, au sud, toutes deux situées sur une future ligne de métro. Ayant sans aucun doute fait l'expérience du transit en métro, bus ou taxi, voire à pied, entre les gares de Londres ou celles de Paris, les Italiens renoncent vite à cette solution, d'autant plus que Rome n'a pas encore de métro et que la construction de ce dernier risque de se faire attendre.

Les débats se poursuivent et, à la fin des années 1930, la perspective de l'Exposition universelle qui doit se tenir à Rome en 1941-1942 (mais qui, à cause de la guerre, n'aura jamais lieu) va heureusement décider les pouvoirs publics à aller de l'avant, de façon plus concrète cette fois. Un nouveau projet est donc choisi assez rapidement : de caractère monumental, bien dans le goût du régime politique au pouvoir, il ne sera pas sans inconvénients pour l'exploitation ferroviaire, ni pour la commodité des voyageurs – qui ne sont pas vraiment des priorités à l'époque. L'essentiel est de frapper l'opinion mondiale par la grandeur des réalisations architecturales du Duce.

Le rêve futuriste de l'architecte Angelo Mazzoni

Un des schémas du projet retenu lors du concours de 1947.

En 1939, le projet de l'architecte Angelo Mazzoni est approuvé. Il prévoit la construction d'une immense esplanade devant la gare donnant directement sur une galerie intérieure de 12 000 m², dont les colonnades et les voûtes placeront le voyageur dans le souvenir de la Rome antique. Le bâtiment principal comporte deux ailes, pour les bureaux et les services techniques, et un corps central tourné vers la galerie monumentale d'accueil, le tout utilisant à profusion des colonnades très hautes en travertin de Tivoli.

Au début, pour mettre au jour et conserver les vestiges des murs de Servius-Tullius, qui étaient inclus dans l'enceinte de l'ancienne gare, la façade de celle-ci est reculée de 200 m, obligeant à un remaniement complet de l'esplanade intérieure. La partie frontale de l'édifice est conçue comme atrium public mesurant 185 x 60 m, que délimite une colonnade s'inspirant des grandes constructions du passé. Un ensemble sans doute imposant, mais qui relègue dans les ailes les services essentiels de la gare comme les guichets, les salles d'attente, les restaurants ou les bureaux de la direction.

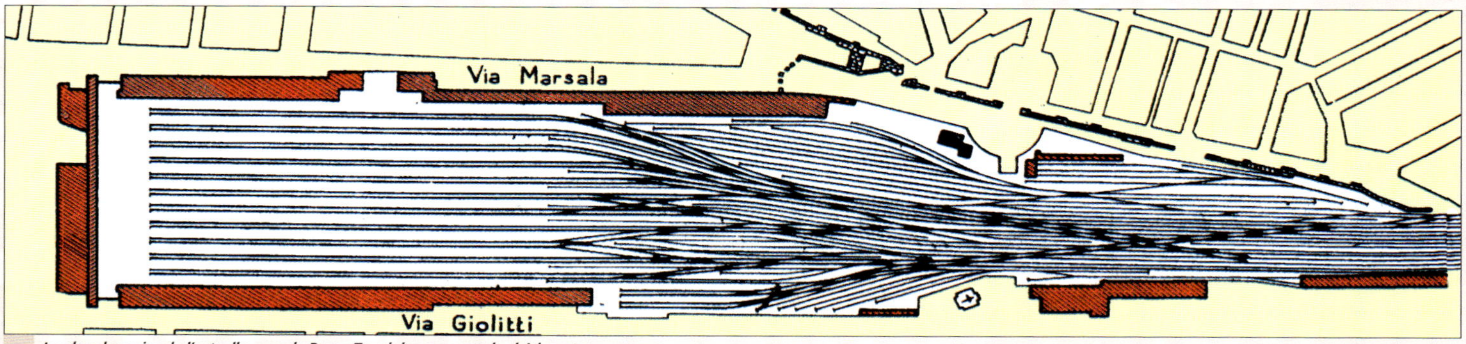

Le plan des voies de l'actuelle gare de Roma Termini – en rouge, les bâtiments.

La construction proprement dite commence pendant la guerre et, comme on peut le comprendre, les travaux avancent difficilement, voire parfois reculent sous les coups des forces anglo-américaines, notamment lors du terrible raid aérien de juillet 1943 qui détruit la plupart des installations ferroviaires de Rome. En 1945, la gare est loin d'être achevée et attend toujours, notamment, son bâtiment de façade. Mais, dans une Italie qui souhaite tourner le dos à l'ère fasciste, le projet initial n'est plus acceptable. Un nouveau concours est donc organisé en 1947.
En attendant, l'étranger qui arrive dans la gare de Roma Termini, entre 1945 et 1947, se trouve devant un véritable chantier fait de profondes excavations et de bâtiments plus ou moins démantelés. Le voyageur pense peut-être que c'est la guerre qui est responsable de cet état de fait, mais il n'en est rien : il s'agit bien de travaux entrepris après mûre réflexion, et après un long débat – encore un ! – quant au choix architectural à adopter, qui passionne au plus haut point les techniciens et l'opinion publique.

Le rêve initial, revu et corrigé

Les pouvoirs publics de Rome, jugeant excessif le recul de 200 m de la façade de la vieille gare, décident de le réduire à 150 m environ, ce qui donnera une plus grande longueur aux voies de réception des trains ainsi qu'à leurs quais et à leurs marquises. Au lieu d'un hall unique, on décide que chaque quai sera couvert par une marquise en béton armé soutenue par une seule rangée de piliers. On estime plus conforme à l'intérêt des voyageurs de reporter les services essentiels (guichets, restaurant, etc.) sur l'aire frontale, comme dans l'ensemble des principales gares terminus du monde.

Cette nouvelle conception est donc incompatible avec le projet de 1939, d'autant plus que les murs de Servius-Tullius rompent la continuité de la nouvelle façade, d'où le lancement du concours national de 1947 et les 40 projets qui en résultent, deux d'entre eux étant déclarés gagnants ex-aequo et jugés conciliables. La réalisation finale est confiée à leurs auteurs. Les architectes Castellazzi, Fadicati, Pintonello et Vitellozzi ont donc pour mission de concevoir une façade entièrement nouvelle : elle est présentée comme étant de style « rationaliste », avec un aspect fonctionnel, des formes simples et courbes, tout à fait dans l'esprit des bâtiments de l'Unesco ou de ceux de Le Corbusier (que l'on retrouvera plus tard à Brasilia). L'esprit des années 1930, avec des formes

Roma Termini dans les années 1960 : une gare fonctionnelle, au style quelque peu passe-partout, bien éloigné des temps héroïques des chemins de fer.

massives, des colonnades, une référence à l'Empire romain, semble avoir totalement disparu, mais il reste tout de même perceptible, pour l'observateur avisé, dans la décoration des bâtiments latéraux terminés avant guerre et qui ont été conservés.

Inaugurée en 1950, la gare donne satisfaction sur le plan de l'exploitation. Elle comprend 27 voies et 15 quais et occupe une surface de 60 000 m². Toutes les voies sont électrifiées et plus de 160 000 trains arrivent ou partent de Roma Termini chaque année, transportant 22 millions de voyageurs. Le trafic des jours de pointe peut atteindre 100 000 voyageurs pour un mouvement de quelque 400 trains. La gare est desservie par les transports urbains : bus urbains et de banlieue, tram et métro. Sa conception « Brasilia » est aujourd'hui quelque peu vieillotte, mais reconnaissons qu'il n'est pas facile, sur le plan architectural, de faire une gare dans une ville aussi imprégnée d'histoire et aussi riche de magnifiques monuments.

Le hall de sortie de la gare aujourd'hui.

LE TEMPS DES ELETTROMOTRICI ET DES ELETTROTRENI

Miracles et vitesse grâce à la fée électricité

Les automotrices italiennes – dites *Elettromotrici* ou *Elettrotreni* selon le nombre de véhicules formant ces trains légers rapides – sont la grande innovation des années 1930. Elles marquent un tournant dans l'histoire des Ferrovie dello Stato car elles conjuguent, d'une manière particulièrement heureuse, deux principes forts de ce réseau : celui de l'électricité qui, pour l'Italie, est résolument l'énergie de l'avenir (et pratiquement, la seule énergie disponible) et celui de l'autorail qui a redonné aux FS leur jeunesse, leur compétitivité, leur modernité face à l'automobile et l'avion. L'enjeu est de taille, car il est à la fois commercial et technique.

La prédilection marquée du chemin de fer italien pour la desserte de ses grandes lignes par des rames automotrices électriques est connue et éprouvée depuis plus d'un demi-siècle. La mise en service des luxueuses ETR-300 sur la ligne Milan-Rome avec le Settebello et des ETR-250 sur la relation Milan-Venise mettent en lumière la profonde et nouvelle évolution de cette politique d'automotrices électriques rapides au lendemain de la Seconde Guerre mondiale.

Les première et deuxième classes : des besoins inconciliables

La politique des FS en matière de trafic à grande distance repose sur le constat que la clientèle de la première classe et celle de la deuxième classe ont des habitudes et des exigences très opposées, inconciliables, qui rendent peu rentable la circulation de trains classiques offrant les deux classes. La clientèle de première classe veut avant tout de la vitesse et du confort, quitte à en payer le prix, alors que celle de deuxième classe prend d'abord en considération la question du prix et ne veut ou ne peut pas payer cher. La seule manière de concilier ces deux clientèles serait de faire rouler des trains pour lesquels la vitesse n'est pas un facteur de surcoût, c'est-à-dire faire que, sur un réseau de très haute qualité, tous les trains roulent vite, même les omnibus. Pour atteindre cet objectif, il faudrait reconstruire le réseau ou en construire un autre à côté du premier – ce que, d'ailleurs, l'Italie commencera à faire avec la politique des *direttissime* préfigurant les réseaux à grande vitesse d'aujourd'hui au Japon et en Europe. Mais, en attendant, il faut bien transporter les voyageurs avec le réseau dont on dispose…

De la rame automotrice à la rame tractée

C'est la rame automotrice qui va apporter la solution économique au problème posé, compte tenu du nombre des voyageurs à transporter. Sur le plan technique, il est en effet moins coûteux et plus aisé – compte tenu de la tension 3000 V continu à la caténaire – de construire des automotrices rapides ayant la capacité demandée que d'adopter la solution lourde impliquant une locomotive classique plus une rame tractée.

Toutefois, durant les années 1960, sur un réseau reconstruit après la guerre et de qualité nettement améliorée, les Ferrovie dello Stato poursuivront des recherches en faveur de la rame tractée rapide, puisqu'ils annonceront la construction de locomotives électriques à grande vitesse du type BB pouvant développer 4000 kW, les futures E-444. De plus, de nombreuses améliorations de voie laissent prévoir, à l'époque, la mise en service de trains rapides lourds capables, en matière de grande vitesse et de moindre coût, de satisfaire la clientèle des deux classes.

Les premières *Elettromotrici*

Tout commence au début des années 1930 avec les Littorine qui, rappelons-le (voir p. 68) ont troqué leur moteur à essence ou diesel contre un moteur électrique couché dans le bogie et attaquant les essieux moteurs par un arbre longitudinal et des renvois d'angle. C'est donc du très simple, et certaines Littorine électriques font ce que les Américains appelleraient du « suburban » : elles circulent de ville à ville à 55 km/h en vitesse de pointe, sur des réseaux privés ou non, en écartement normal et en accotement routier, sous une caténaire classique avec fil porteur et fil de contact, mais en captant le courant au moyen d'une perche à roulette du plus pur style tramway. L'automotrice électrique n'a donc pas encore révélé toutes ses possibilités.

L'autorail des années 1930 – ici, une Elettromotrice FIAT de 400 chevaux, offrant 88 places, capable de rouler à 135 km/h – véritable précurseur des automotrices italiennes de l'après-Seconde Guerre mondiale.

Une ALe 840 en ligne, avec sa remorque, près de Bolzano, sur la ligne du Brenner.

Ce sont sans doute les performances en ligne des premiers *Autotreni* diesel à caisses multiples des années 1933-1934 qui attirent l'attention sur l'avenir de l'autorail comme concurrent du train, y compris sur de grandes distances et à bonne vitesse. De plus, dans la mesure où, à l'époque, l'Italie électrifie intensément son réseau, il est inévitable et logique du point de vue économique que ces *Autotreni* en viennent à circuler de plus en plus sous des caténaires.

Les premiers modèles électriques performants sortent vers la fin des années 1930. Provenant de chez Fiat, ils se distinguent par leur avant très pointu et étroit, de forme presque triangulaire. Avec quatre moteurs donnant chacun une centaine de kW au plus, ces rames à deux caisses, offrant 88 places assises, peuvent atteindre 135 km/h, une vitesse déjà honorable pour l'époque mais peu exceptionnelle en elle-même, si on la compare à celle des rames automotrices contemporaines d'autres pays d'Europe.

Cette vitesse relativement modeste, et souvent moindre en service courant, montre à l'évidence que l'évolution des automotrices vers la grande vitesse, sur les relations entre grands centres d'affaires, n'a pas encore commencé. L'aménagement intérieur de ces rames montre aussi que la clientèle visée n'est pas encore celle, très exigeante, des hommes d'affaires pressés et qui songent déjà à prendre l'avion : ces véhicules sont encore destinés à transporter l'ensemble de la clientèle, d'une façon économique, sous la forme de trains modulables à faible prix de revient. Ces rames assurent plutôt des relations omnibus ou de proximité sur les grandes lignes déjà électrifiées.

Les choses changent lorsque des versions dites *Salone* de ces automotrices sont mises au point : l'extérieur et les équipements techniques sont analogues, mais la présence de compartiments faisant office de salle de réunion et de toilettes plus élaborées dénote, pour le réseau italien, un souci désormais permanent de s'adresser à une clientèle qu'il ne faut pas laisser partir en direction des aéroports ou des autoroutes que le Duce commence à faire construire.

Les ALe 840 : à l'avant-garde

La carrière des automotrices série ALe 840 des chemins de fer italiens se déroule en deux phases très différentes. La première, qui va de leur entrée en fonction jusqu'à à la fin des années 1960, les voit assurer un service de qualité sur les grandes lignes électrifiées ; la seconde, qui se termine avec leur retrait récent, les confine dans des prestations de service local peu flatteuses pour elles. Lorsqu'elles font leur apparition au début des années 1950, les automotrices ALe 840 font figure d'engins d'avant-garde. L'arrondi de leur face frontale rompt avec les formes traditionnelles des séries antérieures livrées avant la Seconde Guerre mondiale ou pendant le conflit.

Même si l'expression de rationalisation du trafic voyageurs n'est pas encore d'actualité, il devient malgré tout impératif pour les Ferrovie dello Stato de cette période de mettre en service de nouvelles automotrices pour les relations rapides de ville à ville. Celles-ci présentent l'avantage majeur de réduire les coûts d'utilisation, car les compositions sont modulables selon le nombre de voyageurs à transporter. En outre, le parc des locomotives électriques a vieilli et son remplacement ne

Une ALe 840 avec sa particularité bien mise en évidence : les portes d'intercommunication fermant la cabine de conduite quand elles sont en extrémité de rame.

peut être encore envisagé. Les ALe 840 entament donc une belle carrière en 1949 : 73 unités plus 61 remorques sont livrées jusqu'en 1954. Circulant à 150 km/h, un important progrès pour l'époque, elles se voient confier à partir de 1953 la relation de jour Milan-Rome-Reggio de Calabre, puis Milan-Bari et encore Bologne-Ancône. Le développement de la traction électrique les conduit sur des trains comme le Milan-Gênes et le Turin-Naples. Il est à noter que la rame Ale 840 n'offre pas de restaurant, celui-ci se trouvant uniquement dans la remorque (type Le 480).

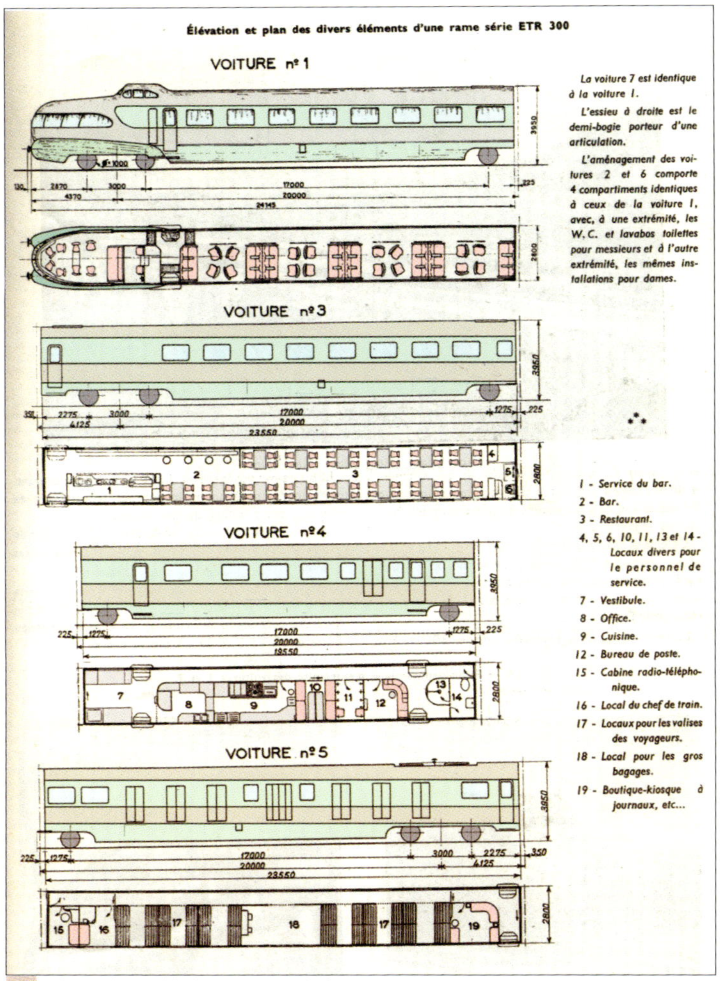

Schéma d'ensemble d'une rame Settebello.

Alors que l'ensemble de la série a été unifiée suite à l'abandon du triphasé en Italie – certaines rames pouvaient effectivement circuler sous cette tension –, les ALe 840 sont programmées provisoirement pour assurer des relations TEE. L'une d'elles relie Milan à Genève, et plusieurs automotrices sont équipées d'un pantographe capable de fonctionner sur le territoire suisse. Mais ce sont finalement des rames suisses RAe qui sont employées pour ces TEE, alors que les FS prennent livraison des premiers ETR des séries Arlecchino et Settebello.

La seconde carrière de l'ALe 840

Pendant quelques mois, l'automotrice continue d'assurer quelques rares prestations de ville à ville, mais bien vite les FS préfèrent l'engager sur des relations locales ou régionales. Elle est si utile dans ce domaine que, à la fin de 1993, 51 unités sont encore en service sur les lignes autour de Bolzano, Livourne ou Lecco. On les verra même dans le val Pusteria. C'est sur l'axe international du Brenner que les ALe 840 vont finir leur carrière, souvent attelées à des remorques d'un autre type. Elles y côtoient des trains internationaux de voyageurs et marchandises chaque jour, puisque les toutes dernières assureront leurs ultimes prestations au départ de Bolzano.

Dans l'histoire du rail en Europe, rares sont les engins dont la destination première n'a pas été maintenue jusqu'à la fin. Les automotrices ALe 840 sont donc l'une des exceptions. On leur prédisait un grand avenir, comme le service TEE vers la Suisse que nous avons évoqué, mais, devenues inutiles en service rapide italien, les FS leur ont finalement confié des trains locaux ou régionaux, tâche pour laquelle elles n'avaient pas été conçues, mais qu'elles ont assumée avec brio.

L'évolution des années 1950

Au cours des années 1950, le nombre de locomotives et d'automotrices électriques des Ferrovie dello Stato a pratiquement doublé. Dans le même temps, le parcours moyen de chaque engin a considérablement augmenté.

Depuis 1957, la construction des automotrices électriques s'oriente vers deux types bien différents : d'une part, les automotrices rapides et très confortables, pour les voyages à longue distance, et, d'autre part, les automotrices de construction plus économique mais de plus grande capacité, destinées à des voyages de courte distance. Il s'agit, dans ce dernier cas, de transporter de très nombreuses personnes, même debout, en accélérant au maximum la montée et la descente des voyageurs. En somme, les Ferrovie dello Stato font d'une pierre deux coups, en extrapolant des versions banlieue de leurs automotrices rapides.

En matière d'automotrices rapides, les Ferrovie dello Stato ont réalisé des « électrotrains » d'un type très moderne, tels que le Settebello et l'Arlecchino ; ils ont également amélioré le service de restauration dans tous les trains automoteurs. En matière de trains de banlieue, les FS répondent aux besoins d'un trafic qui ne fait que croître, phénomène assez nouveau en Italie au lendemain de la Seconde Guerre mondiale, et qui connaît réellement un développement extraordinaire.

Dans la première catégorie, outre les « électrotrains » de luxe, les FS construisent des motrices du type ALe 601, des remorques avec restaurant type Le 840 et des remorques avec restaurant et bar type Le 260. Ce matériel comporte un système de conditionnement d'air, nécessaire dans un pays qui connaît, au long de l'année, de grandes variations de température. Dans la deuxième catégorie, c'est-à-dire pour les services de banlieue, les FS construisent des motrices type ALe 803, des remorques intermédiaires type Le 803 et des remorques avec cabine de conduite du même type

Élégance et originalité sont au rendez-vous pour le design très novateur du Settebello.

Une rame Settebello en gare de Rome.

pour permettre la réversibilité des trains. Ce matériel est en général plus léger, mais il offre cependant des capacités de transport importantes pour les voyages courts (jusqu'à 200 personnes, dont environ 80 assises). La vitesse maximale est alors limitée à 130 km/h. Tout ce matériel est de type allégé, grâce à l'emploi de matériaux spéciaux et de nouveaux dessins de carrosserie.

Le Settebello joue gagnant et change la donne

Officiellement appellé « Elettrotreno ETR 300 » mais plus connu sous le nom de Settebello – mot qui désigne le sept de carreaux, carte forte du jeu de *scopa* –, ce très beau train électrique articulé de la grande ligne Milan-Florence-Rome-Naples (842 km), qui réunit confort et performances, reflète tout le charme des années 1950. Il est, en quelque sorte, un des descendants du vieux

La curieuse disposition d'extrémité des rames Settebello, avec le salon d'observation pour les voyageurs, surmonté par la cabine de conduite.

projet italien de grande vitesse, puisque à la fin des années 1930 déjà, il était question de réaliser un réseau à grande vitesse en traction électrique : les ingénieurs italiens de l'époque étaient bien des précurseurs avisés. La guerre empêche la réalisation du projet mais, dès 1949, ils étudient de nouveau deux rames pour le service rapide Milan-Naples, d'où le nom de rames MN. Livrées en 1953, elles atteignent la vitesse de 185 km/h entre Plaisance et Parme et sont prévues pour assurer une moyenne de 160 km/h dès que les dommages de la guerre occasionnés aux lignes auront été réparés.

Les extrémités des rames, avec leur baie panoramique entourant un salon réservé aux voyageurs et un kiosque de conduite placé sur le toit, révèlent déjà la belle originalité de leur conception. Il en va de même de la composition bien curieuse des rames : il y a en effet trois sous-ensembles comprenant les voitures 1+2, les voitures 3+4+5 et les voitures 6+7. Ces ensembles sont réunis par des attelages automatiques Scharfenberg, mais séparables seulement en atelier pour les révisions. Chaque sous-ensemble repose sur des bogies d'extrémité et des bogies intermédiaires communs à deux voitures contiguës, à la manière du TGV français actuel que ces rames italiennes précèdent sur bien des points.

Il y a donc dix bogies pour chaque rame, bien qu'il y ait sept voitures. Tous les bogies extrêmes des trois sous-ensembles de la rame, soit six, sont moteurs : ils sont munis chacun de deux moteurs de traction 1500 V, câblés en série pour fonctionner sous la caténaire italienne en courant continu 3000 V. La puissance unihoraire des douze moteurs de la rame est de 3000 kW aux jantes, une caractéristique intéressante, dite de la « puissance répartie » : l'ETR 300, sur ce plan, est novateur et l'exemple sera suivi par le Japon et l'Allemagne pour leurs trains à grande vitesse.

Le point fort de la rame est incontestablement les deux salons ronds situés aux deux extrémités, qui donnent sur la voie et le paysage par une immense baie vitrée circulaire. Chaque salon comporte huit fauteuils pivotants et un canapé à quatre places adossé à la paroi. La voiture centrale de la rame comprend un bar et un restaurant de 56 places, tandis que la quatrième abrite un bureau de poste. La rame est climatisée. De nombreux aménagements, comme des casiers à bagages, à serviettes, à chapeaux, etc., sont offerts à chaque voyageur. Les baies vitrées sont doubles et fixes, à la fois pour des raisons de climatisation et de silence. Le confort de la rame est tel que le poids par voyageur est de 1880 kg, ce qui est très élevé si l'on songe, par exemple, aux 240 kg des premières Littorine ou au TGV français qui ne dépasse guère la moitié de ce chiffre. La longueur des voitures varie, selon le type, de 19,55 à 24,14 m, pour une charge à l'essieu de 15,5 à 17 tonnes.

Engagées en 1953, après quelque 120 000 km effectués à titre de test, les deux rames circulent trois jours par semaine entre Milan et Naples, le trajet de 842 km étant réalisé en 8 h 30 min. Les voyageurs doivent payer, outre un billet de première classe, un supplément de 45 % du prix du billet, ce qui limite leur fréquentation : les chemins de fer italiens, du coup, modifient les rames pour offrir un plus grand nombre de places et permettre ainsi une réduction du supplément. L'ouverture partielle de la *Direttissima* Rome-Florence, prévue pour 250 km/h, permet d'améliorer les performances à partir de 1977 et de relier Milan à Rome en 5 h 35 minutes.

Tableau de marche du « Settebello » en 1953

Vitesse moyenne	Horaire (aller)	Km	Villes	Km	Horaire (retour)	Vitesse moyenne
-	10 heures	0	Milan	842	18 h	110,4
116,3	11 h 53-11 h 58	219	Bologne	623	15 h 56-16 h 01	88,2
90,9	13 h 02-13 h 08	316	Florence	526	14 h 44-14 h 50	95,3
93,9	16 h 30-16 h 45	632	Rome	210	11 h 10-11 h 25	100,8
100,8	18h50	842	Naples	0	9h05	-

Une rame ALe 601 arrive en gare de Florence. Notez la possibilité de composer de véritables trains rapides comprenant jusqu'à six caisses.

L'ALe 601 : le train le plus rapide d'Italie dans les années 1950

L'ALe 601, ce grand classique de l'automotrice électrique rapide du réseau italien des années 1960, est moins luxueux que le Settebello. Effectivement, il ne donne pas dans le confort haut de gamme, puisqu'en première classe, par exemple, la distance entre les dossiers des sièges opposés est de 1,85 m, ce qui n'est pas excessif, même avec trois places par travée. Cette cote est d'ailleurs conservée en seconde classe, mais avec cette fois quatre places de front. La largeur des véhicules à la ceinture est de 2,87 m, bien que les caisses soient très longues avec leurs 27,4 m hors tampons, la hauteur étant limitée à 3,77 m. Les porte-à-faux sont relativement importants, car l'entraxe des bogies atteint la valeur élevée de 18,2 m, les bogies eux-mêmes ayant un empattement de 3 m. Leurs roues ont un diamètre à l'état de neuf de 1,040 m. La motrice pèse 62 tonnes, la remorque de première classe et celle de deuxième 42 tonnes, tandis que la remorque-restaurant, de 48 places, accuse 45 tonnes.

Les caisses des automotrices de vitesse ALe 601, de type première classe uniquement, sont à l'origine des remorques de première du type Le 601 et de seconde du type Le 780, ainsi que des voitures-restaurant du type Le 480. Les automotrices et les remorques sont munies d'un poste de conduite à chaque extrémité. A leur sortie, ces automotrices, avec une vitesse maximale de 180 km/h, sont les engins ferroviaires les plus rapides d'Italie.

Notons que les Ferrovie dello Stato ont tiré de ce matériel une version banlieue, avec une motrice moins lourde (56 tonnes à vide), des caisses plus larges (2,90 m) et plus courtes (25,33 m hors tampons). Le problème du passage au gabarit italien a en outre imposé une section ovoïde avec une largeur diminuée de 16 cm dans la partie haute de la caisse.

L'ALe 601 : revue technique de détail

La puissance installée sur la motrice est de 800 kW en régime continu à 92 km/h ou de 1000 kW en régime unihoraire. Les moteurs d'un type nouveau, T 165, sont en permanence couplés en série par deux moteurs 1+3 et 2+4. En service courant, la motrice peut tracter, selon le profil de la ligne, deux ou trois remorques. La vitesse en palier avec deux remorques est de 160 km/h et, avec trois remorques, de 150 km/h. En rampe de 33 pour mille, les possibilités de traction sont limitées à une seule remorque ; en rampe de 19 pour mille, on admet deux remorques et, enfin, en rampe de 12 pour mille, trois remorques.

Les caisses entièrement métalliques sont constituées par deux poutres liant le châssis et le pavillon ; cela donne les trois zones fortes et porteuses que sont le battant de pavillon, la ceinture de caisse sous les baies et les poutrelles du châssis. Les bogies, type Z-1040 pour les bogies moteurs et V 920 pour les bogies porteurs, sont de construction italienne classique avec une charpente à caissons en tôle soudée, deux étages de suspension avec des ressorts hélicoïdaux et des amortisseurs latéraux et verticaux à la suspension secondaire. Des soufflets escamotables sont disposés à chaque extrémité des véhicules pour permettre l'intercirculation. On trouve deux cabinets de toilette et WC par véhicule.

Sur les remorques, les roues ont un diamètre de 0,920 m, mais l'empattement des bogies est identique, soit 3 m. Les moteurs des ALe 601 sont complètement suspendus avec interposition d'une transmission élastique du type Faneli par arbre creux, entraînement par engrenages monolatéraux d'un rapport de 34/50 avec des dentures droites et des blocs en caoutchouc. Les moteurs des motrices de banlieue ALe 803 sont suspendus par le nez.

Le moteur à quatre pôles type T 165 fonctionnant sous 1500 V, et isolé pour 3000 V, est d'un type nouveau. Il pèse 2400 kg. Sa puissance continue est de 200 kW pour 725 tr/min, tandis que la puissance unihoraire est de 250 kW pour 690 tr/min. Cet écart est la conséquence classique de l'isolation sur les moteurs d'engins 3000 V.

L'équipement utilise un appareillage à contacteurs électromagnétiques conforme à la tradition italienne, installé en totalité sous le châssis. La prise de courant sur chaque motrice est assurée par deux pantographes type 52 spécialement étudiés par les FS pour autoriser les plus grandes vitesses. La pression du pantographe sur la caténaire varie de 8 kg au repos à 16 kg à la vitesse de 180 km/h. L'archet a une largeur de 1,45 m. Le freinage est du type pneumatique avec un compresseur Westinghouse.

Les éléments de banlieue sont formés d'une motrice type ALe 603, d'une remorque intermédiaire type Le 803, d'une remorque avec poste de conduite type Le 803 dite « semi-pilote », car

Une motrice ALe 601 en version d'origine.

CARACTÉRISTIQUES TECHNIQUES

Caractéristiques techniques (ALe 840)
- Type : **BB (2 bogies moteurs)**
- Date de construction : **1949**
- Puissance : **600 kW**
- Poids de la motrice : **58 t**
- Poids de la remorque : **38 t**
- Longueur de la motrice : **28 m**
- Longueur de la remorque : **28 m**
- Places assises : **84 (motrice et remorque)**
- Vitesse maximale : **150 km/h**

Caractéristiques techniques (ALe 601)
- Type : **BB (2 bogies moteurs)**
- Date de construction : **1952**
- Puissance : **1000 kW**
- Poids de la motrice : **58 t**
- Poids de la remorque : **38 t**
- Longueur de la motrice : **27,40 m**
- Longueur de la remorque : **27,40 m**
- Places assises : **60 (motrice et remorque)**
- Vitesse maximale : **180 km/h**

Caractéristiques techniques (Settebello)
- Type : **rame automotrice 7 éléments**
- Date de construction : **1953**
- Courant : **3000 V continu**
- Puissance : **2950 ch**
- Capacité : **160 places**
- Masse totale de la rame : **325 t**
- Longueur d'un élément : **19,55 à 24,14 m**
- Vitesse en service : **160 km/h**

Une rame de vitesse en ligne.

ces trois véhicules forment un tout indissociable ayant un poste de conduite à chaque extrémité seulement. Les voitures pèsent 34 tonnes à vide. La vitesse maximum est alors fixée à 130 km/h. Chaque véhicule comporte 80 places assises, à quatre places de front, et la distance entre les axes des dossiers est réduite à 1,50 m. Chaque voiture comporte trois portes doubles pliantes, à commande pneumatique, une médiane, les deux autres aux extrémités. La hauteur du plancher au-dessus des rails, assez élevée (1,265 m), est due à la présence de l'ensemble des équipements sous le plancher. Il existe une intercommunication entre les trois véhicules d'un élément, comme avec ceux d'un autre élément, et il y a un WC par véhicule.

En palier, et sur les rampes inférieures à 14 pour mille, on peut former une rame d'une motrice et de quatre remorques, dont trois du type intermédiaire. Une partie de ce matériel a reçu un attelage automatique. L'aménagement intérieur est assez agréablement conçu et décoré.

Une rame de banlieue, avec ses portes d'intercirculation à toutes les extrémités.

1964

LES D-343 A 445

L'expression la plus connue de la discrète traction diesel italienne

Le diesel est un mode de traction auquel l'Italie s'est peu intéressé à cause de son coût élevé et surtout pour ne pas dépendre de l'étranger question approvisionnement. Peu enclins à mettre en péril une prospérité économique qu'elles ont mis des décennies à construire, les FS ont donc limité le diesel aux lignes à faible trafic, d'ailleurs fort nombreuses, ne justifiant pas une électrification. Telle sera donc la destination de ces locomotives, issues d'un choix délibéré de performances modestes mais d'une grande efficacité à moindre coût.

Comme bien des pays de forme allongée, l'Italie n'a pas une géographie idéale pour y installer des chemins de fer : comme en Suède, en Norvège ou au Chili, la configuration oblongue du pays est peu commode pour tracer un réseau cohérent et maillé. De plus, l'Italie est un territoire montagneux qui demande des lignes sinueuses, des ramifications à l'exploitation difficile et un morcellement du trafic. Cette configuration, avec des rampes assez longues et des tunnels nombreux, ne convient guère aux locomotives à vapeur. On pourrait croire que cela ferait le lit de la traction diesel. Mais l'Italie manque de pétrole, comme elle manque de charbon. Au contraire, la houille blanche ne fait pas défaut, et le réseau italien est tout naturellement un des premiers d'Europe en matière d'électrification. Les FS, toutefois, à la fin des années 1950, se trouvent face à un dilemme : comment maintenir en activité toutes ces petites lignes secondaires que la traction vapeur a fait vivre jusque-là maintenant qu'elle tire sa révérence ? Là où le trafic est trop faible pour rentabiliser une électrification, les ingénieurs italiens n'ont d'autre solution de se tourner vers la traction diesel.

Les enseignements d'une expérience concrète et bien menée

La traction diesel de ligne est relativement peu développée en Italie avant la Seconde Guerre mondiale, si l'on excepte, bien sûr, la motorisation des fameux autorails qui circulent en nombre considérable sur le réseau. Par contre, elle est pratiquement inexistante dans le domaine des locomotives de ligne remorquant des trains classiques. Bien évidemment, de nombreuses grandes gares, embranchements particuliers ou portuaires, utilisent des locotracteurs, dont les pittoresques Badoni, les seuls engins ferroviaires au monde plus larges que longs !

Un important programme est décidé pendant les années 1950. Il prévoit la diésélisation de 7500 km de lignes du réseau ; les premières réalisations voient le jour à la fin des années 1950 et au début des années 1960. Une expérience est menée sur la longue ligne qui va de Taranto, à l'extrême sud de la péninsule, jusqu'à Battipaglia, ville située près de Salerne sur la côte méditerranéenne, en traversant le pays en biais par Metaponte et Potenza. C'est une ligne de 320 km comportant des rampes de 15 à 25 pour mille ; elle traverse des régions peu industrialisées, ne générant qu'un très faible trafic et ne justifiant donc pas une électrification. Bref, c'est une ligne typique parmi celles que l'Italie doit diéséliser.

Cette expérience montre que 18 à 20 locomotives diesel peuvent remplacer 35 à 40 locomotives à vapeur, la consommation annuelle de charbon de 35000 tonnes étant alors substituée par une consommation de 6000 tonnes de fuel, soit une économie de 320 millions de lires par an à l'époque. Deux locomotives diesel sont essayées, la D-341 à transmission électrique et la D-342 à transmission mécanique. Ces essais vont donner naissance d'abord aux D-343, puis aux D-245.

Une D-345 en gare de Domodossola.

La série D-343 ouvre le bal

Cette première série 343, étudiée par les *Officine Ferroviarie* des FS sous la forme d'une BB est l'œuvre de plusieurs fabricants italiens. Elle montre que l'Italie a su faire le choix d'une solution moyenne et commode, celle de la locomotive de puissance modérée, apte à faire un peu de tout sur toutes les lignes, et pour une dépense en rapport avec les performances.

Longue de 13,24 m, cette locomotive a une disposition d'essieux très classique du type BB. Montée sur des roues d'un diamètre assez réduit (1040 mm), pesant 60 tonnes, elle a une transmission électrique – la meilleure solution dans le domaine de la traction diesel à laquelle l'Italie, à la suite de l'expérience faite par les États-Unis et la plupart des pays d'Europe dans ce domaine, se rallie elle aussi. Le moteur BRFI-Paxman paut développer 1380 chevaux (1 015 kW), mais il est réglé en service à 1070 chevaux (785 kW). La vitesse maximale est de 130 km/h, ce qui est assez élevé et permet à ces petites locomotives d'accomplir toutes sortes de tâches, y compris dans le transport des voyageurs. La série des D-343 comprend 35 unités construites entre 1967 et 1970, numérotées de D-343-2001 à 2035.

La D-345 prend la relève

Elle est construite par un groupement de constructeurs italiens parmi lesquels on trouve Breda, très réputé en ce qui concerne la construction ferroviaire, et Fiat, connu, en outre, pour sa production d'automobiles. D'autres firmes ont également été de la partie, comme Isotta Fraschini, qui fut très connue jadis pour ses automobiles de luxe, ainsi que la firme suisse Brown-Boveri, qui a construit la majeure partie des locomotives électriques du réseau suisse.

Une importante série de 145 unités est construite entre juin 1974 et mai 1979. Contrairement à ce que l'on pourrait penser, elle n'est pas la série la plus importante du parc moteur italien, mais il s'en faut de peu, étant dépassée de 5 exemplaires seulement par la série D-445. Elle a les mêmes dimensions générales que la D-343, exception faite du compartiment à bagages, qui a été supprimé. Les performances sont identiques, mais le moteur diesel est un Fiat A 218 SSF. Les numérotations vont de D-345-1001 à 1145. Toutes ces machines ont en commun des vitres planes, qui remplacent les baies vitrées courbes d'origine.

La D-445, évolution logique des précédentes

Cette locomotive est la suite naturelle de l'évolution des type D-343 et D-345. La série comporte 150 locomotives numérotées D-445-1001 à 1150, construites de 1974 à 1988, et c'est bien elle la série la plus importante en nombre au sein des locomotives diesel italiennes. L'électronique de puissance est très présente dans cette machine, notamment pour la commande des moteurs de trac-

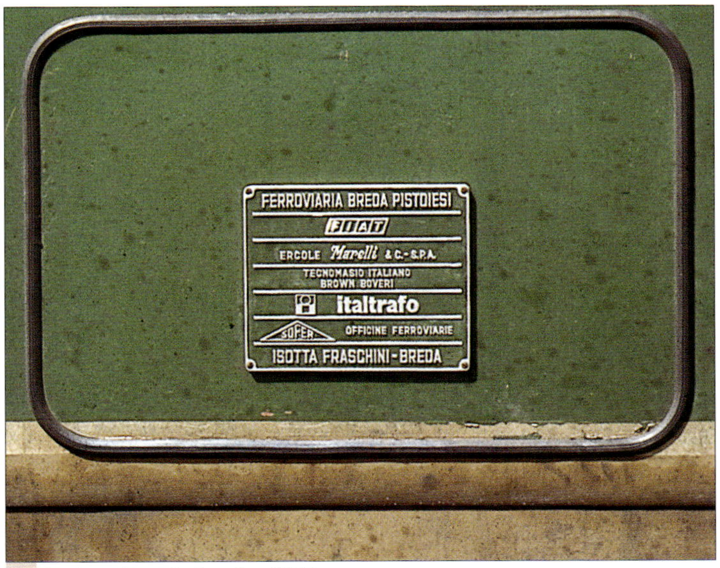

La plaque de constructeur d'une D-345 : les plus grands noms de l'industrie italienne y sont réunis.

tion, ce qui fait que la puissance disponible, avec un moteur Fiat A210 12SSF, passe à 1 560 kW. La transmission électrique est fabriquée par Ansaldo. La longueur de la locomotive est désormais de 14,10 m et le poids passe à 72 tonnes pour la deuxième tranche et à 75 tonnes pour la troisième. Un groupe de 280 kW assure la climatisation des trains de voyageurs. Ces locomotives sont jumelables et équipées de la réversibilité pour le service des trains de banlieue.

LOCOMOTIVA D 343
disposizione parti principali

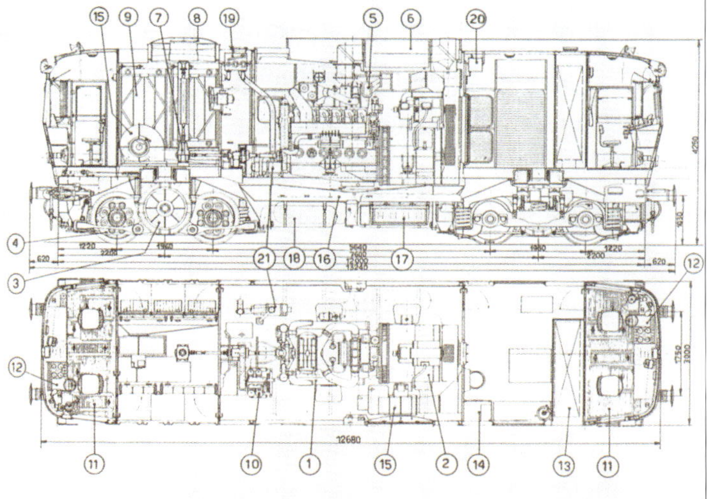

LEGENDA

1 - Motore Diesel Breda 12 YJCL
2 - Generatrice principale
3 - Motori elettrici di trazione
4 - Carter con ingranaggi di trasmissione
5 - Filtri aspirazione aria Diesel
6 - Silenziatore gas di scarico
7 - Presa di moto del ventilatore
8 - Ventilatore per raffreddamento acqua Diesel
9 - Radiatori raffreddamento acqua diesel
10 - Compressore aria
11 - Cabine di guida
12 - Banchi di manovra
13 - Armadio apparecchi elettrici
14 - Armadio per indumenti del personale di condotta
15 - Gruppi di ventilazione per motori elettrici
16 - Serbatoio del combustibile ricavato nei longheroni
17 - Cassa batterie accumulatori
18 - Serbatoio aria compressa
19 - Serbatoi di carico acqua motore e intercooling
20 - Serbatoio acqua lavello
21 - Caldaia di preriscaldo motore

Le schéma d'aménagement intérieur et de disposition générale des organes d'une D-343. Une belle leçon de langue technique italienne pour les amateurs… mais facilement compréhensible pour des Français. NB : Serbatoio = réservoir. Ingranaggi = engrenages. Preriscaldo = préchauffage.

CARACTÉRISTIQUES TECHNIQUES

Type : **BB**	Masse : **64 t**
Série : **D-345**	Entraxe des pivots de bogies : **7,6 m**
Date de construction : **1974 à 1979**	Empattement des bogies : **1960 mm**
Puissance : **1320 ch**	Longueur : **13,24 m**
Vitesse : **130 km/h**	

Identifier les locomotives diesel italiennes : que signifie le D ?

En général, les réseaux donnent des noms de séries déterminés par la simple chronologie, les chiffres les plus bas ou les plus simples étant au début. Il est rare qu'il y ait un système de codification où chaque chiffre prend une signification et renvoie le plus souvent à une caractéristique technique de la série de la locomotive. C'est pourtant le système qu'a choisi l'Italie.

Les locomotives diesel sont toutes désignées par la lettre D, suivie d'un code formé de trois chiffres. Les automotrices et les locotracteurs de manœuvres, toutefois, n'ont pas cette lettre D dans leur code.

Le premier chiffre qui suit la lettre D est 1 pour les locomotives de manœuvres lourdes, 2 pour les locomotives de manœuvres légères et 3 ou 4 pour les locomotives diesel de ligne assurant des services en tête des trains. Le second chiffre indique le nombre d'essieux moteurs de la locomotive. Le troisième chiffre indique le type de transmission, et si ce chiffre est impair, c'est une transmission électrique, s'il est pair, c'est une transmission hydraulique.

Ainsi, la D-345 est une locomotive diesel de ligne à quatre essieux moteurs, avec transmission électrique. La D-341 est plus ancienne que la D-343, ayant un dernier chiffre (certes impair) plus petit, et la D-343 qui lui a succédé est plus ancienne que la D-345.

LA E-656

Elle parachève le type BBB, provisoirement peut-être…

La locomotive à disposition d'essieux type BBB (à trois bogies de deux essieux) est presque une exclusivité italienne, seuls quelques rares pays comme la Suisse, surtout, ainsi que le Japon et la Nouvelle-Zélande ayant précédé ou suivi l'Italie dans ce domaine. Dans les années 1970, la BBB 656 est bien la toute dernière descendante de cette longue dynastie qui a donné au chemin de fer transalpin une grande partie de son originalité technique. La dernière, vraiment ? La mystérieuse E-666 étudiée par les FS ne serait-elle pas encore une prolongation du type BBB ?

Certains auteurs font remonter la tradition italienne de la BBB à 1928, considérant les FS comme le réseau pionnier de ce type de locomotive. Il est vrai que, dès cette année-là, il y eut des locomotives italiennes de type apparent BBB : les E-626. A dire vrai, elles ne sont des BBB qu'en apparence, car elles n'ont pas trois véritables bogies, mais deux seulement, encadrant deux essieux moteurs centraux solidaires d'un châssis rigide supportant l'ensemble. Pour clarifier les choses, disons que si ces deux bogies n'avaient pas eu de moteurs, la locomotive aurait été une 2B2. Mais, comme les deux bogies de la E-626 sont dotés de moteurs, on a bien, en théorie du moins, une BBB – mais ici avec un châssis à deux essieux moteurs plus deux bogies motorisés. Cette locomotive ne peut donc nullement offrir les avantages techniques d'inscription en courbe et de parfaite répartition des poids par essieu qu'offre une vraie BBB à trois bogies. Limitée à 100 km/h par son architecture générale très classique, elle est rapidement dépassée. Et nous pouvons, quant à nous, passer aux véritables BBB…

La E-636, ancêtre de toutes les BBB italiennes

Une première série de machines de type véritablement BBB, à trois bogies donc, est étudiée peu avant la Première Guerre mondiale, puis livrée seulement en 1940 : c'est la E-636, qui ne sait pas encore qu'elle sera la première de la fameuse lignée des BBB italiennes. Cette disposition d'essieux est destinée aux lignes à parcours sinueux et courbes de faible rayon. C'est une manière très originale de passer à la locomotive électrique à six essieux moteurs tout en évitant la formule à deux bogies longs type CC, qui est trop « raide » pour les voies à faible rayon de courbure. Dès les premiers essais, la machine s'inscrit en courbe avec souplesse, épargnant la voie et usant au mieux de son adhérence, puisque les trois bogies forment une succession de petits chariots courts donnant un ensemble très souple qui prend appui sur les voies en assurant une péréquation parfaite du poids par essieu. La E-636 est aussi en net progrès en matière de vitesse, puisque l'on passe des 100 km/h de la E-626 à 120 km/h.

Près de Baveno, au bord du lac Majeur.

Entre 1940 et 1962, les FS font construire 460 locomotives type BBB, qui constituent cette célèbre et très remarquée série 636. Capable de donner 1890 kW, ces machines sont présentes en tous les points du réseau, assurant une grande multiplicité de tâches. Puis, en 1964, c'est l'apparition des BBB série 645. Ces 295 locomotives sont beaucoup plus puissantes, puisque leur effort de traction est de 3780 kW à 120 km/h. Arrive ensuite la série des E-646, construites à partir de 1958, qui peuvent rouler à 140 km/h avec un effort de traction sensiblement identique. En 1975, enfin, ce sont les E-656 qui voient le jour, avec des possibilités encore accrues.

Une E-656 à Domodossola.

Une E-656 arrive à Modane, en France, au pied du Mont-Cenis.

La E-656 et la course à la puissance

La E-646 avait pour cahier des charges la remorque à 120 km/h de trains de marchandises lourds et à 140 km/h des trains de voyageurs, mais, au début des années 1960, bien des choses ont changé sur le réseau italien. La vitesse des trains de voyageurs est, désormais, placée dans la norme des 160 km/h, et les charges représentées par ces trains atteignent désormais 800 à 900 tonnes. Le type E-646 qui, jusque-là, a donné pleinement satisfaction, servira de base pour la création d'une locomotive plus puissante et plus rapide.

Considérée comme parfaitement acceptable, ayant fait ses preuves, la partie mécanique de la E-646 est conservée. Seule la caisse est renforcée, ainsi que les suspensions primaires et secondaires. C'est bien la partie électrique qui est marquée par l'âge : les ingénieurs s'attaquent donc au problème du manque de performances posé par les moteurs de traction s'il faut rouler à 160 km/h en remorquant 900 tonnes. Ils aboutissent finalement à la E-656, qui est bien, fondamentalement, une locomotive pour trains de voyageurs rapides lourds – le type de roulement et de service le plus difficile que l'on puisse demander à une locomotive, puisqu'elle doit réunir absolument tous les paramètres en termes de puissance et de vitesse.

Les six moteurs doubles : à perfectionner, mais avec modération

Les 656 se caractérisent par la présence de six moteurs, un par essieu, mais dits « doubles ». Cette disposition permet d'éviter la conduite des moteurs par interposition de résistances en série, solution peu économique, et d'offrir quatre couplages possibles des moteurs, donnant autant de régimes de vitesse utilisables en traction. Le fonctionnement des moteurs se fait avec une excitation (ou « shuntage ») réduite, ce qui permet à l'induit d'absorber un ampérage plus fort et confère à la locomotive la possibilité d'augmenter l'effort de traction pour une vitesse donnée. On obtient ainsi une qualité très recherchée par les ingénieurs et les équipes de conduite: la souplesse, c'est-à-dire l'indifférence de la locomotive à la charge remorquée et au profil de la ligne. Les moteurs de la 656 reçoivent en outre une ventilation renforcée.

Plus lourde que la 646 (115 tonnes au lieu de 110), plus puissante (4200 kW à 130 km/h au lieu de 3780 kW à 118 km/h), mais offrant un effort à la jante égal dans les deux cas avec 13,4 tonnes, la 656 est donc un bon investissement pour les chemins de fer italiens.

Le retour au bogie monomoteur ?

Pour des raisons de coût, les chemins de fer italiens essaient, à la fin des années 1970, des BBB à trois moteurs seulement, les E-632/633, construites à partir de 1980 et totalisant 4400 kW. Ils suivent en cela l'évolution générale des réseaux européens vers le bogie monomoteur, plus simple, plus endurant et plus économique. En outre, à l'époque, les FS entreprennent un autre grand revirement : la future E-666 sera une CC et non plus une BBB, disposition qui arrive donc en fin de règne et qui sera effective quelques années plus tard avec la E-633.

Les 656, plus complexes peut-être et plus chères à la construction, n'en continuent pas moins leur excellente carrière et on peut toujours les voir en tête de trains de voyageurs rapides sur la plupart des grandes lignes italiennes.

CARACTÉRISTIQUES TECHNIQUES

Type : **BBB**	Rapport de la transmission : **28/61**
Date de construction : **1975**	Diamètre des roues : **1250 mm**
Courant traction : **3000 V**	Masse : **115 t**
Puissance : **4800 kW (unihoraire)**	Longueur : **18,29 m**
Empattement des bogies : **2850 mm**	Vitesse : **130 km/h**

Identifier les locomotives électriques italiennes : que veut dire E-656 ?
Les locomotives électriques italiennes se signalent par un marquage commençant, comme dans d'autres pays, par la lettre E. Cette lettre est suivie de six chiffres.

• Le premier chiffre indique le nombre d'essieux moteurs. Le deuxième chiffre correspond à un ordre d'apparition chronologique de la locomotive : plus le chiffre est élevé, plus la locomotive est récente.
• Le troisième chiffre indique le nombre de moteurs de traction, mais pas toujours… En effet, certaines locomotives sont dans une série E-645 et d'autres dans une série E-646, le 5 indiquant une locomotive pour trains de voyageurs et le 6 une locomotive pour trains de marchandises.
• Les trois chiffres suivants placent la locomotive individuellement dans sa série, de 001 à 999.

Ajoutons qu'en 1982 est intervenue une réforme des marquages et classification des FS et que si le premier chiffre, désormais, conserve son indication du nombre d'essieux moteurs, les deux chiffres suivants sont un numéro de série partant de 01, mais les chiffres en troisième position sont pairs pour les locomotives affectées aux services voyageurs et impairs aux marchandises. Ainsi, la E-402, première locomotive à bénéficier de cette nouvelle numérotation, est une machine à quatre essieux moteurs, pour trains de voyageurs.

1977

LA DIRETTISSIMA ROME-FLORENCE

L'Italie, pays de la grande vitesse

La ligne à grande vitesse (LGV), peut-être a-t-on tendance à l'oublier, a été inventée en Italie, et ce dans la première moitié du siècle passé déjà. C'est en effet en 1927 que la première *Direttissima* est mise en service entre Rome et Naples, dans le cadre d'un programme de grands travaux lancé par le régime en place pour tenter d'apporter une réponse à la crise économique. Après la Seconde Guerre mondiale, l'Italie renoue avec la tradition et décide de créer une nouvelle *Direttissima*, cette fois entre Rome et Florence.

Les débuts de la grande vitesse en Italie, quelque part sur la première Direttissima ouverte en 1927.

La grande tradition de la *Direttissima* remonte à l'Italie des années 1920 et 1930, quand le Duce met en œuvre un grand programme de travaux d'État visant à réduire le chômage et à effectuer des réalisations marquantes sur les plans politique et social. Si les autoroutes font partie de cette entreprise ambitieuse, les lignes de chemin de fer ne sont pas oubliées : un véritable programme national de construction d'un réseau à grande vitesse est lancé.

Rome-Naples : la première *Direttissima*

Le 1er novembre 1927, c'est l'inauguration de la première *Direttissima* italienne, celle de Rome à Naples. Ces deux villes, distantes de 249 km par le rail, étaient avant cela reliées l'une à l'autre par une ligne sinueuse et accidentée parcourant l'arrière-pays ; elle passait par Frosinione, Roccasecca, Cassino, Sparanise et Cancello, une succession de très jolies petites villes perdues dans les montagnes. Ces localités n'avaient que faire d'une *Direttissima* d'importance nationale et, probablement, préféraient préserver leur calme et leur environnement. Le trajet, qui durait 4 h 25 min du fait d'un profil sévère et d'un tracé tourmenté, était un plaisir pour les touristes, mais pas pour les gens pressés et actifs.

Avec la nouvelle ligne longeant la côte par Fondi et Pozzuoli, la distance n'est plus que de 215 km, le trajet étant alors effectué en 2 h 50. L'aménagement de cette nouvelle *Direttissima* s'est fait au prix de travaux gigantesques, puisqu'il a fallu tailler dans le vif des montagnes et des vallées pour créer de longs alignements totalisant 174 km et permettant des vitesses soutenues de l'ordre de 120 km/h. Les courbes présentent toutes un rayon supérieur à 800 m, dépassant donc de beaucoup la norme traditionnelle des 300 m. Les rampes et pentes sont de 10 pour mille contre 15 pour mille sur l'ancienne ligne. Il a fallu creuser un tunnel long de 7530 m sous le mont Orso et construire un nombre considérable de viaducs (47 très exactement) et de ponts. En 1927, ce sont encore des locomotives à vapeur qui assurent le service sur la plus grande partie du parcours, soit jusqu'à Villa Literno, la traction électrique en triphasé assurant le reste jusqu'à Naples. Une électrification intégrale était prévue.

Milan-Bologne-Florence : la deuxième *Direttissima*

En 1934, la décision est prise de construire la *Direttissima* de Milan à Bologne et à Florence, une ligne longue de 632 km, qui fera l'objet de plusieurs projets et dont la réalisation totale demandera beaucoup de temps. Elle reprend les mêmes normes techniques que la première *Direttissima* avec des courbes à rayon supérieur à 800 m et des déclivités inférieures à 10 pour mille, ce qui autorise une vitesse de 120 km/h. Entre Bologne et Florence, ce n'est qu'une succession de tunnels : dès qu'elle quitte Bologne et la plaine du Pô, la ligne se tourne résolument vers le sud et attaque la chaîne des Apennins par la vallée de la rivière Savena et par le tunnel sous le mont Adone long de 7135 mètres. La ligne pénètre ensuite dans le tunnel de faîte long de 18 507 m qui, lors de son inauguration, est le plus long tunnel du monde à voûte unique pour une double voie. La ligne poursuit son parcours par la très étroite vallée du Bisenzio jusqu'à Prato, puis c'est une plaine qui s'ouvre devant elle jusqu'à Florence. La durée du voyage de Bologne à Florence passe de 2 h 50 à 1 h 06, c'est-à-dire qu'il est plus que divisé par deux.

Une Tartaruga en gare de Florence, dans les années 1980.

Mais, pour boucher le « trou » qui subsiste entre les deux lignes déjà construites, il reste encore à construire la ligne Florence-Rome, ce qui fera du Milan-Naples un grand axe central performant. Cette réalisation ne sera commencée qu'en 1970, surtout à cause de la Seconde Guerre mondiale et des difficiles années de reprise 1950 et 1960.

En dépit de ces contretemps, l'Italie n'a pas à avoir honte de sa situation ferroviaire. Dès 1939, à une époque où l'Allemagne est fière de ses rames automotrices diesel roulant à 150 km/h, l'Italie pratique couramment le 200 km/h avec ses rames électriques ETR-200. De fait, ce pays est bien au premier rang mondial pour la rapidité de son chemin de fer, ayant inventé le train à grande vitesse bien avant le Japon et la France ! Rappelons, par exemple, qu'il faudra attendre la fin des années 1960, soit encore une trentaine d'années, pour que le réseau français avec Le Capitole et l'Étendard, ou le Royaume-Uni avec ses rames diesel HST, pratiquent cette vitesse de 200 km/h présentée alors comme un exploit.

Symbole de la grande vitesse italienne, la Tartaruga en tête d'un train rapide pouvant rouler à 200 km/h – pas mal pour une tortue !

Le plan de modernisation des FS

Au lendemain de la Seconde Guerre mondiale, le plan décennal 1962-1972 définit le premier grand programme de refonte et de modernisation de l'infrastructure et du matériel roulant des chemins de fer italiens : il doit apporter 285 locomotives électriques, 218 locomotives diesel, plus de 2600 voitures et plus de 30000 wagons. Il prévoit aussi, et c'est ce qui nous intéresse ici, une dépense de plus de 150 milliards de lires pour la rénovation ou la reconstruction de 3880 km de lignes et de 2950 appareils de voie, sans compter des électrifications ou des réfections de signalisation. Le quadruplement de la ligne de Florence à Rome est également au programme : cette ligne, dite « dorsale », n'est en effet qu'une succession de tronçons, de lignes régionales construites au temps des anciens royaumes.

En 1961, les essais de vitesse sont relancés, notamment avec les automotrices ALe-601 de 870 kW, qui atteignent 250 km/h. L'importante relation Milan-Rome est assurée par des rames ETR-300 Settebello roulant à 180 km/h sur les sections de voie reconstruites. Toutefois, la traversée des Apennins, avec son tracé difficile, crée des difficultés d'exploitation et freine les performances. Il faut donc terminer cette *Direttissima* de Milan à Rome en construisant le tronçon Florence-Rome, ce qui créera une nouvelle ligne de 213 km, alors que l'ancienne mesurait 314 km.

Milan-Rome : suite et fin

Commencée en 1970, cette *Direttissima* est ouverte progressivement à partir de 1977, année où est réalisé le premier tronçon qui va de Rome à Città della Pieve ; puis, en 1983, c'est le prolongement jusqu'à Orvieto en attendant l'achèvement de la ligne en 1986. Les caractéristiques de cette dernière sont à la hauteur des performances attendues : des rayons de courbure toujours supérieurs à 3000 m, des rails de 60 kg au mètre, un entraxe des voies de 4 m, la possibilité de banalisation des voies dans les deux sens, un grand nombre de connexions avec le réseau classique. Plusieurs ouvrages d'art sont spectaculaires, comme les tunnels de San Oreste (long de 5173 m) et de San Donato (10954 m), percés au rayon de 4,72 m comme l'ensemble des tunnels de la ligne, ou encore l'interminable viaduc sur le fleuve Paglia, que ses 5375 m placent parmi les plus longs du monde à l'époque.

La ligne est prévue pour 250 km/h, avec possibilité jusqu'à 300 km/h pour les trains qui, à l'avenir, atteindront cette vitesse. Elle est également ouverte aux trains de marchandises aux heures creuses de la nuit, trains qui peuvent alors rentabiliser au mieux ce profil très facile en roulant « à fond » sur l'ensemble du trajet. Les premières locomotives BB à grande vitesse sont les E-444 – surnommées Tartaruga (tortue) –, mises en service à la fin des années 1960 et capables d'un bon 200 km/h, mais limitées à 160 km/h lors des débuts d'exploitation de la ligne. Ensuite, à la fin des années 1980, les chemins de fer italiens engagent les BB E-402, qui roulent à 220 km/h depuis 1995 grâce à leur puissance de 5000 kW. La ligne est donc parcourue principalement par des trains classiques remorqués.

A 200 km/h en cabine de conduite, sur la Direttissima entre Milan et Bologne.

En 1986, les FS deviennent une entreprise autonome et se trouvent à la tête d'un réseau d'environ 16000 km de lignes en voie normale, dont 9500 km sont électrifiés en 3000 V continu. La nouvelle société se lance alors dans un programme de construction de lignes à 300 km/h électrifiées en 25 kV, pour lesquelles sont conçues les rames ETR 500. Deux grandes lignes formant un « T » sont étudiées, puis mises en chantier : elles doivent, au final, relier Turin à Venise et Milan à Naples. Ce programme, en raison de diverses difficultés administratives, politiques et financières, tarde néanmoins à se concrétiser.

1980

LA E-633

Le type BBB touche à l'excellence grâce à l'électronique

Cette locomotive italienne a pour particularité technique d'être de type BBB, c'est-à-dire dotée de trois bogies à deux essieux, formule assez courante en Italie et dont elle représente l'ultime évolution, mais ici avec une caisse unique autoportante. Les ingénieurs italiens étant très innovateurs et très au fait des techniques de pointe relevant de l'électronique, elle a d'autres caractéristiques fort originales, notamment des « hacheurs », qui lui confèrent, en matière de puissance, une grande souplesse d'utilisation.

La disposition d'essieux type BBB, comme nous l'avons déjà mentionné à propos de cette autre BBB qu'est la 656, est pratiquement inconnue en Europe, hormis en Italie et en Suisse. Les chemins de fer néo-zélandais utilisent la formule à la fin des années 1940, les chemins de fer rhétiques de la Suisse l'adoptent pour leurs Ge 6/6 en 1958 en voie métrique, tandis que les CFF (Chemins de fer fédéraux suisses) l'emploient également pour leurs très connues Re 6/6 en 1972. Si la Suisse pratique cette disposition sous une caisse unique, l'Italie, elle, l'applique à une locomotive articulée pour obtenir une parfaite répartition du poids adhérent sur les douze roues.

Le type BBB refait surface

Signalons encore que la France fait quelques brefs essais avec deux machines, une BBB 6002 en 1948 et une BBB 20003 en 1952, mais en reste là, faute de résultats probants. Le Japon, en revanche, fait un grand usage de cette disposition d'essieux sur son important réseau en voie métrique. Plus récemment, le type BBB est redevenu d'actualité avec les locomotives à caisse unique assurant la traction des trains navettes du tunnel sous la Manche.

Le type BBB en Italie

Les premières BBB circulent en Italie en 1929, sous la forme d'anciennes 2B2 dont les deux bogies porteurs sont astucieusement transformés en bogies moteurs. Cette formule permet d'obtenir une locomotive à six essieux moteurs, donc à grande puissance de traction, comme une CC, mais en plus souple pour ce qui est de l'inscription en courbe serrée. En effet, les lignes italiennes sont très sinueuses, la courbe de 300 m de rayon étant pratiquement la norme à l'époque où elles sont construites, cela pour des raisons d'économie. Or, inscrire un long bogie moteur à trois essieux, comme celui d'une CC, dans une courbe à rayon de 300 m, crée des contraintes pour la voie, avec une assez forte poussée latérale des essieux extrêmes du bogie. L'entretien de la voie étant le poste budgétaire le plus élevé en matière d'exploitation ferroviaire, on comprend le choix italien, puisqu'il faut bien rouler sur un réseau qui n'a pu, pendant le XIXe siècle, se construire avec des courbes exclusivement à grand rayon.

Heureusement, le réseau italien a fortement évolué, surtout dans les décennies qui ont suivi la Seconde Guerre mondiale : il a été reconstruit presque intégralement, aucune ligne ou presque n'ayant été épargnée. Tant et si bien qu'aujourd'hui, toutes les lignes reconstruites ont désormais un grand rayon de courbure, ce qui permet le retour des dispositions d'essieux classiques types BB ou même CC lourdes et puissantes.

La E-633 : une locomotive à six essieux totalement nouvelle

Elle est le résultat des essais entrepris en 1976 sur les équipements de traction en courant continu à base de thyristors, issus des progrès de l'électronique, destinés aux locomotives de grande

Une E-633 en tête d'un train régional près de Milan.

Une E-633 en livrée d'origine.

CARACTÉRISTIQUES TECHNIQUES

Type : **BBB**	Empattement d'un bogie : **2,15 m**
Date de construction : **1980**	Masse : **99 t**
Courant traction : **3000 V continu**	Charge par essieu : **16,5 t**
Nombre de moteurs : **3**	Longueur : **17,8 m**
Puissance totale régime unihoraire : **4900 kW**	Largeur : **3,2 m**
Rapports de transmission : **29/64 et 36/64**	Hauteur totale : **4,34 m**
Diamètre des roues : **1040 mm**	Vitesse maximale : **160 km/h**
Entraxe des bogies extrêmes : **10,50 m**	

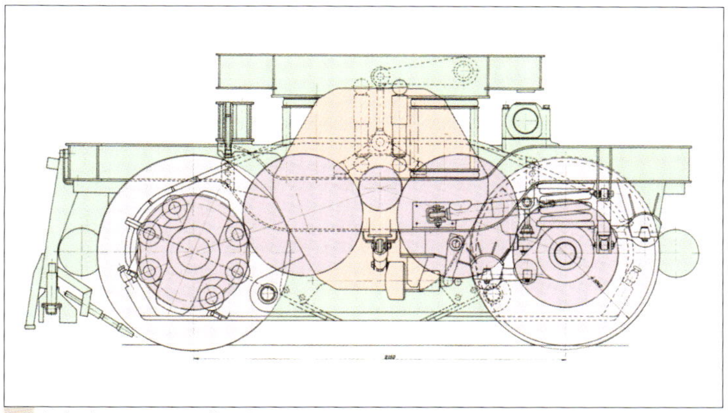

Le bogie monomoteur d'une E-633.

puissance. Avec des groupes de hacheurs, il est possible, à volonté, de fractionner en pulsions le courant envoyé aux moteurs à courant continu, donc de les commander d'une façon très fine et d'augmenter la puissance de traction. De plus, ce dispositif permet aussi d'utiliser de fortes tensions aux bornes des moteurs, donc dans la caténaire : les Italiens, qui sont déjà équipés en courant continu 3000 V, songent ainsi à passer à une tension de 6000 V, ce qui autoriserait de très grandes puissances.

En se contentant des 3000 V, les E-633, dotées de trois bogies monomoteurs, peuvent déjà fournir 4320 kW en régime continu et même atteindre 4900 kW en régime unihoraire, ce qui autorise de bonnes vitesses en service, de l'ordre de 160 km/h en tête de trains lourds, même sur les portions de voies sinueuses qui n'ont pas encore pu être améliorées.

Quand ils décident de réaliser cette nouvelle locomotive, les chemins de fer italiens viennent de construire 200 locomotives BBB du type E-656, qui sont une évolution très importante du type E-646. Ils ont aussi derrière eux 116 locomotives du type E-444, des BB destinées à la grande vitesse. Les FS ont donc une grande expérience des techniques nouvelles, notamment dans le domaine de l'électronique de puissance, ce qui leur permet de concevoir une locomotive à six essieux totalement inédite. Elles expérimentent en outre des solutions nouvelles pour les parties mécaniques, ce qui les amène à concevoir des locomotives avec une charge par essieu beaucoup plus réduite, cette dernière caractéristique étant cruciale pour le réseau italien dont l'armement et les charges admises restent encore assez problématiques à l'époque.

Des caractéristiques mécaniques intéressantes

Les bogies, monomoteurs, sont construits en tôle laminée et soudée. Les suspensions primaire et secondaire sont assurées par des ressorts hélicoïdaux au nombre de huit par bogie, à raison de quatre ressorts en suspension primaire et quatre en secondaire. La caisse, de type autoportant et conforme aux normes de l'UIC, repose directement sur les ressorts du secondaire qui, eux, prennent appui sur les longerons de bogie – cet ensemble d'éléments technologiques procurant finalement des solutions à la fois simples et très endurantes en service. La flexibilité des ressorts permet non seulement une suspension très douce, mais aussi la rotation des bogies extrêmes en courbe et le rappel du bogie central lors de ses débattements latéraux en courbe. Ce rappel du bogie central est une des contraintes de la caisse unique, puisque ledit bogie doit pouvoir se déplacer latéralement, alors que sur les BBB précédentes, l'articulation entre les deux caisses se faisait sur le bogie central, la locomotive se « pliant » (dans tous les sens du terme) en courbe à toutes les exigences de ses trois bogies. Bien entendu, de tels ressorts, aussi souples et doux, demandent l'interposition d'amortisseurs.

Les trois moteurs de traction sont du type T850 donnant 1630 kW ; ils reposent sur les longerons du châssis par l'entremise de silentblocs. Ils sont alimentés par les hacheurs à une tension maximale de 1800 V. La transmission du mouvement se fait par des réducteurs à cinq engrenages, fixés à chaque moteur et entraînés par des anneaux dansants. On peut obtenir deux rapports de démultiplication, marchandises ou voyageurs, avec des vitesses maximales de 130 ou 160 km/h. Les efforts de traction au démarrage sont respectivement de 29 300 et 23 600 kg, et les efforts de traction en régime continu sont respectivement de 18 000 et 14 600 kg. Les vitesses de marche sont de 82 et 101 km/h respectivement en régime unihoraire et de 85 et 106 km/h en régime continu. Le freinage rhéostatique permet de retenir un train pesant 1100 tonnes sur une pente de 12 pour mille à une vitesse se situant entre 80 et 90 km/h environ – des performances particulièrement appréciables, au moins autant qu'en traction, pour les trains de marchandises.

Les services auxiliaires de la locomotive sont alimentés par un convertisseur statique triphasé donnant, à partir du continu 3000 V, du courant à la tension de 450 V et à la fréquence de 50 Hz, sous une puissance de 180 kVA.

Une carrière active partout sur le réseau

Ces E-633 sont affectées à toutes sortes de services, avec une prédilection pour les trains de voyageurs lourds et les trains de voyageurs régionaux. Toutefois, leur double rapport de réduction leur permet, quand il le faut, de se transformer en locomotives pour trains de marchandises rapides ou de messageries, fonction dans laquelle elles excellent.

Leur décoration reflète l'esthétique des années 1980 en vigueur aux FS : la caisse est bleue et grise et les traverses de tamponnement rouges. La ligne est sobre, carrée, donnant à la machine l'aspect fonctionnel et moderne qui correspond à ses performances.

Une E-633 en gare de Modane.

1964

L'AUTORAIL ALn 663

Modulable, confortable et muni de l'intercirculation

Marquant le renouveau de l'autorail en Italie, cet engin, produit par Fiat à la suite de la grande famille des 668, se veut, lui aussi, fonctionnel et adapté à la circulation en rames modulables ou individuelles. Sa ligne sobre et nette est tout à l'honneur des designers italiens dont on connaît la maîtrise en la matière. Il présente en outre des particularités techniques fort intéressantes, comme une cabine de conduite à « géométrie variable » et un moteur à plat.

L'autorail est par définition le sauveteur des petites lignes rurales, qui lui donnent beaucoup de travail en Italie : ce pays, notamment dans le centre et le sud, a en effet de nombreuses lignes à voie unique desservant des régions peu industrialisées, souvent sur de très grandes longueurs. Des dizaines de kilomètres s'ajoutent les uns aux autres, quand on parcourt ces lignes des Pouilles ou de la Calabre, sans agglomérations, donc sans gares et avec un faible trafic.

L'autorail n'aime pas la solitude

Lors de la naissance des autorails, entre les deux guerres, sur l'ensemble des réseaux européens, les ingénieurs prévoient que cet engin, issu directement du monde automobile, circulera seul comme le fait un autocar (dont il a la forme générale), avec des extrémités arrondies et fermées. Conçu pour le sauvetage de petites lignes en manque de trafic, l'autorail n'a, en principe, que peu de voyageurs à transporter. Tout au plus prévoit-on, pour les rares occasions de fort trafic comme les jours de foires et de marchés, l'adjonction possible d'une remorque légère.

Mais son succès conduit rapidement les réseaux à les utiliser en couplage ou en jumelage. Le couplage est la conduite de deux autorails indépendants attelés l'un à l'autre et ayant chacun leur conducteur à bord ; dans le cas du jumelage, les deux autorails sont pilotés par un seul conducteur, placé dans la cabine de tête du premier véhicule. Cette dernière disposition demande un équipement spécial, en général pneumatique, installé à bord de l'ensemble des autorails jumelables et permettant la commande simultanée des moteurs, boîtes de vitesse et systèmes de freinage de tous les autorails jumelés comme s'ils n'étaient qu'un seul et même engin.

Si l'ensemble des autorails du parc européen se prêtent au couplage ou au jumelage et se trouvent munis, progressivement, des systèmes d'attelage et de tamponnement permettant la circulation en unités multiples, il n'en reste pas moins vrai qu'il s'agit, pour les voyageurs, de véhicules indépendants qui ne permettent pas de passer de l'un à l'autre pendant le voyage. On se retrouve donc souvent confronté à des situations peu rationnelles telles qu'un autorail surchargé, avec des voyageurs debout montés en groupe ensemble dans une gare, ne s'étant pas rendu compte que l'autre autorail est pratiquement vide et offre, à profusion, de confortables places assises ! Les contrôleurs, eux non plus, ne peuvent passer d'un autorail à l'autre en cours de marche ; ils doivent attendre les arrêts en gare pour en monter ou en descendre en même temps que les voyageurs, ce qui rend impossible ou illusoire tout contrôle réel des titres de transport.

L'intercirculation dans les autorails : une caractéristique née en Italie

L'idéal serait de pouvoir équiper les autorails de soufflets d'intercirculation. Mais la présence de la cabine de conduite empêche l'installation de soufflets dans la mesure où le conducteur, lui, doit jouir d'une vue totalement libre et dégagée et qu'il ne doit pas être gêné par les passages répétés des voyageurs.

Les réseaux anglais pratiquent assez tôt, sur leurs rames diesel ou électriques, une intercirculation grâce à la formule d'une très petite cabine logée, à l'étroit, sur le côté de l'extrémité de la voiture motrice, qui laisse au soufflet toute la place centrale. Les ingénieurs italiens, eux, imaginent une autre solution, sous la forme d'une sorte de cabine à « géométrie variable ». Si cette cabine est occupée par le conducteur, et se trouve donc à l'avant, elle n'a pas besoin de livrer passage aux voyageurs : dans ce cas, les portes frontales sont fermées, tout comme les portes de service donnant vers l'intérieur de la voiture. La cabine est entièrement dégagée et vitrée vers l'avant. Si elle est située à une autre extrémité attelée, les deux portes frontales et les portes de

Un autorail ALn série 1195 à 1204, du dépôt de Cuneo (Coni), en service sur la ligne de Vintimille.

Un ALn en ligne, dans les années 1980.

service sont ouvertes à 90° et forment un corridor continu. Un système de soufflets est alors déployé et ouvre l'intercirculation avec l'autre cabine attenante qui, bien sûr, a été préparée de la même façon.

Fiat, championne de l'autorail...

L'Italie, et plus particulièrement son grand constructeur national qu'est Fiat, a accumulé une très longue et très féconde expérience en matière de motorisation d'autorails. Avec sa filiale, la société OM (Officine Meccaniche), et cela depuis le début de l'ère des autorails dans les années 1930, cette entreprise domine le marché en matière d'autorails à moteurs horizontaux; son mérite est d'avoir su faire évoluer de grandes idées directrices donnant des lignées d'autorails cohérentes. La fameuse firme Breda, elle, s'est orientée plus particulièrement vers la traction électrique, produisant notamment les célèbres ETR 200 et 250, puis les ETR 300 et les rames TEE italiennes.

Fiat, ce sont des locomotives, des autorails, des rames automotrices, des voitures, des wagons, des tramways qui sortent des usines de Turin à une cadence inégalée. Ses réalisations vont satisfaire les besoins du réseau de l'État italien, mais aussi de multiples réseaux secondaires et de nombreuses compagnies ferroviaires étrangères: elle s'est ainsi ouvert des marchés féconds en Grèce, en Yougoslavie, en Espagne, au Portugal, aux Indes, en Nouvelle-Zélande, au Venezuela, à Cuba, au Mexique et en Argentine. A la fin des années 1950, plus d'un millier d'autorails et de rames automotrices sont en circulation, dont l'intégralité, ou presque, de leurs composants sont d'origine Fiat ou de ses filiales.

... et du moteur à plat

Au lendemain de la Seconde Guerre mondiale, une gamme de moteurs de puissance variable, montés en Italie par Fiat ou par OM, est fabriquée sous une licence Saurer. La firme suisse, faute de pouvoir utiliser ses brevets de moteurs ferroviaires sur son propre territoire, les exploite hors frontières. En France, soit dit en passant, l'exploitation de cette licence a été reprise par la SFAC aux Usines du Creusot, la fusion de Saurer avec Simca ayant entraîné l'arrêt de cette production.

Ces moteurs se caractérisent par une disposition à plat sous le plancher de l'autorail – solution que l'on retrouvera aussi, mais sous une forme plus modeste, sur des autobus et des autocars. Ils prennent donc un minimum de place, libérant toute la longueur de l'autorail pour les voyageurs. Dans d'autres pays d'Europe, comme la France, on construit toujours des autorails avec un gros moteur vertical occupant une grande partie du plancher de l'autorail. Ces moteurs à plat sous le plancher peuvent ainsi, sans aucun inconvénient, être au nombre de deux si les besoins en matière de puissance l'exigent.

Les moteurs de l'époque, types 203 et 203 S, sont à six cylindres de 125 x 145 mm donnant une cylindrée de 10,6 litres. La puissance UIC est de 125 chevaux à 1800 tr/min et de 168 chevaux à 2000 tr/min. Les types 700 et 700 S sont à six cylindres de 150 x 190 mm, donnant une cylindrée de 20,1 litres et une puissance UIC de 225 chevaux à 1550 tr/min et de 295 chevaux à 1550 tr/min. Les moteurs type SBD sont à douze cylindres de 160 x 220 mm disposés horizontalement sur deux lignes opposées de six cylindres chacune, disposition dite en « flat twin », avec une cylindrée de 48,2 litres et une puissance UIC de 480 chevaux à 1400 tr/min. Certains moteurs, comme le SEHK, atteignent 50,3 litres et donnent 482 ou même 800 chevaux en version suralimentée!

A l'Exposition internationale de Bruxelles, en 1958, la société OM présente l'autorail type ALn 773, destiné aux Ferrovie dello Stato, dont les caractéristiques techniques vont constituer les bases de l'ALn 663. Il est équipé de deux moteurs BXDUL à six cylindres de 130 x 170 mm, inclinés à huit degrés sur l'horizontale et suralimentés par des turbocompresseurs Brown-Boveri. On a accouplé à chaque moteur une boîte de vitesses hydromécanique, fabriquée par OM sous licence de la Svenska Rotor Maskiner, qui comporte un convertisseur de couple et un dispositif permettant de passer en prise directe par liaison mécanique avec exclusion du circuit hydraulique.

CARACTÉRISTIQUES TECHNIQUES

Type: **autorail**	Transmission: **hydraulique et mécanique**
Date de construction: **1984**	Capacité: **65 places**
Moteurs: **2 x 180 kW**	Masse: **37 t**
Puissance totale: **310 ch**	Longueur: **23,5 m**
Nombre de moteurs: **2**	Vitesse: **130 km/h**

Sur la magnifique ligne de Nice à Cuneo, un couplage d'ALn en route vers Tende.

1967

LA E-444

La tortue la plus rapide du monde

Ce n'est qu'en 1974 qu'apparaissent en Italie les premières locomotives électriques aptes à circuler à la vitesse de 200 km/h. Elles sont issues des E-444 de 1967 et s'inscrivent dans la même évolution, celle de la grande vitesse, que la BB 9200 et la CC 6500 en France, la E-103 en Allemagne et la Re 4/4-1 en Suisse. Le besoin accru d'engins rapides sur le réseau des Ferrovie dello Stato a pour origine la décision d'augmenter les vitesses commerciales entre les grandes villes industrielles, notamment avec le développement des relations TEE.

Dans les années 1970, l'Italie tient à jouer pleinement le rôle qui lui revient dans la construction européenne et veut faire partie de l'Europe ferroviaire de la grande vitesse. La reprise de la construction de grandes lignes ferroviaires en Europe marque donc un tournant fondamental dans la géographie des transports du continent. La construction de ces lignes répond à un double impératif: améliorer la rentabilité et la qualité du service pour les usagers et développer rapidement la capacité du réseau existant.

Répondre à la saturation par la spécialisation

Après plus d'un siècle d'histoire des chemins de fer, les principaux axes ferroviaires européens, dont le trafic n'a fait que se développer, présentent des signes de saturation, ce qui est particulièrement le cas pour les lignes reliant l'Italie au reste de l'Europe. Heureusement, cette évolution se fait à un moment clé: la grande vitesse, à partir des années 1970, est techniquement possible et les capitaux pour la mettre en œuvre sont disponibles.

De même que l'on a doublé les grands axes routiers par des autoroutes ayant leurs propres caractéristiques, ce qui induit une certaine spécialisation du trafic, de même les nouvelles lignes ferroviaires sont dotées des spécificités de la haute vitesse à 250 ou 300 km/h, permettant elles aussi une spécialisation du trafic et, par contrecoup, un meilleur rendement économique. Comme pour les autoroutes, on maintient donc la compatibilité des lignes grande vitesse avec les lignes normales afin de permettre l'accès aux gares des grandes villes.

L'Italie face à la barrière des Alpes

Les réseaux ferroviaires européens établissent au début des années 1970, sous l'égide de l'UIC, un « Plan directeur du chemin de fer européen de l'avenir » qui prévoit en première étape, pour les 15 années à venir, environ 6000 km de lignes nouvelles, la plupart à haute vitesse. Ce programme représente d'ailleurs un volume d'investissement très faible par rapport à celui des autres modes de transport, eu égard aux budgets immenses consacrés aux autoroutes et aux aéroports. Il est à noter que l'UIC prévoit la disparition des transbordements maritimes subsistant avec la Grande-Bretagne et la Scandinavie.

Les chemins de fer européens intensifient également, en vue d'améliorer la rentabilité et la qualité du service, leurs actions communes dans tous les domaines de la gestion. Un des objectifs les plus importants est de réaliser la standardisation des matériels afin de réduire les coûts d'approvisionnement et d'élaborer des structures tarifaires internationales faisant abstraction des frontières. Il est également projeté, en tenant compte de certaines réalités politiques et économiques, de développer des « actions sectorielles » au niveau européen, soit sous la forme de pools d'exploitation (voitures-lits, wagons de marchandises, etc.), soit sous celle de sociétés multinationales spécialisées. Ainsi sont nés Interfrigo, Intercontainer ou encore Eurofima, dont les sigles seront rapidement connus sur l'ensemble des réseaux européens.

L'Italie, comme le montre la carte ci-contre, est bien européenne, mais elle est séparée de l'Europe par les Alpes, qui forment une barrière difficile à franchir, surtout en grande vitesse. C'est pourquoi elle doit d'abord aménager une grande vitesse purement italienne, sur son territoire – sur l'axe reliant la plaine du Pô au cœur de l'Italie et à Rome. Bien évidemment, cet axe Milan-Rome ne sera véritablement intégré au réseau à grande vitesse européen qu'avec la réalisation du premier grand tunnel sous les Alpes entre Lyon et Turin. Chi vivrà vedrà!

Une E-444R en attente de départ. Notez la forme de la cabine par rapport à celle des deux locomotives de la page ci-contre.

La E-444, dite Tartaruga, selon le schéma d'origine du constructeur. La forme de la cabine et les surfaces vitrées seront changées.

La E-444, pionnière italienne d'une Europe de la grande vitesse

Une E-444 en version classique, livrée gris et bleu et fenêtres d'angle de cabine bouchées.

La première série des E-444 est constituée de cinq unités pouvant donner 3000 kW en régime continu, autorisant une vitesse maximale de 180 km/h. Mais cette puissance est augmentée à 4020 kW sur la version définitive pour autoriser un 200 km/h maintenu facilement. Avec cette augmentation de puissance, l'esthétique générale est redessinée. Si les 50 unités de la deuxième série se distinguent extérieurement par des extrémités de cabine beaucoup plus élégantes et aérodynamiques, elles disposent également d'une puissance installée supérieure due à l'emploi de quatre moteurs T.750.FS au lieu des T.550.FS primitivement utilisés. Une plus grande vitesse de rotation des nouveaux moteurs a autorisé un rapport de démultiplication de 40 à 77 (au lieu de 41 à 77) et la vitesse de l'engin est passée de 180 à 200 km/h. L'effort maximum de traction est de 23 300 kg et la puissance maximale en régime unihoraire est de 5500 chevaux à 102,5 km/h. A 105 km/h, la puissance en régime continu est de 4950 chevaux. A la vitesse maximale de 200 km/h, l'effort au crochet est de 6500 kg (6375 daN) et permet de remorquer un train de 450 tonnes.

L'arrivée des E-444 soulage les services de la traction, qui ne disposaient jusqu'alors que des séries héritées de l'avant-guerre ou encore des E-646 atteignant 140 km/h et des E-656 circulant à 150 km/h – un matériel, de surcroît, en nombre insuffisant pour couvrir les besoins en machines rapides. La E-444 est donc la première série pouvant circuler à 200 km/h. Plusieurs constructeurs nationaux sont mis à contribution pour livrer les 117 machines, les dernières étant mises en service en 1974. Devenant quasiment omniprésentes sur les services « nobles », la direction des Ferrovie dello Stato confie tout naturellement la traction des divers TEE circulant en Italie, tant en liaison internationale – avec les trains Cisalpino et Mediolanum – qu'en service intérieur – avec le Vesuvio ou l'Adriatico par exemple. Conçues selon une technique ancienne, les E-444 ne régneront pas longtemps, obligées qu'elles seront de céder la place aux machines des séries E-632 et E-633, beaucoup plus avancées sur le plan technique.

La métamorphose des tortues

C'est en 1989 que la première unité transformée fait son apparition. La forme de la caisse a été remodelée et l'habillage revu. En outre, les machines rénovées sont classifiées dans la catégorie E-444R. D'abord limitée à quelques specimen, la transformation concerne finalement toute la série, qui sera fort utile sur le réseau des FS. Éloignées en grande partie des services entre grandes villes, elles font leur retour en tête des rames Intercity, redonnant un certain lustre à une carrière qui s'annonçait prometteuse, mais qui avait failli les conduire à un oubli prématuré. Un retour inespéré qu'exprime bien leur surnom italien de *tartaruga* (tortue), mais qui en fait leur a été donné à cause de leur vitesse.

Les E-444R assurent honnêtement leurs nouveaux services mais, placées dans les roulements des fameuses E-402 aptes au 220 km/h ou encore des E-652, la différence est manifeste. Le développement des grandes vitesses allié à l'arrivée de rames ETR 460 et 500 va réduire leur champ d'action, et les 113 unités encore en service à la fin des années 1990 – seuls les 4 prototypes ont disparu – seront reversées dans d'autres types de trafic. Trois dépôts hébergent des E-444 et des 444R : Milan Central, Florence et Rome San Lorenzo. Remodelées et quelque peu rajeunies, ces superbes machines ont encore quelques belles années de service devant elles.

CARACTÉRISTIQUES TECHNIQUES

Type : **BB**	Longueur totale : **16,84 m**
Poids total : **80 t**	Vitesse maximale : **200 km/h**
Puissance : **4020 kW**	

Près de 2000 locomotives électriques

Le parc des locomotives électriques de ligne des Ferrovie dello Stato comprend, au début des années 1980, 1983 unités réparties en 13 séries. Les séries d'avant guerre, avec notamment les E-626, ont presque toutes disparu, laissant la place aux unités plus récentes. Ce sont les BBB série E-456 qui sont les plus nombreuses, avec 458 machines réparties dans 12 dépôts. Une nouvelle série assez proche des E-402, les E-412, aptes à circuler en Italie, en Autriche et en Allemagne, a commencé sa carrière pendant les années 1990.

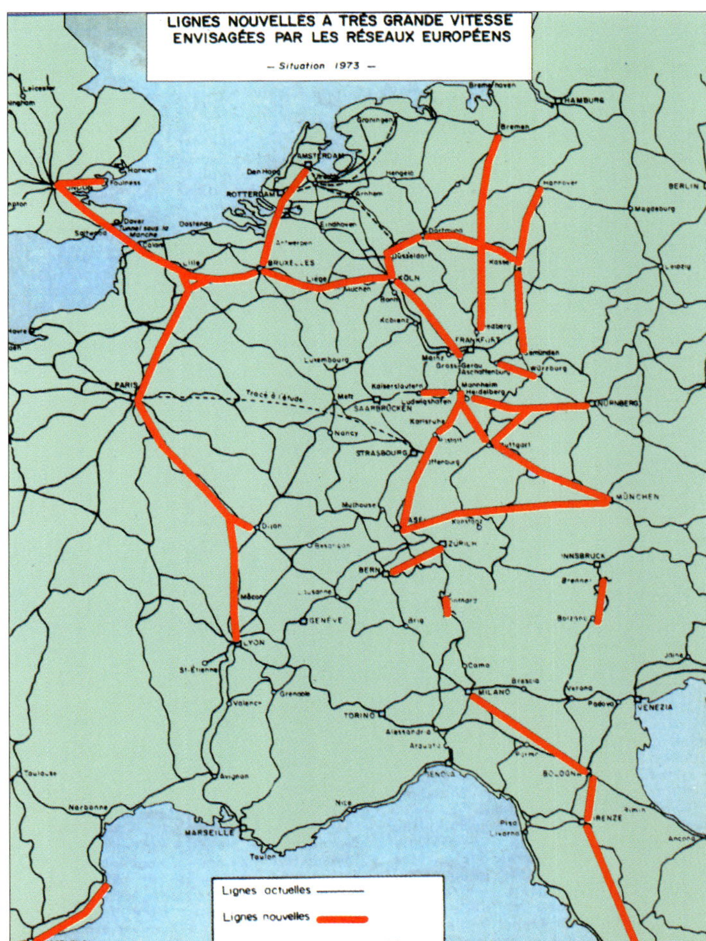

L'Italie et l'Europe de la grande vitesse telle qu'elle était prévue ou réalisée en 1973. L'Italie est cette fois séparée du « couple franco-allemand » par les Alpes.

1976

L' ETR 401

Tout le monde ne penche pas pour le Pendolino...

Depuis son invention dans les années 1970, le Pendolino (le train qui penche) fait l'objet d'incessantes controverses dans le monde des ingénieurs du chemin de fer, même quand ils oublient leurs préférences nationales. Les Français l'ont timidement essayé puis ils ont discrètement renoncé ; les Anglais en ont poussé l'étude très loin pour échouer encore plus cruellement, les Japonais semblent avoir trouvé quelque chose qui marche. Les Italiens, qui exportent désormais leur Pendolino, détiendraient-ils la recette miracle ?

Les problèmes de dévers sont vieux comme le monde, et pas seulement dans le chemin de fer. Lorsqu'un coureur à pied prend une courbe, il s'incline vers l'intérieur de celle-ci, comme le fait un cycliste, un avion ou un canot à moteur afin de contrebalancer les effets de la force centrifuge qui tend à repousser l'objet en mouvement vers l'extérieur de la courbe. Ces exemples – le coureur, le cycliste, etc. – concernent des déplacements en équilibre propre. Les véhicules classiques à quatre roues (ou plus), eux, reposent sur plusieurs points d'appui et ils ne sont pas en équilibre, ce qui ne veut pas dire qu'ils échappent à la force centrifuge. Cette force s'exerce bien sur eux aussi, mais tant qu'elle n'excède pas les forces contraires assurant la stabilité desdits véhicules sur leurs points d'appui, elle ne les fait pas verser vers l'extérieur de la courbe. Si elle les excède, le véhicule verse. Pour y remédier, on peut incliner la voie (ou la route, ou la piste du cycliste) vers l'intérieur de la courbe pour contrebalancer cette force centrifuge, et c'est bien ce que les ingénieurs des chemins de fer ont été contraints de faire dès les débuts.

Le dévers : toujours insuffisant pour les trains rapides

Pour qu'un train puisse rouler plus vite en courbe, il faut donc incliner la voie vers l'intérieur de la courbe. Cette inclinaison implique une différence de hauteur entre les deux rails : c'est le dévers. Un train très rapide en demande beaucoup, plus pour des raisons de confort des voyageurs que de stabilité du train, d'ailleurs. Un train de marchandises très lent en demande très peu. De plus, il faut prévoir les arrêts inopinés en pleine courbe, ce qui est une raison supplémentaire de limiter le dévers. En fin de compte, pour satisfaire tant bien que mal (plutôt mal que bien) à ces deux exigences, il ne peut dépasser une dizaine de centimètres environ.

Une rame pendulaire en courbe : le pantographe reste droit et ne doit pas « penduler », car il quitterait alors le fil de contact de la caténaire et l'arracherait en se redressant dès la sortie de la courbe !

Les trains très rapides, eux, n'ont donc jamais assez de dévers s'ils roulent sur des lignes où circulent aussi des trains de marchandises. Voilà pourquoi de nombreux ingénieurs ont eu l'idée d'incliner le train lui-même, ajoutant cette inclinaison à celle, insuffisante, de la voie, ce qui autorise des vitesses plus élevées sur des lignes anciennes et sinueuses. C'est ce que l'on appelle un train pendulaire. Le grand avantage de cette solution est d'éviter la construction de lignes nouvelles ; autrement dit, de pouvoir vendre un train à tout réseau candidat à la grande vitesse sans lui imposer aucune autre dépense que celle du train seul.

L'ETR 450 descendant du prototype.

Le train pendulaire hors de l'Italie

Les chemins de fer français ont fait des essais avec une voiture pendulaire construite en 1959, qui ont duré plus de 10 ans… Les voitures voyageurs « grand confort » des trains Le Capitole et L'Étendard, datant de 1969, devaient être initialement des pendulaires, d'où la forme de la caisse en section ovoïde proche de celle d'une poire, avec ses faces inclinées à 5° donnant un toit plus étroit que le plancher. Une des rames prototypes TGV devait aussi être pendulaire ; elle a été testée, puis discrètement abandonnée. La SNCF a donc renoncé à tout autre projet dans ce domaine.

Au Royaume-Uni, le train APT *(Advanced Passenger Train)* n'a jamais pu donner satisfaction et fut abandonné après plus de dix années d'essais, le système de commande d'inclinaison étant trop délicat à régler.

Les chemins de fer espagnols font toujours circuler, depuis 1981, entre Paris et Madrid, une rame articulée Talgo pendulaire. Le train d'essai suédois à grande vitesse X-2000 est pendulaire et semble donner satisfaction. Les trains japonais de la série 381 utilisent un parc de 150 voitures pendulaires depuis 1973, mais la solution n'a pas été étendue. Quant à l'Allemagne et l'Autriche, elles sont très intéressées par le pendulaire italien et ont déjà effectué plusieurs marches d'essai avec le Pendolino proprement dit.

Le Pendolino italien : du prototype 401 à la série des 450

Étudié et construit par Fiat, ce train a prouvé qu'il avait de l'avenir. Il est ce que l'on appelle un train pendulaire actif, l'inclinaison des caisses étant liée au dévers. La rame automotrice prototype ETR-401 a cinq éléments et les rames de série ETR-450 en ont onze. Les Pendolini circulent depuis 1988 entre Milan et Rome à 200 km/h sur les lignes classiques (avec un gain de temps de 25 %) et à 250 km/h sur la *Direttissima*.

Un ETR 450 : la grande vitesse, ou presque, même sur un réseau classique.

À la fin des années 1960, la société Fiat Ferroviaire de Turin expérimente sous la conduite des ingénieurs Di Majo et Santanera une automotrice avec pendulation. Des progrès décisifs sont obtenus grâce à l'introduction du gyroscope dans la détection par l'ingénieur Santanera en 1971. Le Pendolino est alors à l'origine d'une série d'automotrices circulant sur les Ferrovie dello Stato et les réseaux voisins : l'automotrice à quatre caisses ETR 401, puis les trains automoteurs ETR 450, 460 et 470, aptes à la vitesse de 250 km/h. Les ETR 460 ont assuré la liaison Lyon-Turin-Milan pendant plusieurs années.

Notons que ces différentes rames pendulaires ne diffèrent que par des aménagements de détail et par les adaptations aux tensions d'alimentation électrique des lignes empruntées en dehors du 3000 V continu italien, comme le 1500 V continu en France pour l'ETR 460 ou encore le 15 000 V – 16 $^{2}/_{3}$ Hz en Suisse pour l'ETR 470. Toutes ces rames sont bien issues de l'ETR 401.

La rame pendulaire d'origine et ses caractéristiques techniques

Réduire au maximum la charge par essieu : telle est la recherche incessante qui a présidé à la conception des automotrices pendulaires – dont les caisses, par exemple, sont en alliage d'aluminium –, cela afin de réduire d'autant les efforts sur la voie. La masse par essieu du modèle d'origine, le Pendolino proprement dit, était de 11 tonnes avec des aménagements encore sommaires ; elle est de 12,9 tonnes dans le cas des ETR 450 et avoisine les 15 tonnes pour les engins fonctionnant sous plusieurs tensions d'alimentation électrique.

CARACTÉRISTIQUES TECHNIQUES

Type : **rame automotrice**	Moteurs : **8 x 250 kW**
Date de construction : **1976**	Masse : **161 t**
Courant traction : **3000 V continu**	Longueur : **103,7 m**
Puissance : **2000 kW**	Vitesse : **250 km/h**

Les essais d'inclinaison de caisse à l'arrêt avec la rame prototype.

A titre expérimental, le pendulaire a été testé avec des insuffisances de dévers supérieures à 300 mm. L'inclinaison a finalement été fixée à 10° pour le Pendolino et l'ETR 401 pour une compensation d'insuffisance de dévers de 260 mm, tandis que l'inclinaison des ETR 450 et suivants est à 8° pour une compensation d'insuffisance de dévers de 210 mm.

Pour permettre la circulation sur les courbes de faible rayon – inférieur à 400 m notamment –, l'empattement du bogie est de 2200 mm sur le Pendolino, ce qui est faible par rapport aux 2500 mm des bogies de voitures de grandes lignes. Si l'inscription est facilitée dans ces courbes et les efforts sur la voie minorés, la stabilité à grande vitesse, notamment à 250 km/h, est difficile à obtenir. L'empattement des bogies des ETR 401 a donc été porté à 2450 mm et même à 2700 m pour les suivants.

La puissance des moteurs des ETR 450 et suivants est de 313 kW ; celle des rames à dix caisses plus une caisse remorquée est de 6260 kW. Les rames ETR 450 et suivantes de onze caisses ont une longueur de 285,10 m et offrent 450 places.

Une carrière déjà très réussie

Le confort des ETR 450 et des rames suivantes est apprécié. Les entrées et sorties de courbe sont bien supportées et, avec une insuffisance de dévers de 260 mm, l'insuffisance de dévers restante ressentie par le voyageur est très faible, 80 mm seulement en partant d'une inclinaison de 8°, dont 7° environ sont effectifs, du fait de l'écrasement de la suspension verticale totale.

De nombreux trains du type ETR 450 et suivants circulent en Italie et relient la péninsule aux réseaux voisins. Citons les ETR 460, qui ont assuré la liaison Lyon-Turin-Milan jusqu'en 2002, et les ETR 470 exploités par le groupement Cisalpino (qui, pour le compte des FS, BLS, CFF assure plusieurs relations entre la Suisse et l'Italie). Enfin, de nombreux réseaux ont adopté le système d'inclinaison Fiat.

1988

LA E-402

Conçue pour la *Direttissima* Rome-Florence

Nouvelles, elles le sont vraiment, ces locomotives, jusque dans leur esthétique et leurs couleurs qui se démarquent nettement de la tradition des caisses angulaires et du beige auxquels nous avaient habitués la traction électrique italienne. Elles traduisent la volonté, pour les chemins de fer italiens, d'une pratique quotidienne et suivie des grandes vitesses avec des trains remorqués classiques, alors que les FS entrent dans une période de grande productivité qui les mettra au niveau des autres réseaux d'Europe.

Lorsque les chemin de fer italiens créent la *Direttissima* reliant Rome à Florence, qui est une des premières réalisations européennes en matière d'infrastructures pour la grande vitesse, ils ont à résoudre le problème de la traction. En 1985, ils adaptent des locomotives de type BB, datant de 1970, les Tartarughe (ces fameuses « tortues » dont il a été question dans les pages précédentes), les machines modifiées étant désormais capables de rouler à 200 km/h en tête de trains type Intercity.

Les « tortues » ont besoin d'un lièvre

La puissance relativement modérée des Tartarughe (4000 kW) leur permet, certes, d'atteindre la vitesse de 200 km/h – pour autant qu'elles n'aient à tirer que des trains légers de l'ordre de 300 à 400 tonnes –, mais elles ne peuvent pas donner le coup de collier nécessaire en cas de retard à rattraper ou de surcharge. Pour faire face au succès de la *Direttissima* et à l'allongement des trains, les Ferrovie dello Stato programment la remorque de trains de 500 à 600 tonnes à 200 km/h : il faut bien mettre sur la planche à dessin un nouveau type de locomotive.

Les prototypes de 1988

Pratiquant encore une judicieuse politique expérimentale abandonnée par les autres réseaux européens pour des raisons de coût, les ingénieurs italiens dessinent et font construire cinq prototypes en 1988. Recevant la numérotation E-402.001 à E-402.005, ces locomotives sont fabriquées par l'industrie italienne, plus précisément Reggiane pour la partie mécanique et Ansaldo pour la partie électrique. Une campagne d'essais intensifs commence aussitôt sur la *Direttissima* : les locomotives y subissent ce que l'on appelle des « marches d'endurance » en termes techniques, assurant des roulements intenses en continu en tête de trains lourds.

Les machines de série

Les prototypes s'étant montrés fiables et performants, la série complète de 40 exemplaires est commandée et livrée à partir de 1992. Toutefois, quelques modifications ou, plutôt, des mises à jour techniques sont apportées, comme la commande des moteurs par microprocesseurs.

En 1995, les premières machines de série entrent en service, assurant la traction de trains de voyageurs sur la très importante ligne reliant Milan à Florence et à Rome – ligne très chargée –, roulant à 160 km/h entre Milan et Florence et à 220 km/h entre Florence et Rome. Ensuite, on les voit aussi assurer des roulements entre Milan et Naples, couvrant ainsi les besoins de la ligne la plus importante du pays.

Le 50 Hz franchit les Alpes et les 402 doivent s'y adapter

Lorsque l'Italie envisage de construire de nouvelles lignes à grande vitesse électrifiées, elle les programme en courant monophasé 25 000 V 50 Hz pour disposer d'une puissance accrue. Condamnées à circuler sous 3 000 V continu, les E-402 sont donc injustement écartées de ce projet. Pourtant, comme les héros des tragédies classiques, les 402 ne veulent pas mourir, et elles se métamorphosent pour survivre ou ressusciter au dernier acte. C'est ainsi qu'elles donnent naissance à des E-402B, des bicourants capables de fonctionner soit sous la tension de 25 000 V en monophasé de fréquence industrielle 50 Hz, soit sous la tension de 3000 V continu. Elles sont capables de fournir une puissance portée à 5600 kW. Ces locomotives, commandées à raison de 80 exemplaires à la firme Ansaldo, peuvent remorquer des trains de voyageurs sur les *Direttissime* à 220 km/h.

L'Europe se réalise par l'« interopérabilité »

A l'origine, ces E-402B n'ont pas été prévues pour circuler en France, mais elles étaient alors les seules locomotives capables d'effectuer le parcours de Turin à Lyon : soit par Ambérieu sous 1500 V continu, soit par Saint-André-le-Gaz sous 25 kV monophasé 50 Hz. Leur conception, cependant, ne permettait pas de les utiliser à pleine puissance sous 1500 V, courant sous lequel elles ne développent que 2800 kW.

Une scène actuelle : en gare de Gênes, une E-402B prête au départ en tête d'un train lourd rapide.

Une E-402A en gare de Gênes.

Les réseaux français et italien entreprennent donc une démarche commune visant à modifier aussi bien des BB 36000 de la SNCF que des E-402 des FS pour permettre ce que l'on appelle, aujourd'hui, leur « interopérabilité ». Ce projet, sous la tutelle des directeurs des activités « Fret » des deux réseaux concernés, est mis en chantier par un groupe franco-italien constitué en 1997, formé des représentants Traction et Matériel des deux entreprises ferroviaires.

Sur les locomotives françaises, il faut tout d'abord installer le dispositif de signalisation italien « RS4 Codes », un troisième pantographe, et équiper la locomotive avec les outils et les agrès indispensables pour circuler en Italie. Le logiciel des blocs moteurs de la locomotive prévu pour le fonctionnement sous 3000 V continu est ensuite adapté pour que les niveaux des courants harmoniques ne dépassent pas les niveaux limites imposés par les circuits de voie des FS. Plusieurs campagnes d'essais sont organisées pour valider ces différents points sur la ligne dite du Médoc, qui est l'unique voie de la SNCF pouvant être alimentée sous 3 kV.

D'autres essais effectués en France, sous le bon vieux 1500 V, permettent de régler la position des capteurs « RS4 Codes » pour obtenir le rapport signal sur bruit suffisant afin d'assurer un bon fonctionnement de cet équipement. Enfin, deux campagnes d'essais réalisées en Italie, en juillet 1998 et juillet 1999, valident les tests menés en France. La E-402B, pour sa part, est équipée de deux pantographes : un pour le 25 kV 50 Hz, l'autre pour le 3000 V continu à la place d'un de ceux utilisés en Italie. De plus, elle est munie des équipements de sécurité et de signalisation utilisés en France, comme la VACMA, le RSO, le KVB et d'un enregistreur statique des événements de conduite au même format de cassette et d'enregistrement que le dispositif ATESS. Enfin, la chaîne de traction est modifiée pour assurer le fonctionnement sous le 1500 V continu en France. Des essais sous les deux tensions sont réalisés en mai 1998 et mai 1999 pour valider le fonctionnement et le respect des niveaux limites des courants harmoniques.

La E-402, facteur de productivité ferroviaire pour l'Italie

Au début des années 1990, la presse spécialisée, dont la *Revue générale des Chemins de Fer,* analyse la situation économique des chemins de fer italiens. Il était habituel, jusque-là, de critiquer la productivité des FS, en mettant par exemple en exergue les 250000 cheminots italiens, aussi nombreux que ceux de la SNCF et presque aussi nombreux que ceux de la Deutsche Bundesbahn. Si l'on confrontait ce chiffre avec celui du volume de trafic des FS, on s'apercevait qu'il représentait dans les années 1980 la moitié de celui de la SNCF ou de la DB, avec 54 milliards d'unités-km de trafic. Autrement dit, le cheminot français ou allemand pouvait se vanter d'une productivité deux fois plus élevée que celle de son collègue italien !

En 1989, après un resserrement budgétaire et une réduction des effectifs, les FS n'ont plus que 208000 employés, assurant 63 milliards d'unités-km de trafic ; en 1992, la situation évolue encore, atteignant 168000 employés pour 68,5 milliards d'unités-km. Et les FS poursuivent dans cette voie, réduisant le nombre des cheminots autour de 150000 unités à la fin de 1993, pour un volume de trafic de plus de 66 milliards d'unités-km. La productivité italienne devient donc comparable à celle des autres réseaux européens.

Ces chiffres, bien évidemment, sont à mettre en relation avec une demande voyageurs en hausse en 1991 (+ 2,0 %) et 1992 (+ 4,2 %), la baisse étant beaucoup moins sensible que dans la plupart des autres réseaux (1,6 % en 1993, par exemple). De même, pour le fret italien, la tendance est encore positive en 1991 (+ 2,8 %) et 1992 (+ 1,3 %) avec un fléchissement de 5 % seulement en 1993, alors que les réseaux voisins enregistrent des pertes de trafic 2 ou 3 fois plus élevées. Le trafic combiné réalise à lui seul tous les progrès des années 1991 et 1992, évolution qui se poursuit, plus faiblement il est vrai, en 1993.

Enfin, en 1995, lorsque la réduction des effectifs porte le nombre d'agents à 120000, les FS réalisent une performance significative : ils ont doublé leur productivité en 10 ans, ce qui leur assure désormais un niveau comparable à celui de la SNCF en France et de la RENFE en Espagne. Au début des années 2000, le nombre de cheminots italiens est de l'ordre de 101 000.

CARACTÉRISTIQUES TECHNIQUES

Type : **BB**	Moteurs : **asynchrones**
Date de construction : **1988**	Masse : **84 t**
Courant traction : **3000 V continu**	Longueur : **18,4 m**
Puissance : **5200 kW**	Vitesse : **220 km/h**

La progression de la grande vitesse italienne à l'époque des E-402

février 1977 : mise en service de la *Direttissima* Rome-Florence entre Settebagni et Citta della Piève, tunnel d'Orte excepté, sur 122 km ;

avril 1992 : achèvement de la *Direttissima* Rome-Florence avec mise en service du tronçon Valdarno-Sud-Valdarno-Nord, sur 20 km ;

septembre 1996 : nouvelles liaisons accélérées par ETR-460 entre Milan et Lyon et par TGV entre Paris et Milan ;

fin 2002 : Mise en service prévue de la *Direttissima* de Rome à Naples (effective en 2005).

1993

LE MATERIEL RAIL 2000 DES CENTOVALLI

Les « cent vallées » se convertissent à la modernité

Ces automotrices rapides et très modernes assurent depuis le milieu des années 1990 la liaison entre Domodossola, au pied du versant italien du Simplon, et Locarno, sur la rive suisse du lac Majeur. Elles ont notamment permis de réduire de façon significative la durée des parcours en provenance de la Suisse romande et de Berne à destination du Tessin, notamment dans la région italo-suisse dite des Centovalli, située à l'ouest de Locarno.

La ligne des Centovalli relie la ville suisse de Locarno à la grande ligne du Simplon, en gare de Domodossola, en Italie. C'est donc une ligne internationale, bien qu'étant à voie métrique, un écartement en principe réservé à de petites lignes régionales secondaires. Mais la situation de Locarno est spéciale : cette ville est quelque peu prisonnière de sa position sur un lac italo-suisse dont elle occupe une extrémité, ce qui lui vaut, par la force des choses, d'être plutôt ouverte sur la plaine du Pô et le Piémont. Reliée, certes, par une ligne suisse à voie normale à la grande ligne du Saint-Gothard, Locarno n'était nullement reliée à la suisse romande et à l'axe du Simplon avant la construction de cette petite ligne, effectuée entre 1905 et 1923.

Une ligne aux caractéristiques impressionnantes

Les travaux, commencés en 1905, retardés par de grosses difficultés d'ordres politique et financier au cours des années suivantes, suspendus enfin complètement pendant la guerre, ne sont achevés qu'en 1923. Raccordé, à Ponte Brolla, à une voie métrique exploitée depuis 1907 dans le val Maggia, le tracé suit la chaîne des Alpes par les vallées des Centovalli et de Vigezzo. Sa longueur est de 46 km, dont 13,7 km en Suisse et 32,3 km en Italie. Le rayon minimum admis est de 60 m en Suisse et de 50 m en Italie, les courbes ayant des entrées et des sorties en raccordement parabolique. Les rampes atteignent 60 pour mille sur environ 9 % du parcours, mais certaines d'entre elles vont jusqu'à 80 pour mille. Dans les sections en déclivité de 60 pour mille, les rayons de courbure sont supérieurs à 80 m. Les raccordements aux changements de pente sont au rayon de 1000 m (et même de 500 m dans quelques cas).

L'ancien matériel de 1923 : un charme fou, mais aux yeux des amateurs et non des clients !

Les ouvrages d'art consistent en 72 ponts ayant une ouverture variant de 5 à 46 m, avec des arches semi-circulaires dont trois sont métalliques, toutes les autres étant maçonnées en gneiss et en granit. On trouve aussi 30 tunnels : 20 sur le versant suisse totalisant 4165 m et 10 en Italie totalisant 923 m. La voie est posée avec des rails du type Vignole pesant 25 kg/m, sur des traverses en chêne de 1,80 x 0,18 x 0,13 m. Des traverses en fer ont cependant été posées dans les courbes à faible rayon. Les contre-rails des appareils de voie ou dans les courbes à faible rayon sont formés de rails Decauville de 14 kg/m.

Le matériel actuel des Centovalli.

Les gares, stations et haltes

Les stations du côté suisse comportent une voie d'évitement de 54 m, des voies en cul-de-sac pour le service des marchandises, un bâtiment contenant un bureau, une salle d'attente et un « logement d'employé » selon les termes d'époque. Les haltes ne disposent que de la voie principale, d'un bureau, d'une salle d'attente et d'un hangar pour les colis.

Du côté italien, les stations ont de deux à quatre voies, offrant une longueur utilisable de 60 à 140 m, et des voies en cul-de-sac de 30 à 45 m. Domodossola, gare terminus, a six voies, ainsi que deux voies de raccordement avec la gare des Ferrovie dello Stato, dont une avec un troisième rail imbriqué dans la voie normale aboutissant à la gare de marchandises.

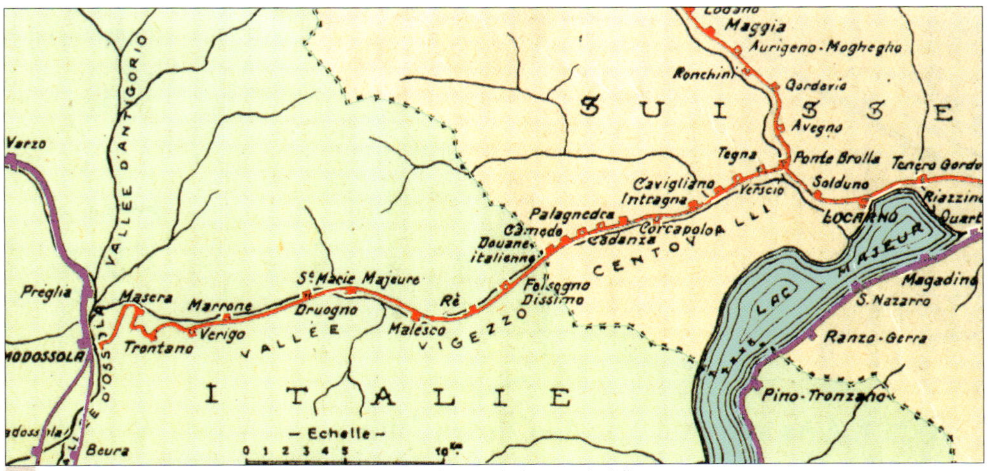

En rouge, la ligne des Centovalli. En violet, les lignes à voie normale des Ferrovie dello Stato.

Le premier matériel roulant des Centovalli

Il comprend huit motrices à quatre essieux, onze remorques à quatre essieux pour les voyageurs, dix wagons couverts, dix tombereaux, deux ensembles de deux wagons plats à traverse pivotante (dits « trucks » à l'époque) pour le bois, deux wagons plats et une locomotive de réserve.

Les motrices d'origine ont une longueur totale de 14,40 m, avec 8,50 m entre les pivots des bogies qui, eux, ont un empattement entre essieux de 2,20 m. Les caisses ont une largeur de 2,67 m.

Le nouveau matériel en ligne.

Le diamètre des roues est de 920 mm. Les motrices comportent quatre moteurs de 110 chevaux, fonctionnant sous un courant continu de 1200 V, moteurs couplés deux à deux en série, les sept groupes pouvant être mis en série ou en parallèle. A la vitesse de 21,4 km, la machine peut remorquer un train de 75 tonnes. Toutes les voitures sont munies du frein à main et du frein Westinghouse.

Une énergie très nationale pour une ligne internationale

Pour la fourniture de l'énergie, chacun des pays limitrophes a ses sources distinctes : la Suisse reçoit à Ponte Brolla, sous forme de courant triphasé 6000 V 50 Hz, le courant fourni par la Société électrique de Locarno. L'Italie, quant à elle, reçoit à Domodossola le triphasé 41 000 à 45 000 V 42 Hz de la Société Dinamo et l'abaisse sur place à 12 500 V pour le conduire aux stations de transformation de Trontano et Ré. Ces dernières stations, pour l'Italie, et celle de Ponte Brolla pour la Suisse, abaissent à 1050 V la tension du courant alternatif, puis le redressent en courant continu 1350 V utilisé pour la traction.

Le fil de travail, à suspension caténaire axiale, est un fil de cuivre à section en forme de « 8 », avec deux rainures latérales et longitudinales pour loger les griffes des pinces. La section est de 70 mm. Le fil est porté par de forts poteaux en châtaignier, côté suisse, en pin et mélèze, côté italien. Des interrupteurs permettent de diviser la ligne en sections de 5 à 6 km. Les poteaux portent également les *feeders* d'alimentation, ainsi que des parafoudres tous les quatre kilomètres.

L'exploitation : tout aussi nationale

La concession de la ligne est propre à chacun des deux pays. En Suisse, l'administration est commune avec celle de la ligne du val Maggia, des tramways de Locarno et de la navigation sur le lac Majeur. En Italie, elle est indépendante, avec direction générale à Milan. Le matériel roulant et le personnel du train font toute la ligne. C'est le dépôt de Domodossola qui a la charge de l'entretien. La dualité de l'exploitation présente de gros inconvénients, mais on s'est efforcé d'en unifier la direction technique.

Le trafic de transit entre le Tessin et la Suisse occidentale ou centrale est d'un intérêt vital pour la prospérité de la ligne. La presse d'époque ne manque d'ailleurs pas de relever les problèmes dus à ce trafic international qui « est malheureusement compliqué par des formalités de frontière, qu'il y aurait intérêt à simplifier [...] alors qu'en 1927, il y eut quand même 46 000 voyageurs pour oser affronter les bureaucraties des deux pays. [...] Le trafic local italien s'est bien développé au début, mais reste stationnaire pendant les années 1930. La vallée de Vigezzo est recherchée en été pour sa fraîcheur, disent les guides touristiques de l'époque... ».

En Suisse, le trafic des Centovalli est très faible. Il atteint, en 1927, un total de 377 025 voyageurs, dont 46 000 en transit, et de 400 818 tonnes de marchandises. L'énergie dépensée atteint 0,130 kWh par tonne-km. La ligne des Centovalli et celle du val Maggia réunies occupent en 1930 un total de 144 employés.

Le réveil de la ligne

Au lendemain de la Seconde Guerre mondiale, la ligne est dans le collimateur des bilans comptables et des décideurs amoureux des autoroutes et du béton. Son avenir est incertain, mais elle sera sauvée juste à temps par le réveil général du chemin de fer qui fait suite au choc pétrolier de 1973 et qui enseigne à voir les choses autrement. Finalement, la ligne des Centovalli vivra !

Les deux sociétés industrielles ferroviaires qui ont en charge la ligne dans chaque pays, les Ferrovie Autolinee Regionali Ticinese (FART) installée à Locarno et la Societa Sülbalpina Imprese Ferroviarie (SSIF) installée à Milan, décident, dans le cadre de la politique nouvelle des transports suisses « Rail 2000 » de faire construire, dés le début des années 1990, douze nouvelles automotrices surbaissées et articulées par le groupe ABB Systèmes de Transport SA de Zurich.

Leur construction est caractérisée par un plancher très bas facilitant au maximum la montée et la descente des voyageurs et des bagages et assurant un espace intérieur maximal. Les équipements électriques sont logés sur le toit, au-dessus de la partie surbaissée centrale. L'électronique est présente dans la chaîne de traction et facilite au maximum la conduite des automotrices, tout en en réduisant l'entretien. Grâce à l'électronique, il est en effet possible de coupler jusqu'à trois automotrices pour former une rame importante, ce qui garantit une souplesse d'exploitation appréciable. Ces engins donnent satisfaction et la ligne a retrouvé sa vitalité.

CARACTÉRISTIQUES TECHNIQUES

Type : **ABE 4 juin**	Masse : **56,8 t**
Date de construction : **1993**	Capacité : **82 places**
Courant traction : **1350 V continu**	
Vitesse : **80 km/h**	

1994

L'ETR 500

La véritable grande vitesse italienne, enfin

Le développement de la grande vitesse en Italie est un fait acquis depuis plusieurs années. Les rames automotrices électriques ETR 450, 460 et 500 circulent à des vitesses plaçant leur pays dans le club très fermé des nations disposant de la grande vitesse ferroviaire en service quotidien. Mais l'ETR 500 de 1994 est le seul engin à pouvoir offrir, sur la *Direttissima* Rome-Naples aménagée pour ce type de performances (et ouverte dix ans plus tard), la vraie grande vitesse à 300 km/h.

C'est bien l'association de trois types d'automotrices à grande vitesse, les ETR 450, ETR 460 et ETR 500, qui constitue la réalité de la grande vitesse italienne actuelle. Certes, l'ouverture complète, en 1992, de la *Direttissima* Rome-Florence avait marqué une première étape importante, puisque des trains classiques, roulant jusque-là à 160 km/h sur des lignes conventionnelles aménagées, reliaient désormais les deux villes à 200 km/h.

Les précurseurs de l'ETR 500

La descendance de la rame automotrice pendulaire ETR 401, qui date de 1976, est constituée d'une série de quinze rames du type ETR 450, capables de donner 5400 kW et de rouler à 250 km/h dès 1988 sur les lignes de Milan à Rome, puis de Rome à Bologne et Venise, et enfin de Rome à Florence et à Gênes. La mise en service, à partir de 1992 et par tronçons, de la *Direttissima* Rome-Florence, a sensiblement augmenté les performances de ces rames.

L'expérience acquise avec les ETR 450 a conduit les FS à commander une version différente, les ETR 460, apparus en 1995 : ces nouvelles rames, pendulaires toujours, se distinguent par une puissance accrue (elle est passée à 5880 kW) qui permet de meilleures accélérations. Elles sont engagées sur les relations déjà assurées par les ETR 450, laissant à ces dernières de nouvelles relations comme Rome-Naples, Milan-Ancône, Rome-Turin par Florence, etc.

L'arrivée attendue des ETR 500

Pendant que les ETR 450 et 460 courent et s'inclinent dans les courbes, l'ETR 500 a été étudiée par le consortium TREVI (pour TREni Veloci Italiani) entre 1983 et 1985 : ce consortium est formé des firmes Ansaldo, Breda, ABB et, bien entendu, Fiat Ferroviaria. L'ETR 500 a déjà fait, à la fin des années 1980, des essais intensifs. De très belles rames vertes et blanches, au design net, élégant, parfait, signées Pininfarina, apparues avec l'appellation ETRX 500 initialement pour une rame et ETRY 500 pour deux autres, ont, pendant quelques années, joué les arlésiennes en faisant attendre une mise en service effective et une production en série.

L'une des deux rames de présérie, l'ETRY 500, s'est distinguée par un parcours à 316 km/h sur la *Direttissima* avant d'assurer des parcours en service dans le sud de l'Italie. Une autre rame roule, le 25 mai 2006, à 352,026 km/h sur la ligne de Turin à Novare et à Milan, établissant le record de vitesse ferroviaire italien. Classiques, sans système pendulaire notons-le, ces rames ETR 500 ont montré de réelles qualités, puisqu'elles sont capables d'atteindre rapidement un bon 300 km/h grâce à leurs 8800 kW (4400 kW par motrice), malgré la charge représentée par onze remorques et 592 voyageurs.

La ligne élégante et fluide de l'ETR 500 n'a rien à envier à celle des autres trains à grande vitesse européens.

Un ETR 500 exposé à Berlin, à côté d'un TGV français.

Depuis 1990, les ETR 500 circulent régulièrement sur l'ensemble des grandes lignes du réseau italien, qu'il s'agisse d'une *Direttissima* ou non. La livraison de 57 rames ETR 500, produites depuis 1986 jusqu'à ce jour, en attendant la livraison de 60 rames en construction, permet de les intégrer dans le service à grande vitesse effectué déjà avec les ETR 450 et ETR 460, mais en roulant donc à 250 km/h pour le moment.

Les caractéristiques des rames ETR 500

Longues de 20,25 m (avec un empattement de 3000 mm), larges de 3,02 m et hautes de 4 m, les motrices pèsent chacune 68 tonnes et offrent chacune une puissance de 4400 kW, donnant à une rame ses 8800 kW nécessaires. Elles peuvent, selon les versions, circuler sous le 3000 V continu national, mais aussi sous le 1500 V français et, surtout, le 25 000 V monophasé de fréquence industrielle 50 Hz qui sera le système de l'avenir en Italie, où il équipera toutes les nouvelles lignes à grande vitesse – comme celle de Rome à Naples déjà en service sous le 50 Hz. Il y a donc des motrices « politensione » E-404-600 qui remplacent peu à peu les anciennes « monotensione » type E-404-100 en les chassant vers des relations de type régional.

Les remorques de 40 tonnes ont une longueur de 26,10 m (avec un empattement de 3000 mm) et une hauteur totale de 3,80 m. Elles offrent 46 places en première classe, 52 places en seconde classe et 23 places en première classe spéciale. Elles n'ont pas de système de pendulation, car elles sont destinées à des lignes spécialement étudiées ou aménagées pour la grande vitesse, c'est-à-dire dont les courbes sont à grand rayon.

Il est intéressant de savoir qu'une rame ETR 500 peut, contrairement aux TGV français, être composée à volonté d'un nombre de remorques variables placées entre deux motrices E404 : la composition classique en comprend douze. Il y a d'abord une remorque spéciale de première classe avec compartiment pour chef de train et des salons pour hommes d'affaires, puis 3 remorques de première classe, une remorque restaurant (gérée par une société privée « Chef Express ») et enfin 7 remorques de deuxième classe.

Les ETR 500 sont équipées de systèmes de pilotage et de protection automatique des trains, alors que les ETR 460 ou 480 se contentent d'une signalisation classique par cantons, avec répétition en cabine. Toutefois, les ETR 500 n'ont commencé à donner leur pleine mesure que lorsque la ligne Rome-Naples, pour commencer, a été équipée au niveau ERTMS n° 2 en 2005.

Les ETR 500 créent l'Eurostar

Les amateurs de chemins de fer voyageant en Italie n'auront pas manqué de remarquer que certaines rames ETR 500 portent la mention Eurostar. Non, elles ne viennent pas de traverser la Manche… Le réseau à grande vitesse italien se construit peu à peu, à partir de lignes existantes ou non, de raccordements et d'améliorations de tracé ; il ne se construit pas d'un seul bloc comme le réseau français, qui a pu passer pour un deuxième réseau, privilégié, construit de toutes pièces à côté de l'ancien.

Les ETR 500 se sont mises à rouler rapidement partout où cela était possible, sans tenir en permanence une vitesse de pointe sur tout un parcours – comme un TGV français avalant de bout en bout une ligne nouvelle : de ce fait est née l'idée d'un ensemble de trains plus rapides que les autres, partout où c'était possible, et partout où il était financièrement rentable d'améliorer les lignes. Cet ensemble de trains rapides, assurés par des ETR 500, a pris le nom de Eurostar Italia. Le Gouvernement italien vient du reste de s'engager à dépenser 28 milliards d'euros pour construire 1000 km de lignes à grande vitesse d'ici 2008, ce qui permettra d'optimiser les performances de ces rames, afin qu'elles évoluent plus souvent à 300 km/h qu'elles ne le font actuellement.

Le 300 km/h sans le pendulaire

Quand les signalisations des différentes lignes à grande vitesse seront transformées, elles permettront aux ETR 500 d'y rouler à 300 km/h. La liaison de Rome à Florence et à Milan sera alors effectuée en moins de 4 h 30, et l'Italie aura un réseau de lignes nouvelles et des vitesses tout à fait comparables à celles des TGV français.

Par ailleurs, grâce à la construction des lignes à grande vitesse Turin-Milan-Vérone-Venise et Milan-Florence-Rome-Naples (cette dernière entrée en service entre Rome et Naples en décembre 2005), l'Italie sera dotée d'un réseau à grande vitesse qui sera complété, en 2012, par la ligne de Milan à Gênes et celle de Naples à Messine. Il est aussi question d'une liaison directe entre Milan et le réseau TGV français pour que les ETR atteignent Paris en moins de quatre heures.

Il est intéressant de noter que l'Italie, championne incontestée du pendulaire jusqu'à des vitesses de l'ordre de 250 km/h, semble renoncer à cette technique pour flirter avec le 300 km/h ; les FS reviennent donc à une conception classique du type TGV non pendulaire, roulant sur une ligne nouvelle à grande vitesse construite spécialement. La technique du pendulaire aurait-elle atteint ses limites ?

L'intérieur, très cossu, d'un ETR 500.

CARACTÉRISTIQUES TECHNIQUES

Type : **rame automotrice 2 motrices, 8 à 14 remorques**	Moteurs : **asynchrones**
Date de construction du prototype : **1994**	Capacité maximale : **714 voyageurs**
Courant traction : **3000 V continu**	Longueur maximale : **355 m**
Puissance : **8800 kW**	Vitesse : **300 km/h**

1996

LE PENDOLINO CISALPINO

On penche de plus en plus pour le pendulaire

Cette fois, il paraît bien que le pendulaire, ça marche ! Après des années et des années d'essais et de déboires, notamment au Royaume-Uni et au Canada, le pendulaire gagne définitivement le combat en Italie avec des rames en circulation non seulement dans leur pays d'origine, mais aussi en Suisse et en Finlande. Des essais sont même prévus en République tchèque et en Slovénie.

Récemment remis à l'honneur pour le projet du TGV Est en France, le train pendulaire a été écarté pour cette relation, la SNCF et les collectivités régionales préférant un « vrai » TGV classique roulant à 300 km/h sur sa ligne nouvelle. Quand on a prononcé l'expression de « ligne nouvelle », on a bien saisi le problème car, comme le Shinkansen japonais qui en fut le pionnier, le TGV français ou l'ICE allemand n'ont de sens que si on construit des lignes spéciales (dites à grande vitesse ou LGV) sur lesquelles ils pourront rouler vite.

Faire l'économie des LGV

Les pays de superficie réduite estiment ne pas avoir intérêt à investir dans un système de lignes nouvelles, trop coûteux et trop spécialisé, et qui n'atteint son seuil de rentabilité qu'avec un trafic très élevé. C'est pourquoi les ingénieurs de certains pays, comme l'Angleterre, ont essayé de trouver un train moins cher, c'est-à-dire pouvant rouler vite sur des voies classiques existantes. Techniquement, la solution consiste à incliner les caisses en courbe, exactement comme un cycliste se penche dans un virage. Mais les systèmes de commande des vérins d'inclinaison ont toujours donné de tels soucis qu'on a fini par renoncer au pendulaire. Comme l'écrit l'ingénieur Yves Machefert-Tassin dans la *Revue des Chemins de Fer* : « La recette était connue, mais la cuisine s'est révélée difficile. »

Le projet Cisalpino

Les deux réseaux suisses des Chemins de fer fédéraux (CFF) et du Berne-Lötschberg-Simplon (BLS) ont créé, avec le réseau italien des Ferrovie dello Stato, le groupement Cisalpino AG, situé à Gümlingen en Suisse. Il est destiné à exploiter neuf rames du type italien ETR 470 roulant par trois, donnant donc trois compositions à neuf caisses offrant 496 places pour une longueur de 236 m. Chaque rame a ainsi six motrices donnant une puissance de près de 6000 kW.

Un Pendolino à Genève-Cornavin.

Un Pendolino à Culoz, en France. L'efficacité du train est prouvée aussi par son service international.

Un Pendolino en courbe, à vitesse ralentie, ce qui limite l'inclinaison – qui n'est pratiquement pas décelable à l'œil.

Les relations exploitées sont Milan-Genève (en 3 h 55) dans l'immédiat, puis ultérieurement Milan-Zurich et Milan-Bâle par Berne avec circulation par le Simplon, puis, plus tard, par le Saint-Gothard – quand cette ligne sera équipée en conséquence, notamment pour des questions de distances de freinage. L'intérêt du pendulaire est manifeste pour la ligne du Simplon quand on sait que, entre Lausanne et Montreux, par exemple, il faut affronter une trentaine de courbes et de contre-courbes à rayon très réduit (atteignant parfois 300 m).

Les problèmes techniques

Un des problèmes rencontrés a été celui du freinage, car ce train qui roule très vite sur des lignes classiques doit rester léger et ne pas dépasser 14,5 t par essieu. Une combinaison de freins électriques et à disques a permis de rester en dessous du poids limite imposé. La partie électrique a, elle aussi, joué sur le poids, qui a dépassé la limite imposée par le cahier des charges, car la technique bicourant – avec le 3000 V continu italien, d'une part, et le 15 000 V monophasé 16 2/3 Hz suisse, d'autre part – est sans nul doute la plus difficile à concilier avec une tension élevée sur le continu et une fréquence faible sur le monophasé.

De ce fait, le Pendolino Cisalpino pèse presque aussi lourd qu'un TGV français roulant à 300 km/h avec 960 kg par place contre 1100 kg (et 780 pour le Duplex), tout en n'offrant que 11,7 kW par place contre 23,4 kW pour le TGV. Les essais ont montré un gain de vitesse de plus de 25 km/h, laissant espérer une réduction sensible des temps de parcours sur les lignes alpines.

La construction mondiale ferroviaire à l'heure du pendulaire

En 1999, la firme française Alstom rachète la firme Fiat Ferroviaria. C'est l'occasion, pour la presse spécialisée, comme la *Revue des Chemins de Fer,* de faire le tour du marché et de voir qui sont les grands de la construction ferroviaire mondiale impliqués dans le domaine du pendulaire.
En 1999, toutes prestations confondues, dans un marché général hors infrastructures de 22 milliards d'euros, le matériel roulant intervient pour 16 milliards, alors que la signalisation ne compte que pour 3 milliards, tout comme les services couvrant la maintenance et la rénovation du matériel roulant, ainsi que la maintenance des infrastructures de transport, de la fourniture d'énergie et de l'exploitation. Ce marché global devait atteindre 28 milliards d'euros en 2003, avec maintien du chiffre d'affaires pour les matériels roulants mais progression à 8 milliards pour les prestations de services de maintenance. Ce marché mondial est partagé entre les groupes industriels suivants : Alstom : 16,5 % – Adtranz : 15 % – Siemens : 13 % – Bombardier 9,5 % – Ansaldo-Breda : 5 % – Fiat Ferroviaria : 1,5 % – General Electric : 10 % et General Motors : 8 % – industrie japonaise : 9 %.

Quant au marché du train pendulaire, il se subdivise comme suit : Fiat : 28 % – Adtranz : 21 % – Siemens : 19 % – Bombardier : 10 % – industrie japonaise : 10 % – Alstom : 9 %. Les systèmes actifs de pendulation fournis ou construits sous licence proviennent de Fiat (56 %), Adtranz (17 %), Bombardier (11 %), de concepteurs japonais comme Hitachi (10 %). Ces équipements de pendulation intéressent les trains à grandes vitesse pour 59 %, les rames diesel pour 17 %, les voitures pour 2 %. On peut estimer à 4200 le nombre de voitures pendulaires qui seront mises en service avant 2010.

Fiat Ferroviaria SpA est bien le leader mondial du pendulaire. Cette filiale du groupe Fiat est implantée en Italie à Savigliano, mais aussi en Suisse à Neuhausen am Rheinfall sous le nom de Fiat-SIG Schienenfahrzeuge AG et au Royaume-Uni. Ses 2300 salariés construisent des rames automotrices électriques et diesel, des trains pendulaires et à grande vitesse, des métros, des trams, des voitures et des wagons, ainsi que des bogies et des équipements de traction.

Fiat Ferroviaria est prophète non seulement dans son pays, l'Italie, mais exporte aussi son type S 220 en Finlande, son Alaris en Espagne, son Alfa Pendular au Portugal, ses VT 610 et ICT en Allemagne et son ICN en Suisse. Plus récemment, Alstom et Fiat ont créé un consortium pour la fourniture et la maintenance des trains à grande vitesse pendulaires de la West Coast Main Line britannique, mis en service par Virgin Trains. Ce projet de 1,8 milliard d'euros est le plus important contrat ferroviaire jamais signé en Grande-Bretagne.

Le 20 juin 2000, Fiat et Alstom concluent un accord par lequel Alstom acquiert 300 millions d'euros d'actions, représentant 51 % des parts de la société italienne. Alstom peut ainsi bénéficier de l'excellente présence de Fiat sur les marchés italien et étrangers tout en complétant son savoir-faire technique et en renforçant sa position – la première – dans l'industrie mondiale du rail.

Un beau cliché représentant un Pendolino en ligne, sur la longue rampe sud du Lötschberg.

CARACTÉRISTIQUES TECHNIQUES

Type : **rame automotrice ETR 470**	Puissance : **5880 kW**
Composition : **9 caisses**	Capacité : **496 places**
Date de construction : **1996**	Masse : **455 t**
Courant traction : **3000 V continu et 15 000 V monophasé 16 2/3 Hz**	Longueur : **236,6 m**
	Vitesse : **200 km/h**

Pays exploitant des trains pendulaires en 2000	Pourcentage de trafic assuré
Japon	29 %
Italie	27 %
Suède	17 %
Allemagne	11 %
Suisse	6 %
Finlande	1 %
Espagne	1 %

Firmes constructrices de matériel pendulaire et parts de marché dans leurs pays clients

Firmes	Royaume-Uni	Allemagne	France	Italie
Adtranz	31 %	19 %	3 %	1 %
Alstom	39 %	15 %	86 %	-
Ansaldo + Breda	-	-	-	62 %
Bombardier	1 %	18 %	9 %	-
Fiat	11 %	-	-	27 %
Siemens	-	46 %	2 %	-
Divers	7 %	2 %	-	10 %

LES TRANSPORTS REGIONAUX

L'Italien abandonnera-t-il sa chère et belle automobile pour prendre le train ?

Pays de contrastes et de charme, l'Italie est aussi un pays d'automobilistes qui vouent un culte certain à la *macchina,* surtout si elle porte la signature d'un grand constructeur de voitures de luxe à carrosserie rouge vif et moteur douze cylindres. Dans ces conditions, le chemin de fer ne joue que le second rôle dans le domaine du transport public. Mais l'Italie n'est pas plus à l'abri que les autres pays européens de cette inéluctable évolution des transports dictée par l'énergie rare et chère et par la dégradation de l'environnement. Saura-t-elle prendre le chemin de la gare ?

Un train régional remorqué par une E-633 entre Turin et Milan.

Pays de la réussite économique, du dynamisme industriel, de la créativité et du talent, l'Italie préfère, dans toute alternative, la solution individuelle à la solution collective, y compris dans le choix du mode de transport. République constitutionnelle, l'Italie est une nation dont les vingt régions, dont cinq à statut spécial, sont fortes et relativement autonomes. C'est dire que les chemins de fer ne peuvent que difficilement mener une politique nationale de transports collectifs dans un cadre aussi diversifié.

Un réseau morcelé

Les chemins de fer italiens sont sous la tutelle de l'État et les Ferrovie dello Stato (FS) forment bien une entreprise nationale, mais qui ne contrôle pas l'ensemble du réseau ferré de la péninsule. A côté d'entreprises privées totalement indépendantes, une trentaine de compagnies publiques gèrent aussi une partie du réseau italien, sous des formes très diverses : sociétés anonymes, régies, sociétés appartenant directement à une région, à plusieurs provinces ou à des conseils municipaux de grandes villes.

Une productivité insuffisante

Devenu une entreprise indépendante en 1986, le chemin de fer italien se devait d'équilibrer son budget et, comme le disent les commerciaux, de conquérir des parts de marché. L'enjeu était de taille, mais pratiquement impossible à tenir dans un pays où le lobby de l'automobile est puissant et où la possession et l'utilisation fréquente d'une automobile sont vécues comme un signe de réussite sociale et de libération. Les Italiens ne prennent pas volontiers le train, sauf, depuis quelques années, une clientèle d'hommes d'affaires séduite par les relations entre grandes villes assurées par des trains à grande vitesse.

Pour un pays de 301 300 km² et comptant environ 58 millions d'habitants, le trafic ferroviaire, en 1985 par exemple, est de 41 400 millions de voyageurs/kilomètres et de 18 430 millions de tonnes/kilomètres, ce qui place l'Italie dans la moyenne européenne. Mais le volume général est de 54 milliards d'unités/km de trafic, soit la moitié de celui du réseau français ou allemand, avec un effectif très important de 250 000 cheminots. Et c'est là où, à l'époque, le bât blessait et donnait du chemin de fer italien une image désastreuse, y compris et surtout dans son propre pays : la productivité par cheminot était basse et le déficit dépassait alors 3000 milliards de lires, soit 1,5 milliard d'euros.

Le chemin de fer italien vers l'autonomie et l'équilibre

Comme nous l'avons déjà montré (voir p. 112), les FS on su redresser la barre et connaissent désormais une productivité ferroviaire en hausse. Ainsi, en 1992, 168 000 cheminots assurent 68,5 milliards d'unités-km. De plus, le réseau italien connaît, enfin, une hausse du trafic voyageurs avec 2 % en 1991 et 4,2 % en 1992, même si, comme l'ensemble des réseaux européens, il a connu une baisse en 1993, quoique moins sensible. Le matériel italien, comme les voitures régionales à deux niveaux récemment mises en service sur un grand nombre de lignes du nord de l'Italie, est très attractif et confortable. Les horaires sont denses dans l'ensemble de la région entourant Milan et Turin ; en outre, les trains sont ponctuels, avec plus de 80 % des trains arrivant à l'heure ou ayant moins de 5 minutes de retard.

Un train régional remorqué par une E-646 sur les rives du lac Majeur.

Aujourd'hui, le réseau italien totalise plus de 15 000 km de voies, dont plus de 10 000 électrifiés ; un peu plus de 100 000 cheminots assurant 45 millions de voyageurs-kilomètres et 20 millions de tonnes-kilomètres (les chiffres, pour la France, par exemple, sont respectivement de 180 000, de 71 et de 46). La productivité est donc comparable à celle des autres grands réseaux européens. Mais si tout va bien sur le plan national, il n'en va pas de même, comme ailleurs en Europe, au niveau des relations locales et régionales.

Une E-464 monocabine en tête d'un train régional sur la ligne du Brenner.

Un exemple de régionalisation à l'européenne: les FER

Les Ferrovie dell'Emilia Romagna (chemins de fer de l'Émilie-Romagne, très opportunément abrégés en FER) sont un exemple, en Italie, de ce que l'on peut appeler la régionalisation d'un ensemble de lignes secondaires, décidées à ne pas mourir sacrifiées sur l'autel de l'automobile et de l'indifférence des pouvoirs publics.

Les FER ont repris et redynamisé un ensemble de quatre petites lignes ferroviaires locales rayonnant autour de Bologne, ces lignes étant renforcées par des services d'autocars. Cette entreprise a été créée en 2001 et elle a le statut d'une société à responsabilité limitée. Appartenant majoritairement à la Région d'Émilie-Romagne, elle est constituée de quatre réseaux: les Ferrovie Padane exploitant la ligne de Ferrare à Codigoro, la Ferrovia Suzzara- Ferrara, la Ferrovia Bologna-Portomaggiore et, enfin, les Ferrovie Venete exploitant la ligne de Parme à Suzzara. Ces quatre lignes étaient auparavant exploitées par les Ferrovie dello Stato.

Comme dans l'ensemble des pays européens, la *commedia dell'arte* ferroviaire italienne a ses règles fixées d'avance: en général, une loi dite de décentralisation administrative (ici, en Italie, c'est la loi Bassinini) soulage l'État et transfère aux régions le rôle d'autorité organisatrice des transports régionaux. Mais, en filigrane, apparaît aussi la préoccupation de l'ouverture du marché ferroviaire à la concurrence, tout cela sous l'impulsion de l'Union européenne qui impose que la gestion des réseaux et l'exploitation des services soit confiée à des concessionnaires dans le cadre d'appels d'offres européens. Un discret relent de profit peut alors attirer les «mécènes» publics ou privés.

C'est ainsi que la région d'Émilie-Romagne devient transporteur, comme celles du Poitou-Charentes, du Palatinat ou du Kent, et se met au ferroviaire avec un enthousiasme et une compétence dont seul l'avenir dira la valeur… L'Émilie-Romagne s'occupe donc de ces quatre petites lignes orphelines et définit également le service des trains régionaux exploités par les Ferrovie dello Stato sur le territoire de la région. Plus rien de ferroviaire ne lui échappe… ni même les déficits si elle gère mal son chemin de fer.

Les FER gagneront-ils leur pari?

Le réseau exploité par les FER compte 232 km de lignes à voie normale, électrifiées en courant continu 3000 V. Ses trains circulent en partie sur des lignes régionales du réseau national italien, géré par la RFI (Rete Ferroviaria Italiana), qui est le regroupement des infrastructures des Ferrovie dello Stato. L'autonomie permet toutes les mises en commun et toutes les aventures: c'est ainsi que, depuis 2003, les FER exploitent la ligne de Bologne à Vignola par l'intermédiaire d'une filiale commune dénommée Suburbana Bologna Vignola (FBV), laquelle a été créée spécialement avec la société ACT qui exploite les transports publics de Bologne.

La parc de matériel roulant, cédé par les FS, comprend actuellement 48 automotrices électriques pour le service voyageurs et 19 locomotives pour le service fret exploité en coopération avec la société Trenitalia Cargo, qui est elle-même la résultante de la privatisation du service marchandises des Ferrovie dello Stato.

La société exploite par ailleurs une centaine d'autocars. Son effectif est de 500 personnes environ, dont 400 travaillent directement dans le service ferroviaire. Grâce à des campagnes publicitaires bien orchestrées, grâce à une présence commerciale dynamique, les FER semblent, pour le moment du moins, être parvenus à inverser la tendance italienne de désertification des petites gares et des petites lignes et à réunir une clientèle fidèle et motivée. Peut-être que l'air climatisé des trains, l'espace, le confort et la ponctualité se conjugueront pour que les automobilistes d'Émilie-Romagne préfèrent enfin le chemin de fer à leur voiture.

1996

LES PROJETS ITALIENS DE LGV

Les lignes à grande vitesse pour intégrer l'Italie à l'Europe

N'oublions pas que l'Italie est le pays qui, le premier, a créé des lignes à grande vitesse avec les *Direttissime*, ces fameuses lignes construites dès les années 1920 et qui franchissent montagnes et vallées au prix d'impressionnants travaux dont le gigantisme frappa alors l'opinion mondiale. Aujourd'hui, l'Italie s'intègre dans le réseau européen à grande vitesse avec des projets nouveaux.

Une photo très spectaculaire montrant la complémentarité nécessaire entre la route et le rail, quelque part sur l'autoroute ferroviaire Milan–Fribourg-en-Brisgau – question grande vitesse, le train reste imbattable.

L'Italie a toujours été un pays ouvert sur l'extérieur et, dans l'autre sens, les grands courants commerciaux et économiques européens n'ont jamais ignoré la péninsule Italique, pour ne pas dire que beaucoup d'entre eux y sont nés. Mais la solide et haute barrière des Alpes est un obstacle naturel difficilement franchissable, qui a demandé, dès la création du réseau ferré européen au XIXe siècle, d'immenses travaux lorsqu'on a voulu ouvrir des lignes passant par le Mont-Cenis, le Saint-Gothard ou le Brenner – pour ne citer que quelques-uns des exemples les plus illustres de ces grandes percées alpines.

Une modernisation progressive

Comme par le passé pour les lignes classiques, l'Italie du XXIe siècle s'intégrera au réseau à grande vitesse européen en franchissant les Alpes. Mais elle le fera d'une manière totalement différente d'autrefois, grâce à de longs tunnels de base permettant des tracés rectilignes et des profils très favorables à la grande vitesse, rompant ainsi définitivement avec la ligne sinueuse et à fortes rampes qui escaladait les reliefs en jouant avec les courbes de niveau, mais qui imposait des vitesses modérées.

Il est vrai que la construction de lignes intégralement nouvelles, adaptées au 300 km/h par un tracé et un profil adéquats, est, pour l'Italie, hors de prix, dans la mesure où un relief, particulièrement accentué et gênant pour un réseau ferré cohérent, vient décupler le coût des travaux. Le relief italien, en effet, n'offre pas de vallées larges et faciles d'accès autres que celles de la plaine du Pô. En outre, la chaîne des Apennins constitue une redoutable barrière dressée au cœur même du pays.

C'est pourquoi l'Italie n'a pu créer, d'un seul coup, un réseau de lignes à grande vitesse à la manière japonaise ou française, par exemple, et a dû procéder par modifications progressives des lignes anciennes, élevant les vitesses là ou c'était opportun et possible, créant ici ou là des raccordements, construisant des *Direttissime* quand les budgets et la volonté des pouvoirs publics le voulaient bien.

La grande dorsale Nord-Sud

La ligne Rome-Naples (ouverte fin 2005 et dont les résultats d'exploitation ne sont pas encore connus au moment où nous rédigeons ces lignes) devrait permettre, sous sa forme définitive et une fois équipée en ERTMS de niveau 2 (système unifié européen de signalisation), la circulation de trains à 300 km/h sur une distance de 220 km, reliant ainsi les deux grandes villes en une heure à peine. Elle sera, en quelque sorte, le prolongement vers le Sud de la *Direttissima* Florence-Rome. Le prix de la ligne était estimé à environ 5000 milliards de lires, un prix certes comparable à celui des autres lignes européennes à grande vitesse, mais auquel il faut encore ajouter le coût des travaux de pénétration dans les deux grandes villes terminales dont le site est peu favorable et le terrain déjà abondamment saturé en constructions. Elle est équipée en courant monophasé 25 000 V à fréquence industrielle 50 Hz.

Les grandes vitesses française et italienne se rencontrent en gare de Lyon Part-Dieu, démontrant l'aptitude du train à exceller, même en dehors des lignes spécialement conçues à cette effet, sur des parcours de prolongement efficaces.

Au nord de Florence, ville où l'on construira une nouvelle gare souterraine centrale, la ligne sera prolongée en direction de Bologne sur une centaine de kilomètres. Le réalignement de la ligne et la rectification de son tracé sur 79 km sont arrêtés depuis 1995 ; les travaux ont démarré, mais leur ampleur est telle que l'on estime que le chantier dépassera les dix ans prévus initialement. Cette nouvelle ligne sera, sans nul doute, une des lignes à grande vitesse les plus chères d'Europe, car elle traverse les terrains les plus accidentés du réseau européen à grande vitesse : 60 % de la ligne sera en effet en tunnel ou sur de grands viaducs et, pour éviter d'autres tunnels, d'immenses tranchées, totalisant près de 4 km, permettront un tracé à ciel ouvert.

La ligne de Bologne à Milan qui lui fait suite est une des plus encombrées d'Europe. Longue de 182 km, elle coûtera quelque 6 milliards d'euros pour que sa capacité soit augmentée de plus de 80 % et que la vitesse des trains puisse permettre de diminuer le temps de trajet d'une heure.

La desserte du Nord

Très actif économiquement, le Nord de l'Italie n'a certes pas le réseau ferroviaire dont il a besoin : un réseau de lignes à grande vitesse lui est indispensable. Les 260 km séparant Milan de Venise constituent un axe ouest-est important, le seul dans cette direction, en fait, dans une Italie essentiellement orientée nord-sud et qui, jusqu'à présent, a investi uniquement sur cette dorsale. Une ligne à grande vitesse longue de 212 km est donc prévue pour relier ces deux villes, mais l'itinéraire est encore soumis à des débats et des discussions. Il y aura un prolongement jusqu'à Turin et un raccordement avec Bologne.

Une ligne reliant Gênes à la plaine du Pô par Terzo est également à l'étude, mais, elle aussi, coûtera très cher étant donné le relief très difficile qu'il faudra affronter pour gagner Gênes. Prévue pour 2010, cette ligne aura besoin, pour déboucher au pied des chaînes montagneuses de la côte ligure au niveau du port de Gênes, d'un tunnel de plus de 1600 m.

Enfin, la ligne nouvelle Turin-Milan, longue de 127 km et complètement saturée, permettra de doubler la capacité actuelle, mais elle se heurte, pour le moment, à de graves divergences concernant son tracé, ce qui fait que les travaux, commencés à Certosa, à 9 km de Milan, se sont arrêtés à Settimo Torinese.

L'avenir passera-t-il par les Alpes ?

L'Italie ne compte nullement s'enfermer sur un réseau à grande vitesse purement national, car elle sait, mieux que beaucoup d'autres pays, que ses intérêts sont au-delà de ses frontières, notamment en direction du Nord. Il y aura donc peu de nouvelles lignes dans le pays même, une fois que l'ensemble des lignes à grande vitesse énumérées précédemment auront été réalisées soit intégralement soit par amélioration des lignes existantes.

Par contre, il y aura encore des lignes de raccordement avec les réseaux voisins, dont ceux de la France et de la Suisse au tout premier plan. Turin sera bientôt reliée à la France par un tunnel sous les Alpes menant à Lyon (projet colossal qui ne devrait pas être opérationnel avant 2018-2019, si « on » arrive à sortir du tunnel…). Pour la Suisse, il existe un projet devant relier Turin à Martigny par un tunnel formé de deux galeries séparées longues de 47,7 km, passant à une altitude de 650 m au-dessus du niveau de la mer sous le col du Grand-Saint-Bernard. Des raccordements seront créés avec les réseaux existants à Settimo Torinese sur la ligne de Milan-Turin, à Aoste, Chambave, Verres, Ivrea et Martigny. On pense que le chantier durera dix années et coûtera dix milliards d'euros. La ligne mettra Turin à 50 minutes de Martigny, à 2 h 10 de Bâle et à 3 h 50 de Paris ou de Francfort.

Enfin, un autre grand projet est à l'étude, celui de la future ligne Munich-Vérone, longue de 409 km ; elle comportera un tunnel sous le Brenner dont la longueur sera de 55 km. Le prix prévu pour chacun de ces grands tunnels sous les Alpes est de l'ordre de 20 milliards d'euros.

Les LGV vont-elles condamner le train pendulaire ?

Il est possible que la technique des rames pendulaires, dont la firme Fiat pousse au maximum le développement, ne fasse pas partie de cette fête du 300 km/h sur lignes nouvelles. Effectivement, les lignes intégralement nouvelles auront des profils et des tracés faits pour la grande vitesse. Donc, l'ensemble des trains qui y circuleront n'auront pas besoin d'être pendulaires puisque, comme les TGV français ou l'ICE allemand, ces trains rouleront sur des lignes à tracé très rectiligne, ne comportant que des courbes à très grand rayon : bref, de véritables pistes pour la grande vitesse ne demandant aucun artifice comme la pendulation qui, elle, est une réponse aux nombreuses courbes et contre-courbes des lignes anciennes encore utilisées.

Toutefois, il faudra bien utiliser les lignes actuelles se raccordant à ces lignes nouvelles ; c'est là que les trains pendulaires auront leur rôle à jouer, car elles permettront de constituer un réseau d'appoint (où l'on circulera à 220 ou 250 km/h) qui prolongera les lignes à grande vitesse et dont le coût sera celui des lignes classiques à 200 km/h. C'est ainsi que les futures rames pendulaires type ETR 470 pourront contribuer à la grande vitesse italienne en la ramifiant et en la prolongeant jusque dans des régions qui, par leur relief ou leur faible densité d'habitation, ne pourront pas recevoir de ligne nouvelle à grande vitesse.

TABLE DES MATIÈRES

CHAPITRE 1

L'ÉPOQUE PIONNIÈRE DES RETI

CHAPITRE 2

LA NAISSANCE DES FS ET DU TRIPHASÉ

CHAPITRE 3

L'ITALIE INVENTE LA GRANDE VITESSE

CHAPITRE 4

TOUJOURS PLUS VITE, VERS L'EUROPE

Crédits photographiques : Clive Lamming, R.A. Bowen, Color Rail, Corbis, DeA Picture Library, Deutsche Museum München, Edelweiss, Efeso-Editoriale FS, AP-LR-Presse, Interfoto/LR-Presse, The New York Times/LR-Presse,Trampus/LR-Presse, Philippe Morel, SNCF, Verkehrsmuseum Nürnberg, DR.

FERROVIA